财会人员
实务操作丛书

财务Excel
财会人员职场高效技能提升

主　编／《财务Excel：财会人员职场高效技能提升》编写组

中国人民大学出版社
· 北京 ·

前言

PREFACE

财务与会计工作作为企业管理的核心内容之一，一直都要求以数据说话。在日常工作中，面对日益繁多的数据，财会人员必须具备一定的数据统计与分析的能力。Excel 作为一种用于数据处理和分析的电子表格软件，功能强大、操作便捷，在它的帮助下，财会人员不仅可以准确、高效地输入数据，快速制作出规范、美观的电子表格，还能运用其中的各种工具对数据进行管理、统计和分析。

本书以 Excel 2016 在会计工作中的具体应用为主线，通过财会工作中经典真实的应用案例，系统地讲解利用 Excel 的数据计算、管理和分析功能处理会计实务的方法，目的在于让财会人员能够熟练掌握 Excel 的各种功能，提高处理会计数据的效率。

内容结构：

全书分为三篇，共有 11 个项目。

● 上篇为基础篇，包括项目一至项目四，主要讲解 Excel 的基本操作、数据的输入与编辑、数据的公式计算和管理分析数据。了解 Excel 的基本操作技巧，是能够熟练运用 Excel 的基础。

● 中篇为应用篇，包括项目五至项目九。本篇以财会人员实际工作内容为主线，介绍了 Excel 在财会实际工作场景中的应用，主要包括 Excel 与工资核算、Excel 与固定资产管理、Excel 与应收账款管理、Excel 与进销存管理、Excel 与财务分析。本篇以案例形式分步讲解，使读者既能学习管理方法，又能掌握 Excel 的使用技巧。

● 下篇为提升篇，包括项目十和项目十一，主要内容包括图表制作、Excel 表格的页面设置和打印。数据分析完成后，如何能够以更好的方式展现出来，是工作质量的衡量标准之一。因此，财会人员除了掌握数据处理、分析的技能，还需要掌握图表美化的技能，让数据的展现取得事半功倍的效果。

本书能给读者带来的帮助：

● 提高 Excel 的操作水平。本书从 Excel 最基本的操作开始讲解，再到 Excel 在实际工作中的应用，既适合初学者，也适合对 Excel 有一定了解的读者。

● 巩固财会工作实操。本书中采用的案例都来源于真实工作。所有表格模板不仅具有实用性，还具有良好的适应性和扩展性。希望读者学习后能够学以致用，以解决自己工作中的问题。

尽管编者力争精益求精，但由于水平有限，书中难免有错漏和不足之处，恳请广大读者批评指正。

编者

目录

CONTENTS

上篇 基础篇

项目一 Excel 的基本操作 3
任务一 认识基本操作界面 4
任务二 工作簿的基本操作 7
任务三 工作表的基本操作 11
任务四 单元格的基本操作 17
项目二 数据的输入与编辑 24
任务一 输入基础数据 25
任务二 输入数据的技巧 33
任务三 编辑数据 38
任务四 设置表格格式 44
项目三 数据的公式计算 47
任务一 认识公式与函数 47
任务二 公式和函数的使用 50
任务三 单元格的引用 53
任务四 常用函数 57
项目四 管理分析数据 71
任务一 数据的排序 71
任务二 数据的筛选 74
任务三 数据的分类汇总 77
任务四 数据透视表 78

中篇 应用篇

项目五 Excel 与工资核算 85
任务一 制作工资明细表 88

任务二　查询与汇总工资表　104
任务三　制作工资条　107
项目六　Excel 与固定资产管理　113
任务一　固定资产台账　115
任务二　固定资产的查询与数据汇总　119
任务三　计算固定资产折旧值　123
项目七　Excel 与应收账款管理　129
任务一　应收账款统计表　130
任务二　应收账款账龄分析表　135
任务三　使用数据透视表进行账龄分析　137
任务四　制作简易的催款单　142
任务五　坏账准备计提表　145
项目八　Excel 与进销存管理　149
任务一　采购管理　150
任务二　销售管理　152
任务三　库存管理　153
项目九　Excel 与财务分析　165
任务一　偿债能力分析　168
任务二　营运能力分析　170
任务三　盈利能力分析　173

下篇　提升篇

项目十　图表制作　179
任务一　了解图表　179
任务二　发展趋势分析类图表　185
任务三　对比分析类图表　191
任务四　结构组成类图表　195
项目十一　Excel 表格的页面设置和打印　200
任务一　页面设置　200
任务二　打印设置与打印　206

上篇

基础篇

掌握 Excel 的基本操作，是熟练应用 Excel 进行数据统计、分析管理的基础。通过学习本章内容，初学者可以快速掌握 Excel 操作要领；对于已经会基本操作的读者，学习本章的过程也是梳理知识的过程，可以更好地掌握 Excel 的运用。

项目一　Excel 的基本操作
项目二　数据的输入与编辑
项目三　数据的公式计算
项目四　管理分析数据

项目一 Excel 的基本操作

任务概况

Excel 是 Office 办公软件中用于电子表格处理的软件，在日常办公中是使用频率最高的电子表格处理软件之一。在会计岗位工作中，经常使用 Excel 制作与会计核算相关的各类表格。作为会计人员，能够熟练掌握 Excel 的各种操作方法，不仅能够提高工作效率，还能够充分利用 Excel 提供的各种模板功能，优化美化各类工作表格，达到锦上添花的作用。

目前，使用较多的有 Excel 2016、Excel 2013 等版本，所有版本的基本操作都是类似的。本书所使用的是 Excel 2016 版本。

在使用 Excel 处理会计数据之前，我们首先要学会 Excel 的基本操作，为学习本书后面章节的内容奠定良好的基础。

知识点

- 新建工作簿
- 保存工作簿
- 重命名工作表
- 插入和删除工作表
- 移动和复制工作表
- 设置工作表标签颜色
- 隐藏和显示工作表
- 保护工作表
- 插入单元格、行或列
- 删除单元格、行或列
- 合并单元格
- 调整行高和列宽
- 隐藏行与列

任务一　认识基本操作界面

1. 操作界面

首先，我们先来了解一下 Excel 应用软件的操作界面中每一个部分的内容及作用。Excel 2016 的基本操作界面如图 1－1－1 所示。

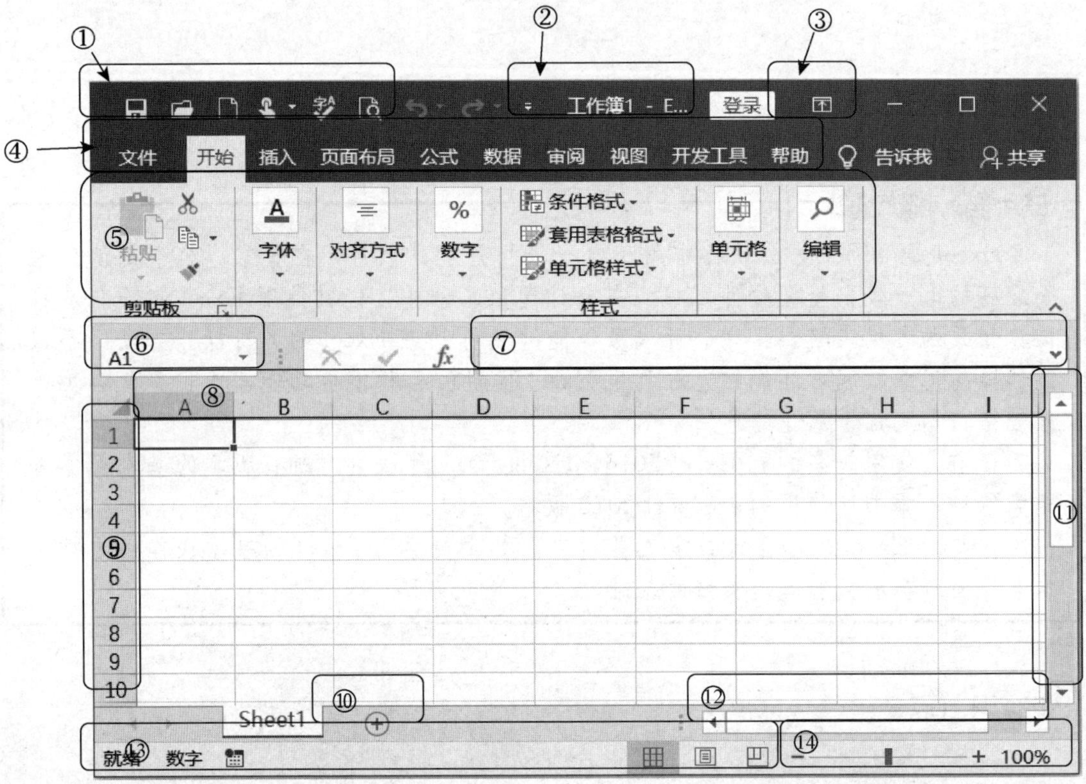

图 1－1－1

图中序号所指示的功能分区如下：

①快速访问工具栏
②标题栏
③功能区显示选项
④选项卡列表
⑤功能区
⑥名称框
⑦编辑栏
⑧列标签
⑨行标签
⑩新建工作表
⑪垂直滚动条
⑫水平滚动条
⑬状态栏
⑭表格缩放滚动条

2. 菜单项各功能区

（1）“开始”菜单选项功能区包含剪贴板、字体、对齐方式、数字、样式、单元格和编辑分组功能区，如图1－1－2 所示。此功能区主要用于帮助我们对 Excel 工作表进行文字编辑和单元格的格式设置，也是我们最常用的功能区。

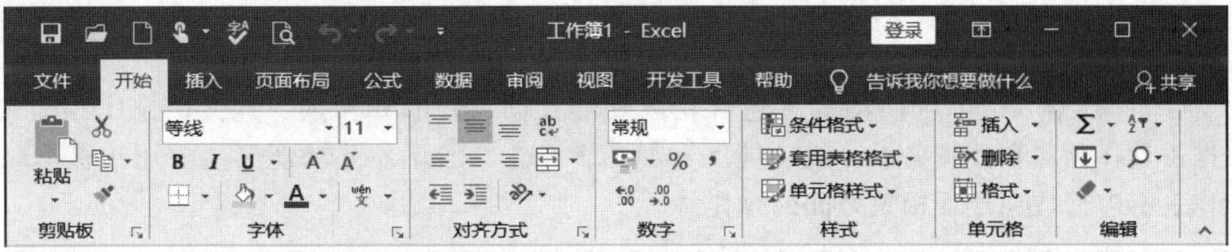

图 1－1－2

（2）“插入”菜单选项功能区包含表格、插图、加载项、图表、演示、迷你图、筛选器、链接、文本和符号分组功能区，如图 1－1－3 所示。此功能区主要用于在 Excel 工作表中插入各种对象。

图 1－1－3

（3）“页面布局”菜单选项功能区包含主题、页面设置、调整为合适大小、工作表选项和排列分组功能区，如图 1－1－4 所示。此功能区主要用于帮助我们设置 Excel 工作表页面样式。

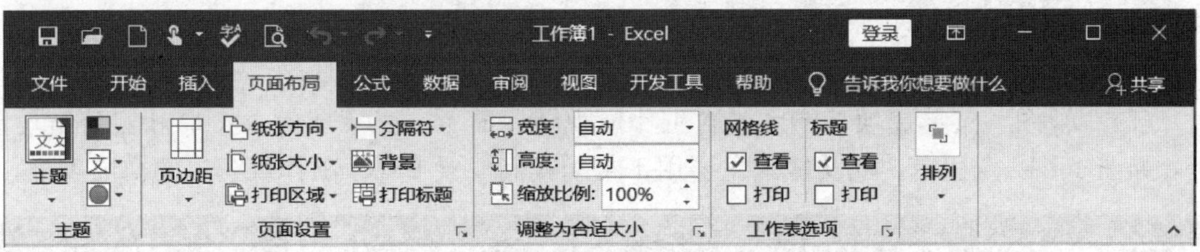

图 1－1－4

（4）“公式”菜单选项功能区包含函数库、定义的名称、公式审核、监视窗口和计算分组功能区，如图 1－1－5 所示。此功能区主要用于在 Excel 工作表中进行各种数据计算。

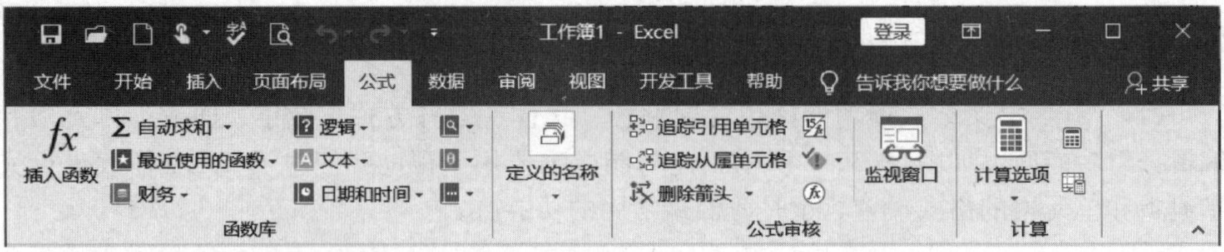

图 1－1－5

（5）“数据”菜单选项功能区包含获取外部数据、获取和转换、连接、排序和筛选、数据工具、预测和分级显示分组功能区，如图 1－1－6 所示。此功能区主要用于在 Excel 工作表中进行数据处理相关方面的操作。

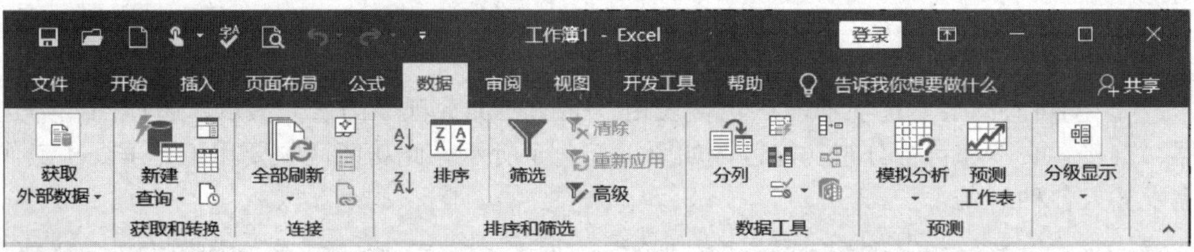

图 1－1－6

（6）“审阅”菜单选项功能区包含校对、辅助功能、见解、语言、批注、保护和墨迹分组功能区，如图 1－1－7 所示。此功能区主要用于对 Excel 工作表进行校对和修订等操作。

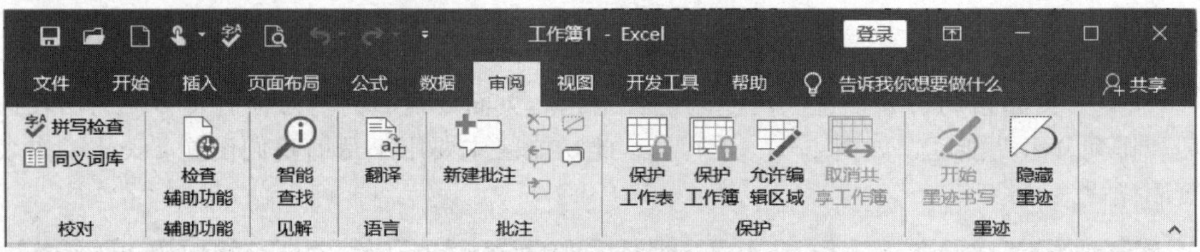

图 1－1－7

（7）“视图”菜单选项功能区包含工作簿视图、显示、显示比例、窗口和宏分组功能区，如图 1－1－8 所示。此功能区主要用于帮助我们设置 Excel 工作表窗口的视图类型。

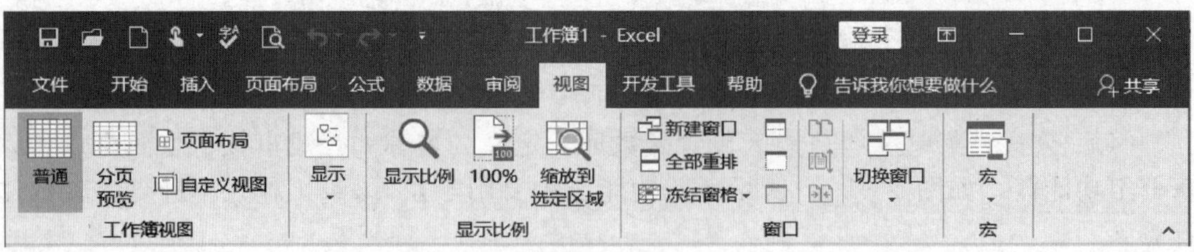

图 1－1－8

任务二　工作簿的基本操作

在 Excel 中，工作簿是用于保存和处理数据信息的文件。下面，我们通过创建一张“员工花名册”工作簿，了解工作簿的基本操作。

1. 新建工作簿

（1）打开 Excel 2016。

方法一：通过“开始”菜单，在“所有程序”中，点击“Microsoft Office”，选择“Microsoft Excel 2016”。

方法二：双击桌面上的 Excel 快捷方式。

方法三：在桌面空白处单击右键，选择“新建”菜单中的“Microsoft Excel 工作表”。

（2）新建工作簿。

在编辑工作簿的过程中，可以在原有工作簿的基础上建立空白的工作簿，也可以基于模板建立带有某种格式的工作簿。

步骤一：启动 Excel 软件。

步骤二：在新建面板中单击“空白工作簿”，如图 1－2－1 所示。

步骤三：系统会自动建立一个名为“工作簿 1”的空白工作簿，如图 1－2－2 所示。

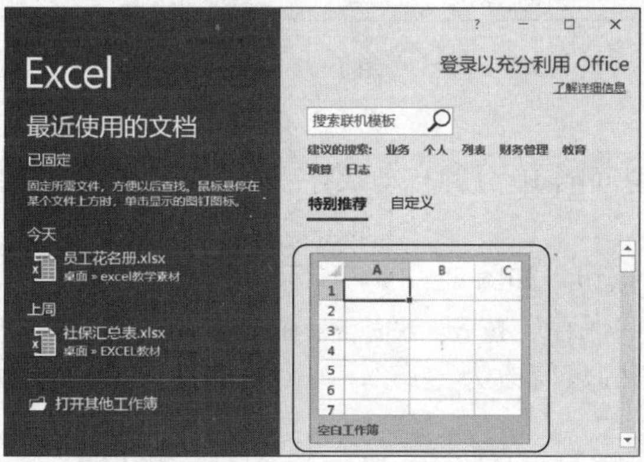

图 1－2－1

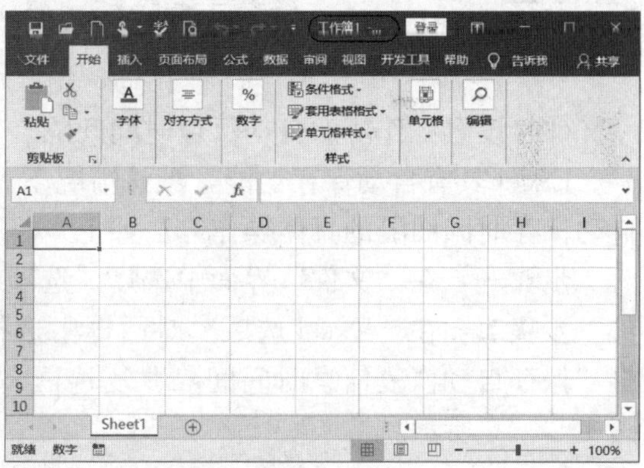

图 1－2－2

提示：在打开的工作簿中快速创建一个新的空白工作簿，可以使用快捷键“Ctrl＋N”。

2. 保存工作簿

为了工作簿的下次使用和防止数据的丢失，在完成工作簿的编辑后，需要对工作簿进行保存，以供日后查阅。保存工作簿可以分为保存、另存为和设置自动保存三种情况。

（1）保存工作簿。

对于未命名的工作簿，在打开的工作簿中，单击左上角“ ”保存按钮，按照“另存为”的方式进行保存，具体操作参考“另存为”工作簿。

对于已经命名的工作簿，在打开的工作簿中，单击“ ”保存按钮，即可完成工作簿的保存。

（2）另存为。

在打开的工作簿中，可以根据需要将工作簿另存到一个新的保存位置，并设置新的工作簿名称，具体操作方法如下：

步骤一：在打开的工作簿中，单击“文件”命令。在弹出的“文件”界面中选择“另存为”，在界面中选择“浏览”命令，如图 1-2-3 所示。

步骤二：在弹出的“另存为”对话框中，根据需要设置保存位置、文件名称和保存类型即可，最后单击“保存”按钮，如图 1-2-4 所示。此时，名称为“员工花名册”的工作簿就会保存在桌面上的“Excel 教学素材”文件夹内。

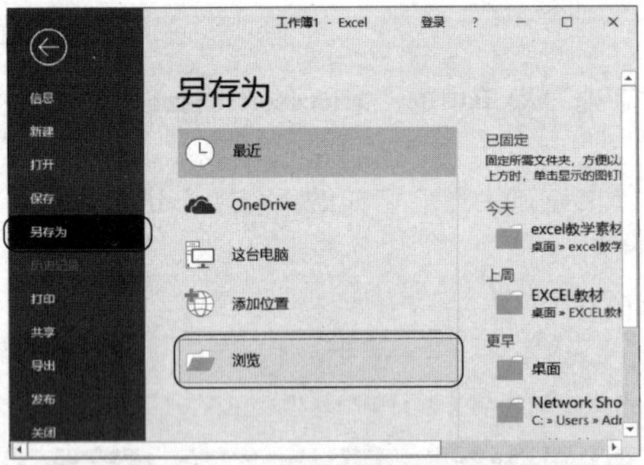

图 1-2-3

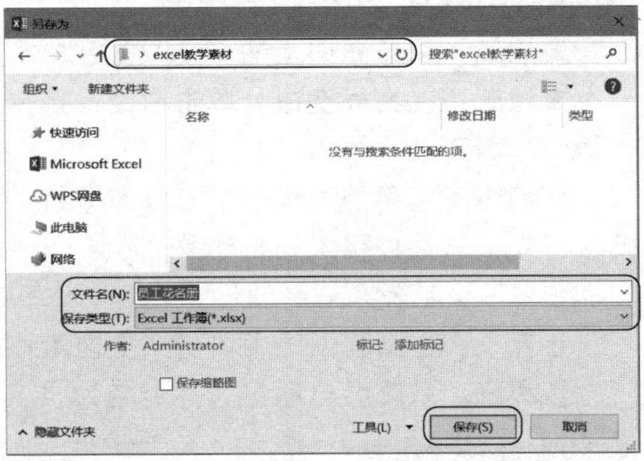

图 1-2-4

（3）设置工作簿的自动保存时间间隔。

Excel 具有自动保存功能，默认情况下，每间隔 10 分钟自动保存一次。设置工作簿的自动保存时间间隔的具体操作方法如下：

步骤一：在“文件”界面中选择“选项”按钮，如图 1-2-5 所示。

步骤二：在“Excel 选项”对话框中选择“保存”按钮，在“保存工作簿”组合框中将“保存自动恢复信息时间间隔”复选框右侧的数值改为“15”，单击“确认”按钮，如图 1-2-6 所示。

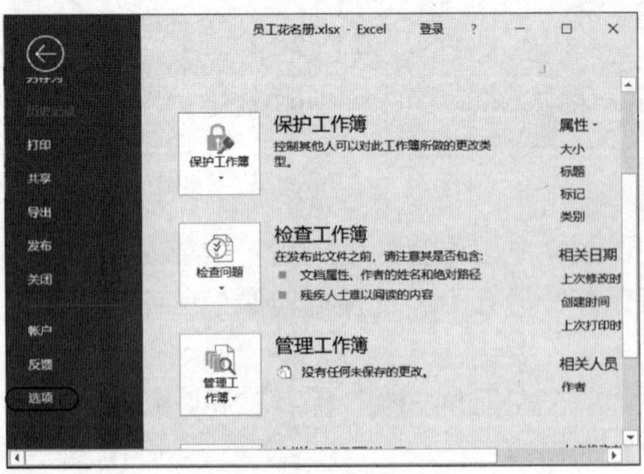

图 1-2-5

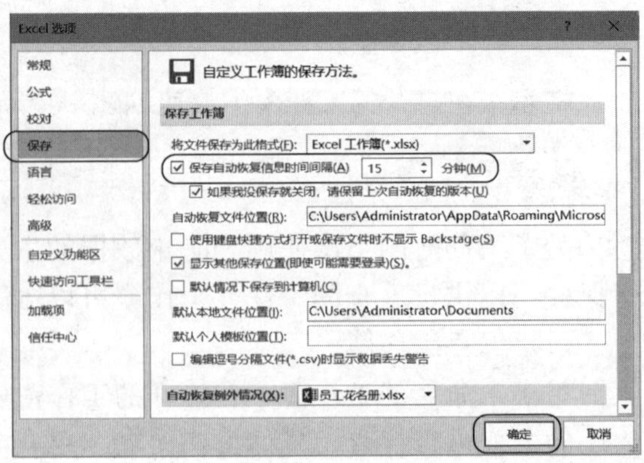

图 1-2-6

3. 保护工作簿

财务类表格记录了大量企业财务数据，而这些数据都是企业非常重要的数据。因此，为了避免重要工作簿被盗、被查看或被篡改，需要对一些重要的工作簿进行加密，从而达到保护数据的目的。保护工作簿的方法有两种，具体操作如下：

方法一：通过“另存为”选项设置。

步骤一：根据以上介绍的“另存为”的方式，打开“另存为”对话框，单击“工具”按钮，选择下拉菜单中的“常规选项”，如图 1-2-7 所示。

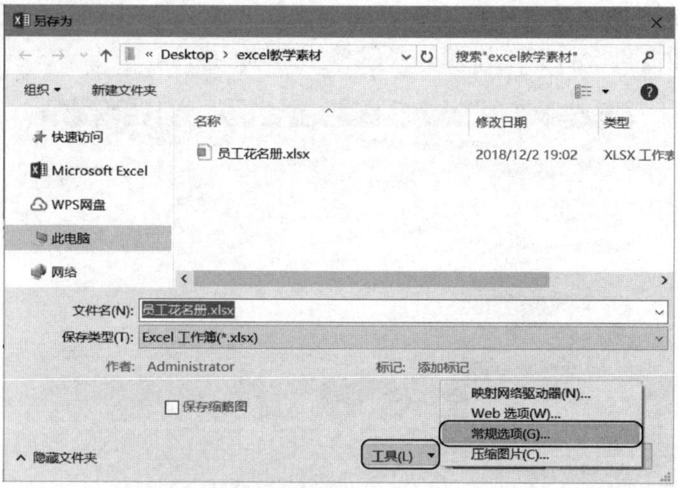

图 1-2-7

步骤二：设置“打开权限密码”和“修改权限密码”，输入无误后，单击“确定”按钮，如图 1-2-8 所示。注意，密码设置在便于记忆的基础上，不易设置得过于简单，以起到真正保护的作用。

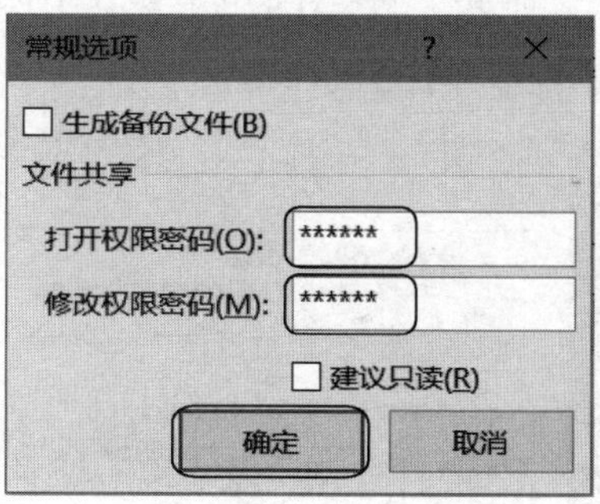

图 1-2-8

步骤三：为了保证密码输入正确，还需要再次确认密码；根据提示，再次输入“打开权限密码”和“修改权限密码”，并单击“确认”按钮，如图 1-2-9、图 1-2-10 所示。

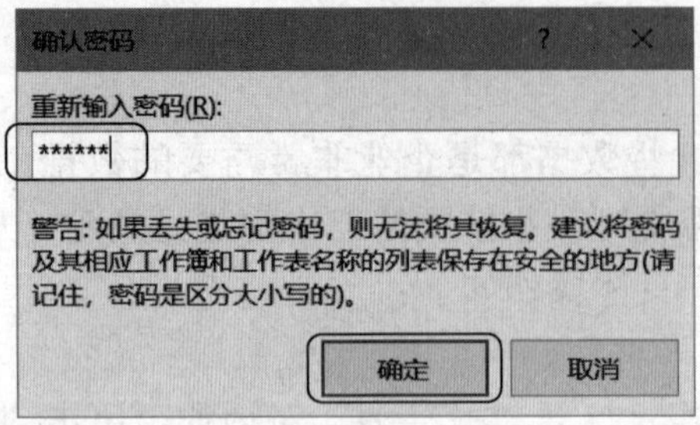

图 1-2-9

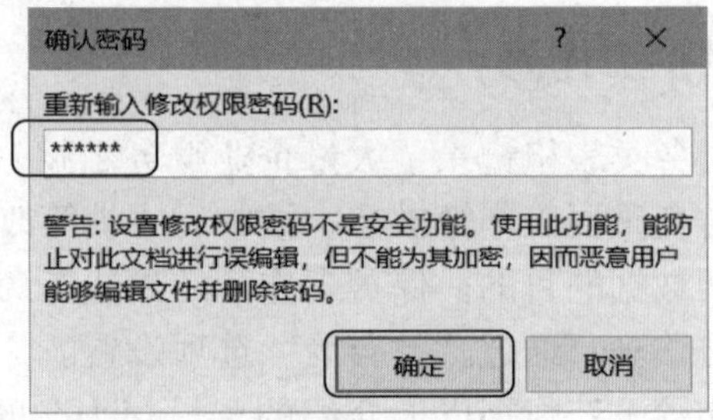

图 1-2-10

步骤四：设置完成，在“另存为”界面上单击“保存”按钮，如图 1-2-11 所示，文件加密成功。如需再次打开工作簿，必须输入正确的密码。

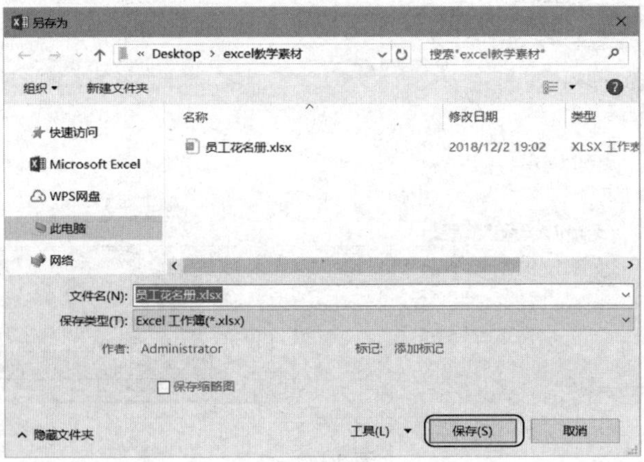

图 1-2-11

方法二：通过“文件”下的“保护工作簿”进行设置。

在“文件”弹出页右侧的常规页面上，选择“保护工作簿”，在下拉菜单中选择“用密码进行加密”，如图 1-2-12 所示，就会弹出方法一中密码设置的“常规选项”对话框，其他操作步骤与方法一相同，即可完成加密。

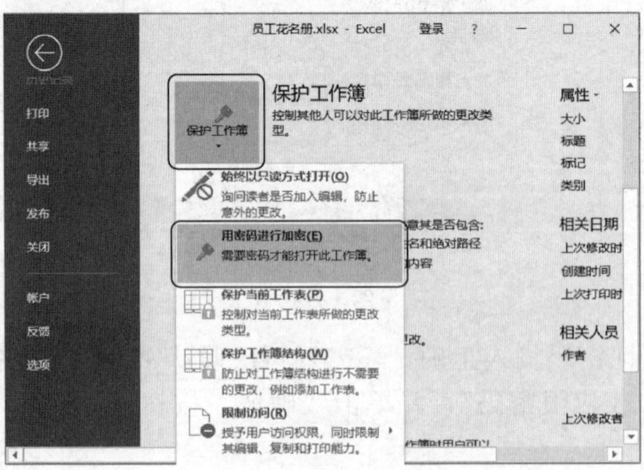

图 1-2-12

4. 关闭工作簿

对于已经保存的工作簿，直接单击工作簿右上角的“关闭”按钮即可退出。

对于未保存的工作簿，单击“关闭”按钮后，软件会弹出提示框，如图 1-2-13 所示。如需保存，单击“保存”按钮，按照保存工作簿的操作方式进行保存；如无需保存，点击“不保存”按钮，退出后，该工作簿即被关闭并未保存，后期无法再次查询打开；如点击错误，不想关闭工作簿，单击“取消”即可，系统回到原来的工作簿。

图 1-2-13

任务三 工作表的基本操作

工作表是 Excel 的基本单位，数据的录入、分析等功能，都是通过工作表实现的。创建一张“员工花名册”工作表，了解工作表的基本操作。

1. 重命名工作表

一个工作簿中一般含有多个工作表，初始状态是以 sheet1、sheet2 等方式进行命名。为了便于查看，可以根据实际需要对工作表标签名称进行重命名，重命名工作表的具体操作方法如下：

步骤一：选中工作表标签“sheet1”，右击鼠标，在弹出的快捷菜单中选择“重命名”命令，如图 1-3-1 所示。

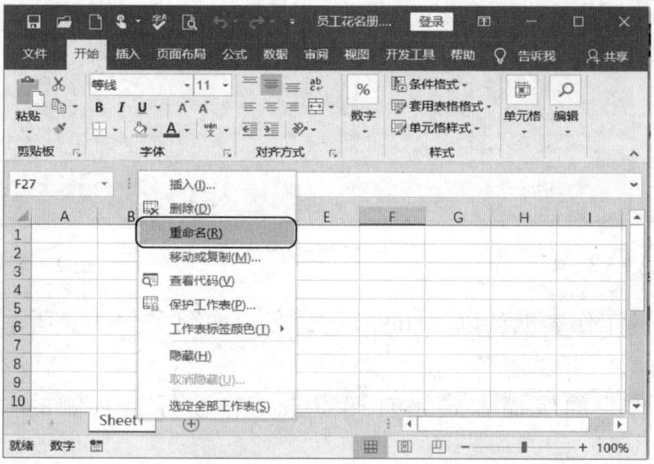

图 1-3-1

步骤二：此时工作表标签处于可编辑状态，如图 1－3－2 所示。将工作表名修改为“员工花名册”，按回车键即可。重命名后的工作表，如图 1－3－3 所示。

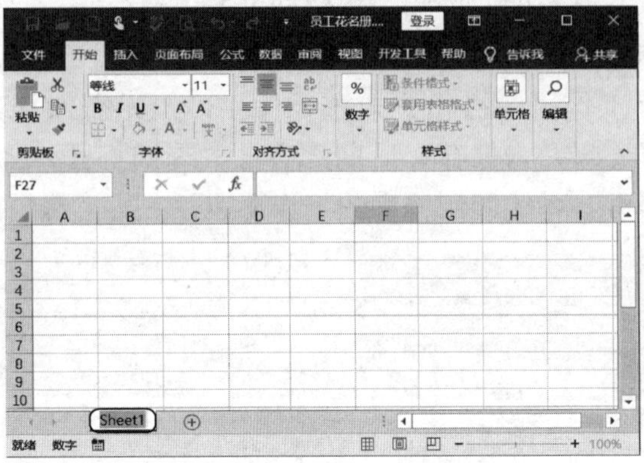

图 1－3－2

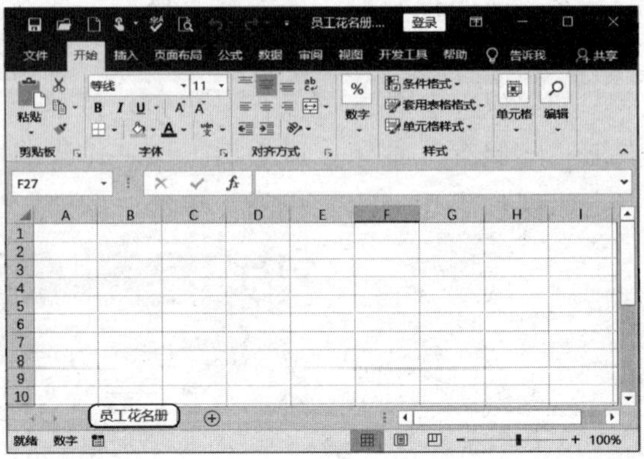

图 1－3－3

提示：重命名工作表的快捷方式是直接双击工作表标签“sheet1”，即可进入可编辑状态，然后输入一个新的名称，按回车键即可完成重命名。

2. 插入工作表

（1）插入一张工作表。

步骤一：选中工作表标签“员工花名册”，然后右击鼠标，在弹出的快捷菜单中选择“插入”命令，如图 1－3－4 所示。

步骤二：在“插入”对话框中，软件已经默认选择空白工作表，单击“确认”即可，如图 1－3－5 所示。

图 1－3－4

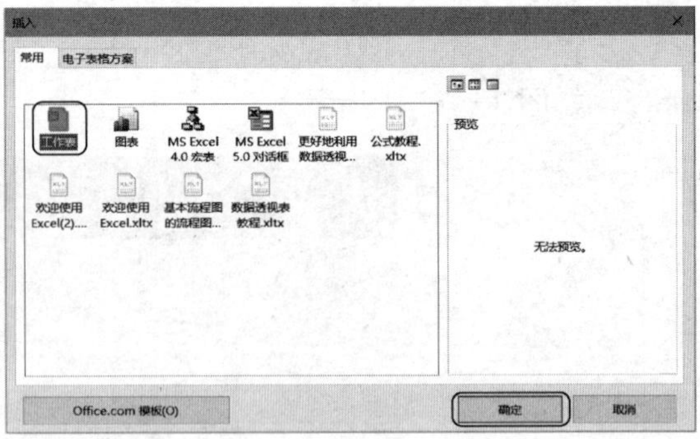

图 1－3－5

步骤三：新增的工作表默认以“sheet2”命名，如图 1－3－6 所示，根据实际需要进行重命名即可。

提示：新增工作表的快捷方式是直接点击工作表标签右侧的“⊕”，即可新增工作表。

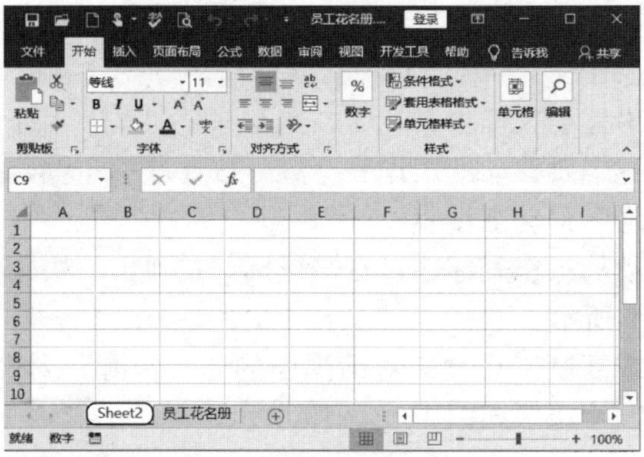

图 1－3－6

（2）插入多张工作表。

如一个工作簿中包含多个工作表，还需批量插入一批工作表时，具体操作方法如下，假设需同时插入 3 个工作表：

步骤一：按住 Ctrl 键，选中 3 张工作表，此时工作表标签的背景色都变成白色，如图 1－3－7 所示。

步骤二：参照插入一个工作表的方式，插入工作表，即可同时新增 3 张新的工作表，如图 1－3－8 所示。

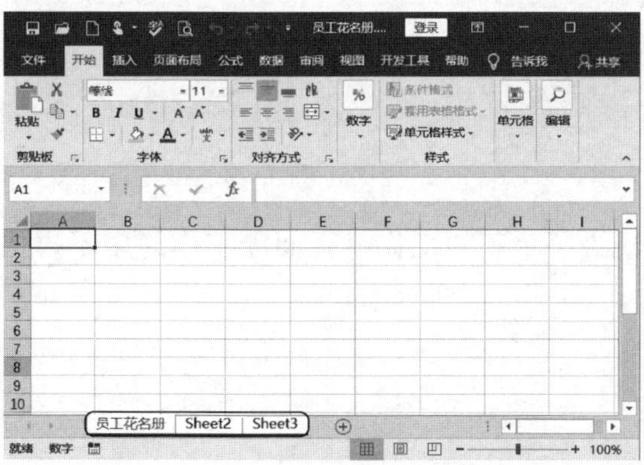

图 1－3－7

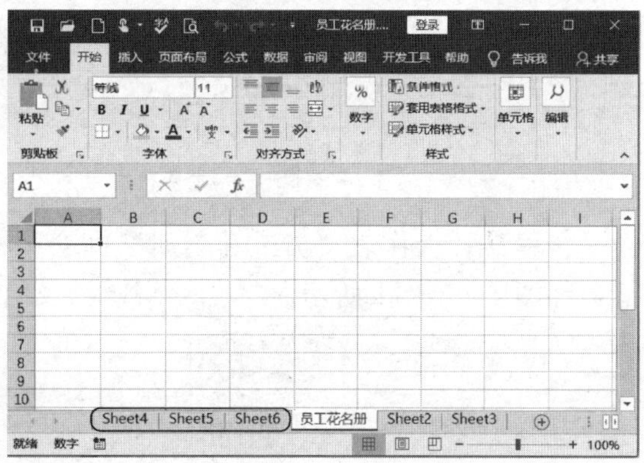

图 1－3－8

3. 删除工作表

删除工作表的操作非常简单。选中需要删除的工作表标签，然后右击鼠标，在弹出的快捷菜单中选择“删除”命令即可。如需同时删除多个工作表，按住 Ctrl 键，选中需要删除的工作表后进行删除即可。

4. 移动或复制工作表

移动或复制工作表是较为常用的操作。移动工作表是对工作表的位置进行调整，而不会改变工作表的数量；复制工作表是在原有工作表的基础上创建一个与原工作表内容相同的新工作表，工作表的数量会增加。移动或复制工作表不仅可以在同一工作簿内操作，还可以在不同的工作簿中操作。

（1）在同一工作簿内移动工作表。

此操作较为简单，选中要移动的工作表标签，按住鼠标左键，拖动至指定位置即可。

（2）在不同工作簿之间移动工作表。

步骤一：选中要移动的工作表标签，右击鼠标，在弹出的快捷菜单中选择“移动或复制”命令，如图 1-3-9 所示。

步骤二：在“移动或复制工作表”对话框中的“工作簿”列表框中，选择“(新工作簿)”，然后单击“确定”按钮，如图 1-3-10 所示。

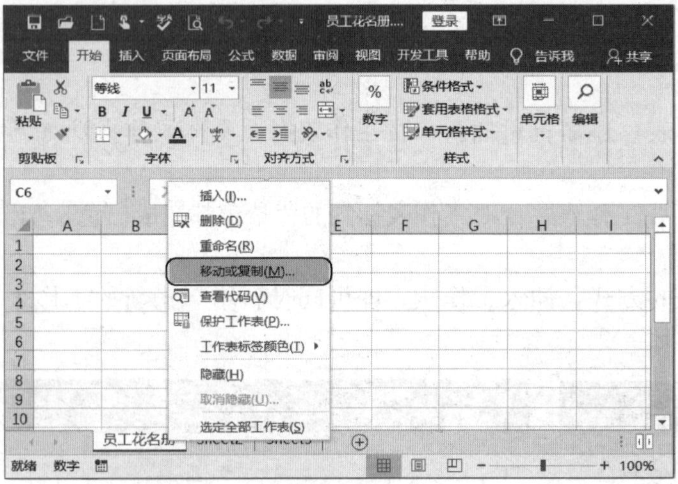

图 1-3-9

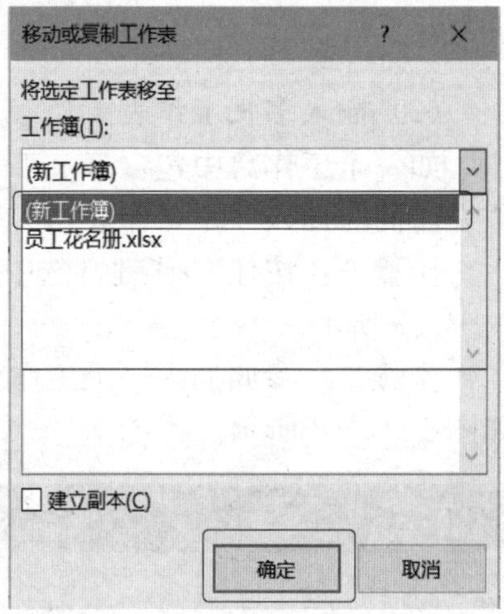

图 1-3-10

步骤三：工作表“员工花名册”即会另外成为一个新的工作簿，而原工作簿中不再保留，如图 1-3-11 所示。

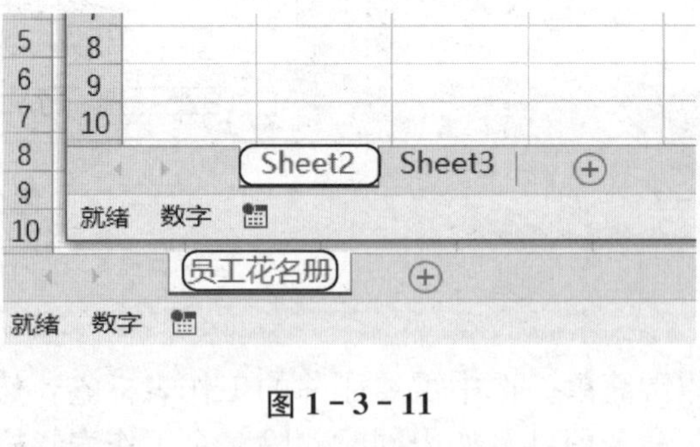

图 1-3-11

（3）在同一工作簿内复制工作表。

参照（1）在同一工作簿内移动工作表的操作方法，在鼠标拖动的同时，按住 Ctrl 键即可。

提示：复制工作表的快捷方式是选中要复制的工作表标签，按住 Ctrl 键，然后再按住鼠标左键，拖动至指定位置即可完成复制。

（4）在不同工作簿之间复制工作表。

参照（2）在不同工作簿之间移动工作表的操作方法，在“移动或复制工作表”对话框中，选中“建立副本”即可进行复制，如图 1－3－12 所示。

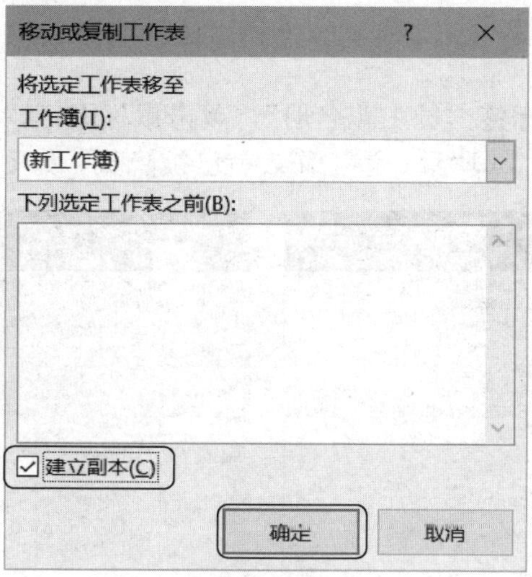

图 1－3－12

5. 设置工作表的标签颜色

Excel 默认的工作表标签颜色都是相同的，为了加以区别，可以将工作表标签设置成不同的颜色，具体操作步骤如下：

选中工作表标签“员工花名册”，右击鼠标，将鼠标移动至“工作表标签颜色”，即可根据需要选择颜色，如图 1－3－13 所示。

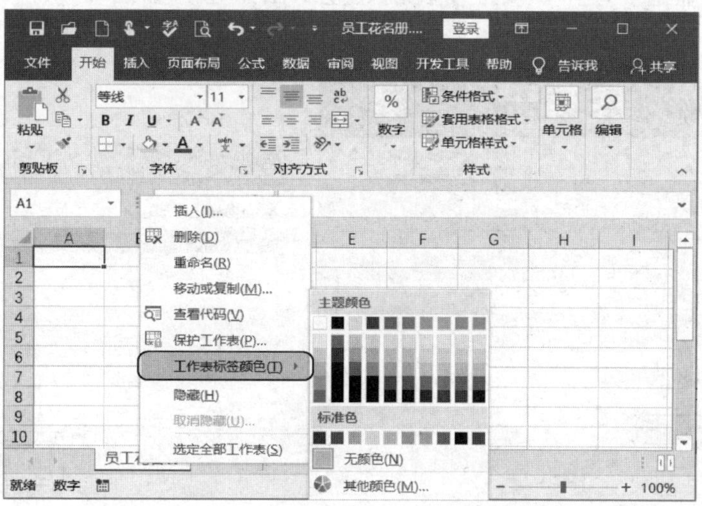

图 1－3－13

6. 隐藏和显示工作表

在实际工作中，为了防止他人查看或修改工作表中的数据，可以将工作表隐藏起来，当需要的时候再将其显示出来。

（1）隐藏工作表。

选中要隐藏的工作表标签“员工花名册”，单击鼠标右键，在弹出的快捷菜单中选择“隐藏”命令，如图 1－3－14 所示；该工作表就已被隐藏，如图 1－3－15 所示。

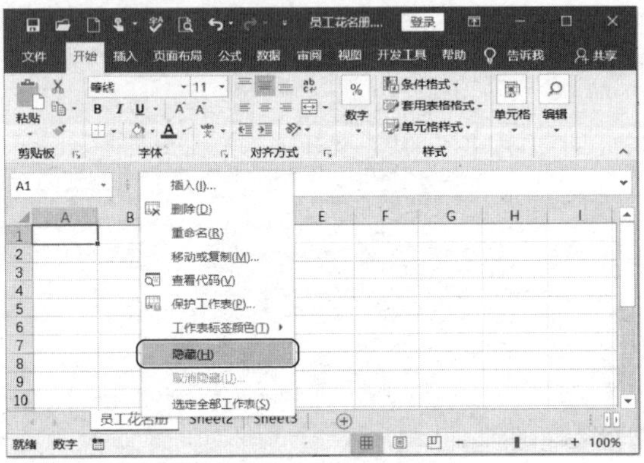

图 1－3－14

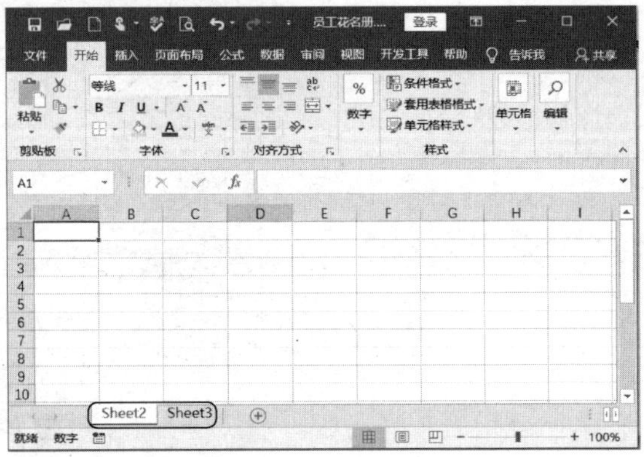

图 1－3－15

提示：同一个工作簿内的工作表无法全部隐藏，至少需保留一个工作表。

（2）显示工作表。

在当前工作簿中的任意工作簿标签上右击鼠标，在弹出的快捷菜单中选择“取消隐藏”命令，如图 1－3－16 所示；在弹出的“取消隐藏”对话框中选择需要显示的工作表，然后单击“确定”按钮，该工作表就又显示出来了，如图 1－3－17、图 1－3－18 所示。

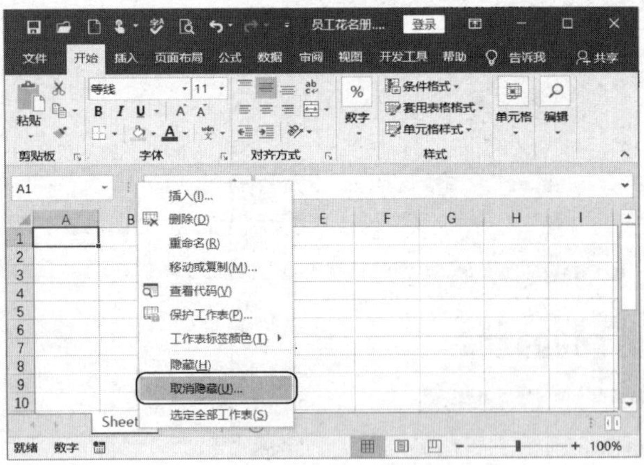

图 1－3－16

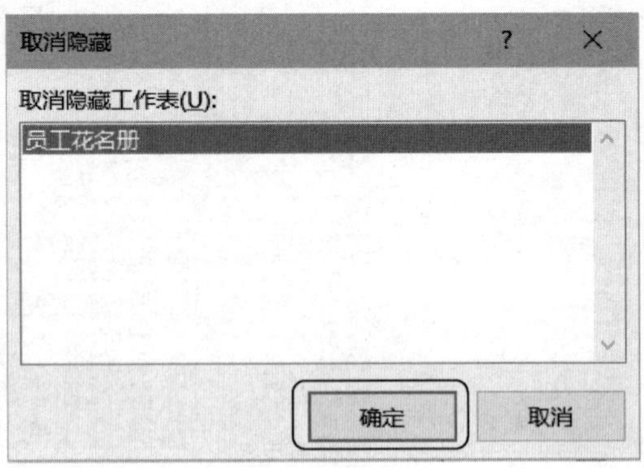

图 1－3－17

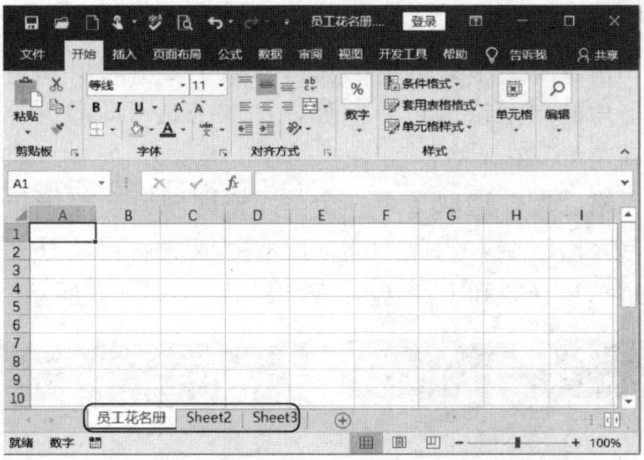

图 1 - 3 - 18

任务四　单元格的基本操作

在 Excel 工作表中，单元格是工作表区中行和列交叉的部分，每一张工作表都是由一个个单元格组成的，它是工作表最小的组成单位。不管输入的是数据还是公式、函数，都是在单元格中操作完成的。

1. 选定单元格

（1）选定单个单元格。

此操作较为简单，直接单击工作表中的单元格即可。

（2）选定多个单元格。

如果要选取多个单元格，在选取第一个单元格后，按住 Ctrl 键，然后依次单击要选取的单元格即可，如图 1 - 4 - 1 所示。

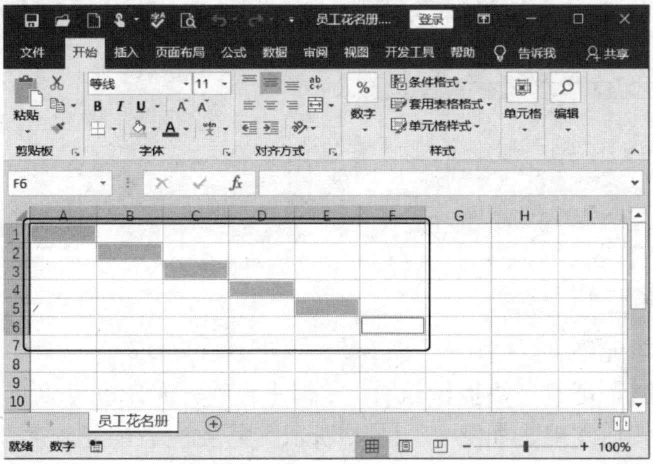

图 1 - 4 - 1

(3) 选定单元格区域。

如需选取单个单元格区域，从要选取单元格区域左上角的单元格开始，按住鼠标左键拖动至单元格区域右下角的单元格即可。例如，选取 A1：D5 单元格区域，从 A1 单元格开始按住鼠标左键拖动至 D5 单元格，如图 1－4－2 所示。

如需选取多个单元格区域，选取了第一个单元格区域后，按住 Ctrl 键，然后按住鼠标左键拖动选取另一个单元格区域，依此类推，选取完成之后再放开 Ctrl 键。例如，选取 2 个单元格区域，分别是 A1：C3 和 E2：G5，效果如图 1－4－3 所示。

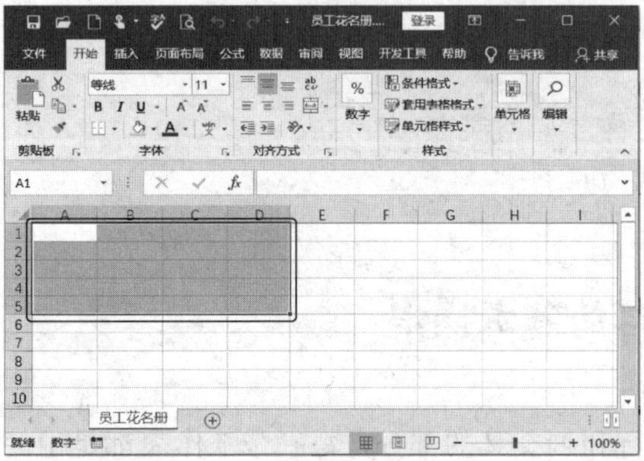

图 1－4－2

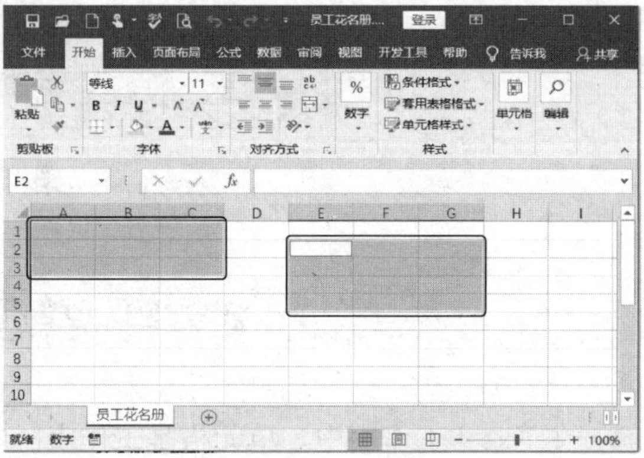

图 1－4－3

(4) 选定整行或整列单元格。

在 Excel 工作表中，以阿拉伯数字作为行号，以大写英文字母作为列标。如需选择整行或整列，单击相对应的行号或列标即可选定整行或整列。例如，选定第 3 行或第 C 列，如图 1－4－4、图 1－4－5 所示。选定多行和多列的方法和选定单元格的方法是同样的。

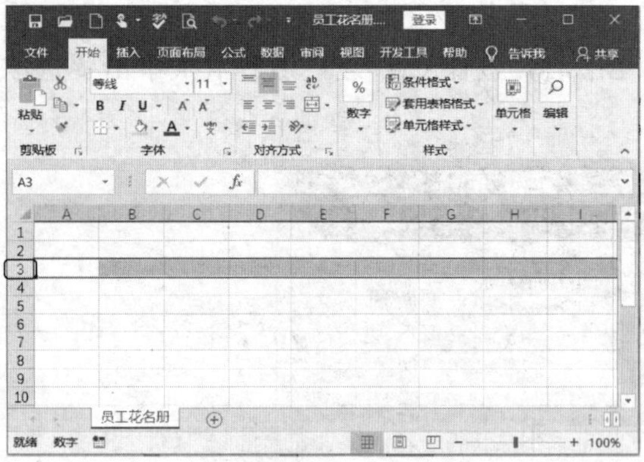

图 1－4－4

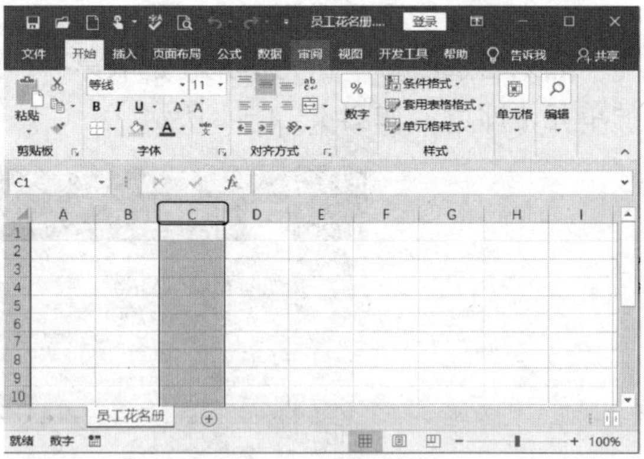

图 1－4－5

(5) 选定所有单元格。

选定所有单元格，可通过快捷键组合“Ctrl＋A”实现，也可以直接点击工作表左上角的倒三角形全选按钮实现，如图 1－4－6 所示。需要注意的是，若工作表中已有数据，当第一次按下 Ctrl＋A 时会选中所有已有数据区域，此时若要选定所有单元格，需要连续按两次 Ctrl+A，整个工作表中的所有单元格才会被选中。

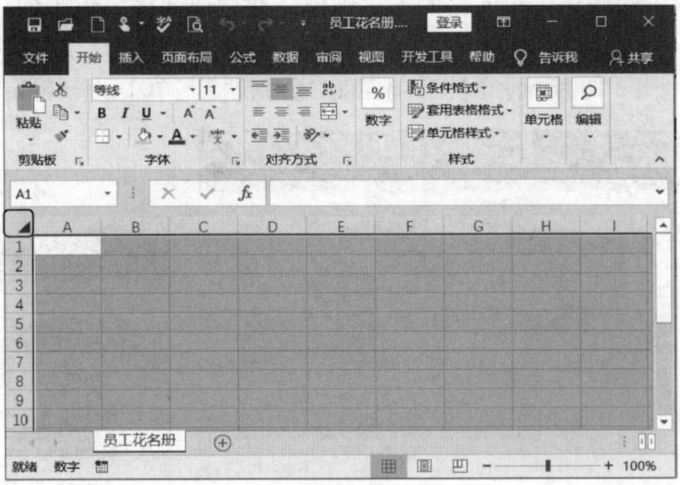

图 1-4-6

2. 插入和删除单元格

（1）插入单元格。

插入单元格，不仅可以插入单个单元格，还可以插入整行和整列单元格。

方法一：通过“开始”选项卡进行设置。

步骤一：先选中要插入单元格的位置，单击“开始”选项卡下“单元格”组中的“插入”按钮，在下拉菜单中选择“插入单元格”，如图 1-4-7 所示。

步骤二：在“插入”对话框中，根据需要选择插入方式，然后单击“确定”。

方法二：通过快捷菜单进行设置。

单击鼠标右键，在快捷菜单中选择“插入”，同样能够弹出“插入”对话框，如图 1-4-8 所示。

图 1-4-7

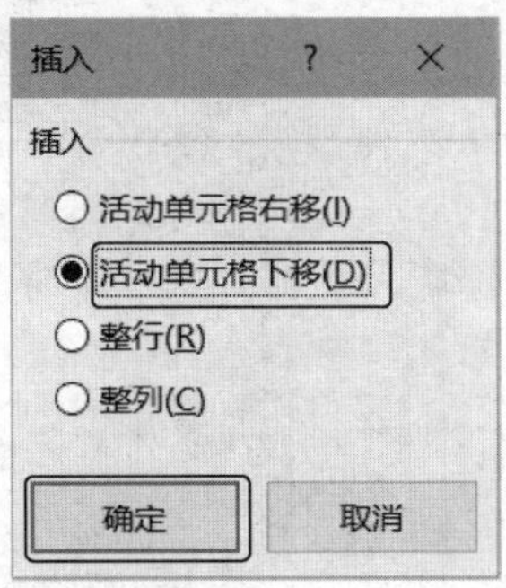

图 1-4-8

（2）删除单元格。

删除单元格的方法和插入单元格的方法类似。在“单元格”组中的“删除”下拉菜单中选择“删除单元格”，如图 1－4－9 所示。此时会弹出“删除”对话框，根据需要进行设置即可，如图 1－4－10 所示。同样，也可以通过快捷菜单中的“删除”进行设置。

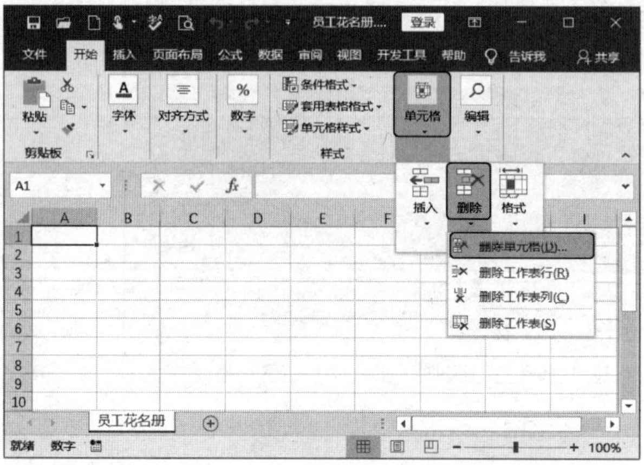

图 1－4－9

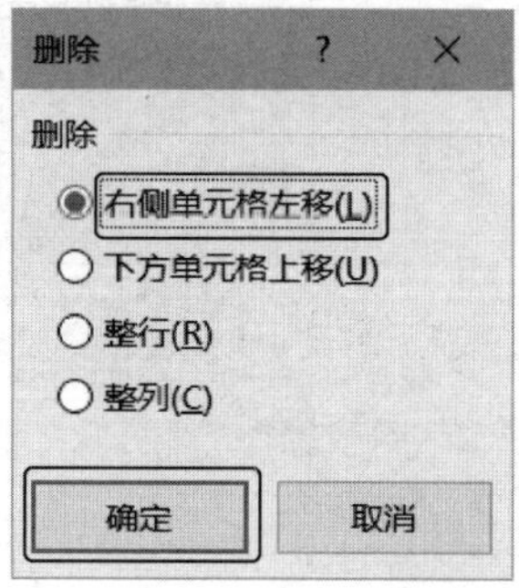

图 1－4－10

提示： 插入行或列的快捷方式是选中需要插入行的行号，单击鼠标右键，点击“插入”，便能立即插入行。插入列采用同样的方法即可。同时，删除行或列的快捷方式也是同样的。

3. 合并单元格

合并单元格的操作方法也较为简单，选中需要合并的单元格，直接单击“开始”选项卡下“对齐方式”中的“合并后居中”按钮即可完成合并单元格。同时“合并后居中”下拉菜单中还可以选择不同的合并样式。如需取消合并单元格，选中已合并的单元格，在“合并后居中”下拉菜单中选择“取消单元格合并”即可，如图 1－4－11 所示。

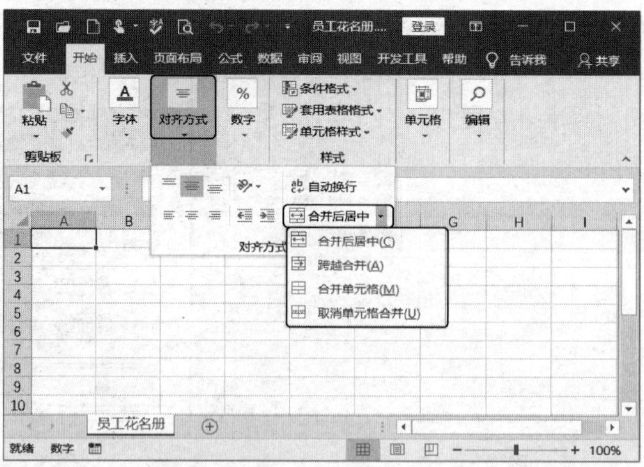

图 1－4－11

4. 设置行高及列宽

在 Excel 中，仅可对整行的高度或整列的宽度进行设置，不可以对单独的单元格进行高度和列宽的设置。因此，选中某个单元格后，设置的是该单元格所在的行或列。

（1）设置精确的行高和列宽。

具体操作方法与插入单元格类似。单击“开始”选项卡下“单元格”组中的“格式”按钮，可在下拉菜单“单元格大小”中选择“行高”或“列宽”，此时会弹出相应的对话框，在对话框中输入数值，然后单击“确定”，即可完成设置。设置行高和列宽，如图 1－4－12 至图 1－4－14 所示。

图 1－4－12

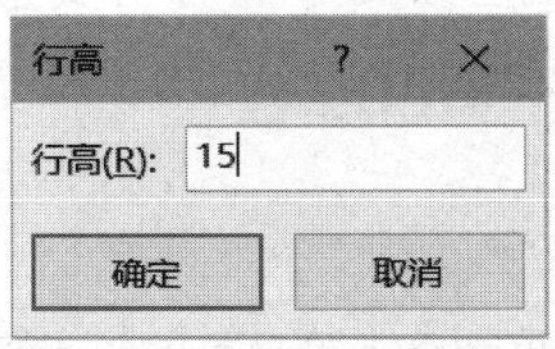

图 1－4－13

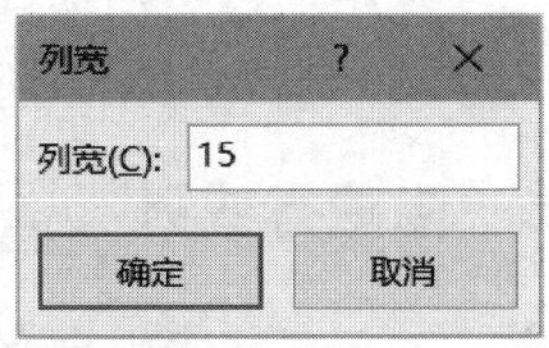

图 1－4－14

（2）使用鼠标拖动的方法调整行高和列宽。

以设置“行高”进行举例，调整 B 列的列宽。将鼠标指针定位到 B 列的列标题右侧的边线处，直至变为双向对拉箭头，如图 1－4－15 所示。按住鼠标左键，向左或向右拖动，即可调整列宽。

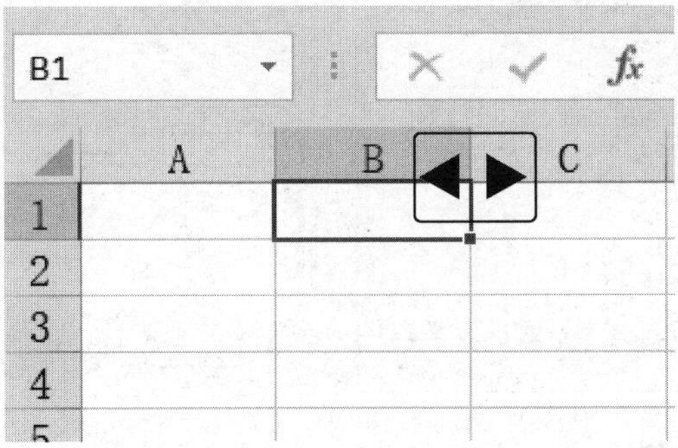

图 1－4－15

（3）自动调整行高和列宽。

有时候，当单元格中输入的内容长度超出单元格时，可以通过设置自动调节行高和列宽。

例如，如图 1－4－16 所示，单元格中的文字“员工花名册”已超出单元格。单击“开始”选项卡下“单元格”组中的“格式”按钮，选择下拉菜单中的“自动调整列宽”，该列的宽度就会根据字段进行自动调整，如图 1－4－17 所示。

图 1－4－16

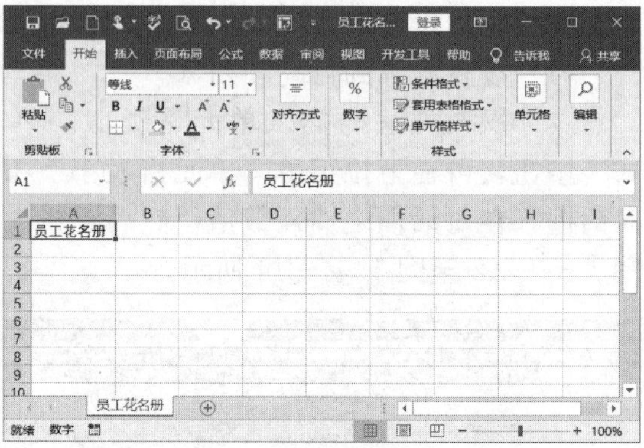

图 1－4－17

提示：自动调整行高或列宽的快捷方式是使用鼠标拖动的方法，当鼠标指针变成双向对拉箭头时，双击鼠标左键，即可进行自动调整行高或列宽。

5. 隐藏行或列

对于工作表中含有重要数据的行或列，如不希望其他人看到，可以将其进行隐藏。

例如，隐藏第 B 列，具体操作方法：先选中整个 B 列，单击鼠标右键，在快捷菜单中选择“隐藏”命令，如图 1－4－18 所示，整个 B 列的数据就会被隐藏，并会出现隐藏线，如图 1－4－19 所示。隐藏行的方法相同。

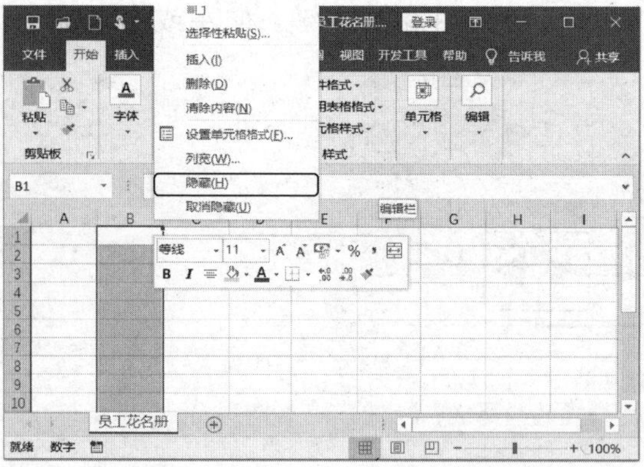

图 1－4－18

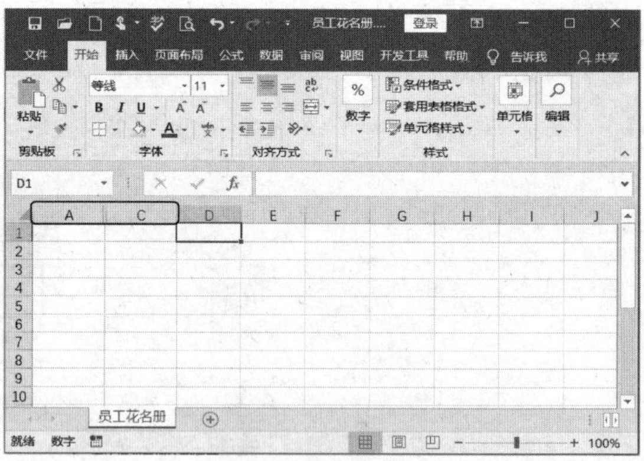

图 1－4－19

如需显示隐藏数据时，需要拖动鼠标在列标上选中 B 列前后的 A～C 列，单击鼠标右键，在快捷菜单中选择“取消隐藏”命令，如图 1－4－20 所示，此时即可重新显示之前隐藏的 B 列，如图 1－4－21 所示。

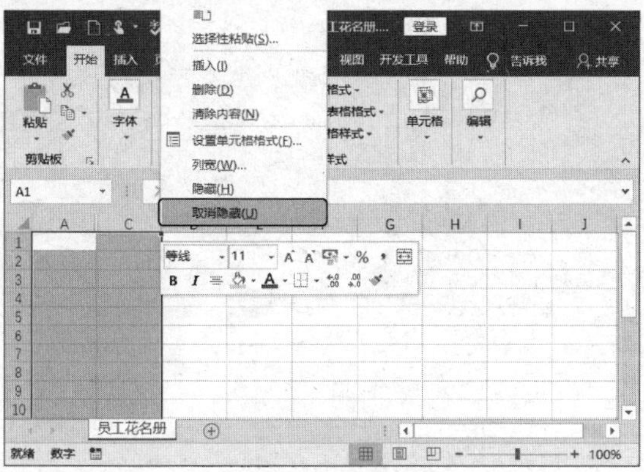

图 1 - 4 - 20

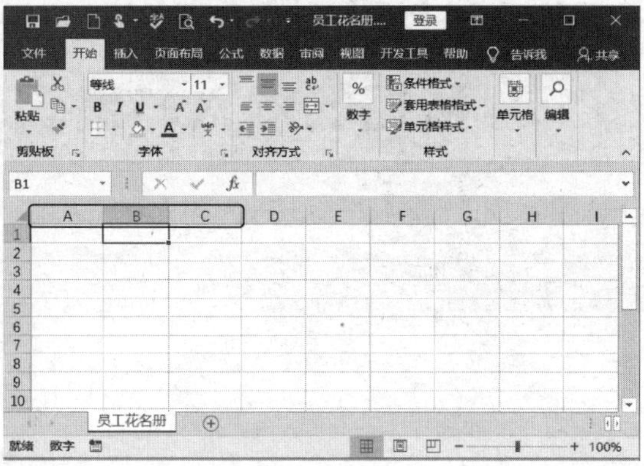

图 1 - 4 - 21

以上这种比较常规的取消隐藏的方法仅适用于被隐藏的非首行或非首列，对首行或首列的取消隐藏的操作方法，会略有不同。例如，当第 1 行已被隐藏，取消隐藏的方法：单击工作表左上角的倒三角形，使整个工作表处于选中状态，然后用鼠标右键点击工作表的任意行标区域，在快捷菜单中选择“取消隐藏”，此时工作表的首行即可恢复正常显示状态。

提示：还可以通过“开始”选项卡中“单元格”组中的“格式”下拉菜单中的“隐藏和取消隐藏”进行设置。

项目二
数据的输入与编辑

任务概况

创建工作簿、工作表后，就可以在单元格中录入和编辑数据了。本项目以“费用台账登记簿”为案例，主要从不同类型数据的输入方式、数据的批量输入技巧、数据的修改及清除、数据的移动及复制、数据的查找或替换等方面，详细讲解数据的输入与编辑技巧。

“费用台账登记簿”表格样式如表 2-0-1 所示。

表 2-0-1 费用台账登记簿

序列	登记日期	领款人	所属部门	报销项目	登记金额	银行账号	开户银行名称	报销比例	实报金额	是否领款	领款日期

知识点

- 输入文本数据
- 输入日期数据
- 输入金额数据
- 显示百分比数值
- 使用公式输入数据
- 有规则数据的填充输入
- 记忆式键入数据
- 从下拉列表中输入数据
- 数据的修改和清除
- 移动及复制数据
- 使用选择性粘贴功能
- 数据查找
- 数据替换

任务一　输入基础数据

在 Excel 中，数据类型多种多样，主要包括文本、数值、日期、特殊符号等，要想数据以正确的方式输入单元格，就必须对数据格式进行设置。

当数据输入单元格中时，工作表一般会自动默认为常规格式，如果想输入多种类型的数据，就需要通过设置单元格格式的方法来实现。

首先，我们先来看一下“费用台账登记簿”中，各字段都需要录入何种格式的数据，如表 2－1－1 所示。

表 2－1－1　费用台账登记簿的数据格式

序列	登记日期	领款人	所属部门	报销项目	登记金额	银行账号	开户银行名称	报销比例	实报金额	是否领款	领款日期
常规	日期	文本	文本	文本	金额	文本	文本	百分比	金额	特殊符号	日期

1. 输入文本内容

文本是具有文本性质的汉字、英文字母、数字、空格等键盘能输入的符号，单元格中显示的内容与输入的内容完全一致。

（1）文本型数据是最常见的数据类型，输入方法最简单，直接单击单元格输入即可。举例，“领款人”下输入姓名“丁明”，单击单元格 C2，输入文字“丁明”即可，如图 2－1－1 所示。

图 2－1－1

提示：除了直接在单元格中输入数据外，还可以在“编辑栏”中输入数据，按“Enter”键确认即可。

（2）在录入银行账号的时候，你会发现单元格中的数据变成了乱码，并且“编辑栏”中的数字后四位都变成了“0”，如图 2－1－2 所示，这是为什么呢？这是因为在常规格式下，录入数字超过 11 位时，单元格格式自动调整为“科学计数”。

因此，在录入数据之前，必须先将单元格设置成“文本”格式，这样录入的数据与最终显示的结果才会一致。具体设置方法有以下两种：

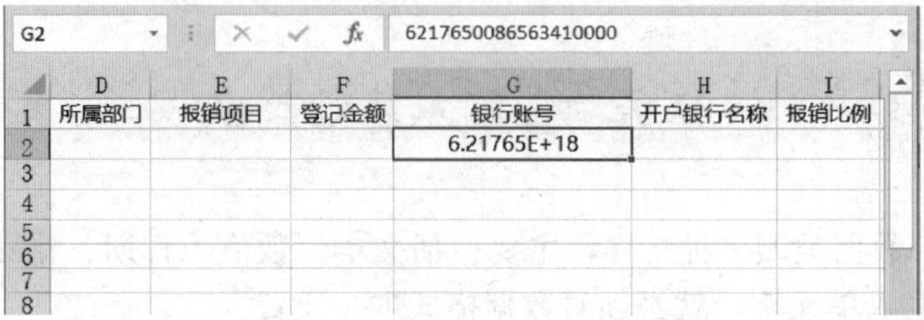

图 2-1-2

方法一：通过快捷菜单进行设置。

步骤一：选中“银行账号”整列，点击鼠标右键，在快捷菜单中选择“设置单元格格式”，如图 2-1-3 所示。

步骤二：在“设置单元格格式”对话框中选择“数字”选项卡中的“文本”，点击“确定”，如图 2-1-4 所示。

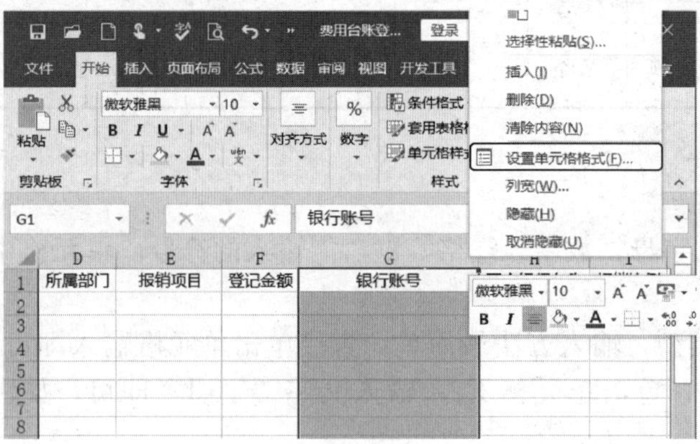

图 2-1-3

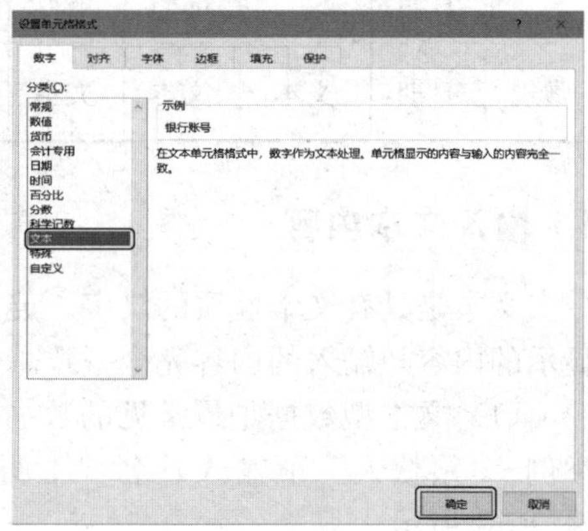

图 2-1-4

步骤三：“银行账号”此列即设置为“文本”格式。在单元格中录入数据，就会以文本格式储存，即显示的结果和输入的数据是一致的，如图 2-1-5 所示。

图 2-1-5

提示：可以通过快捷键“Ctrl+1”（键盘上方的数字区中的数字 1），调出“设置单元格格式”的对话框。

方法二：通过菜单栏设置。

选中“银行账号”整列，在“开始”选项卡中“常规”字样的下拉菜单中选择“文本”，此列即设置为“文本”格式，然后选中单元格，录入数据即可。

提示：设置文本格式的快捷方式是在要输入账号的单元格中用英文输入法输入一个单引号“‘”，然后直接输入银行账号，单元格即会自动调整为文本格式。

2. 输入日期数据

在 Excel 中，通常以 YY-MM-DD 形式或 MM-DD 形式输入日期，也可以 YY/MM/DD 或 MM/DD 形式输入日期。输入日期后系统会默认识别“日期”格式，以系统默认的日期表现形式显示日期，如图 2－1－6 至图 2－1－8 所示。

图 2－1－6

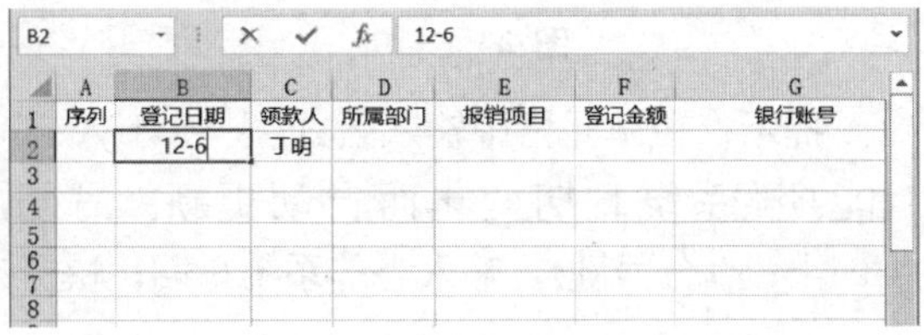

图 2－1－7

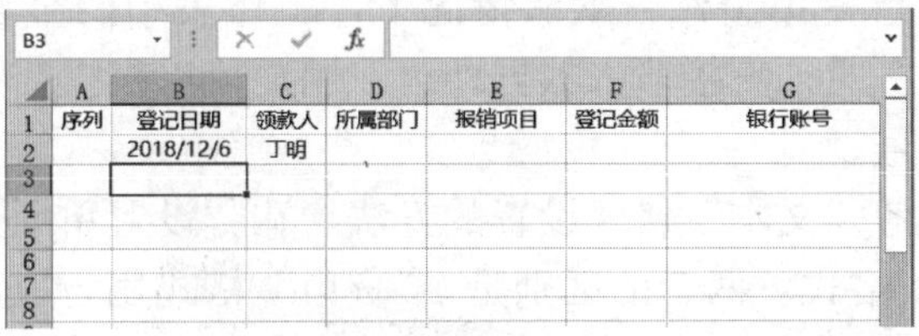

图 2－1－8

如需以其他形式展现日期，可以通过设置单元格格式进行调整，格式设置方法可参考“文本”格式的修改方法。在“设置单元格格式”窗口中选择“数字”界面中的“日期”，在右边“类型”中选择所需样式即可。

举例，设置日期以“年月日”的形式展现，如 2018 年 12 月 6 日。

步骤一：选中单元格，在“设置单元格格式”对话框中的“数字”选项卡中，选择“日期”，“类型”选择“* 2012 年 3 月 14 日”，然后单击“确定”按钮，如图 2－1－9 所示。

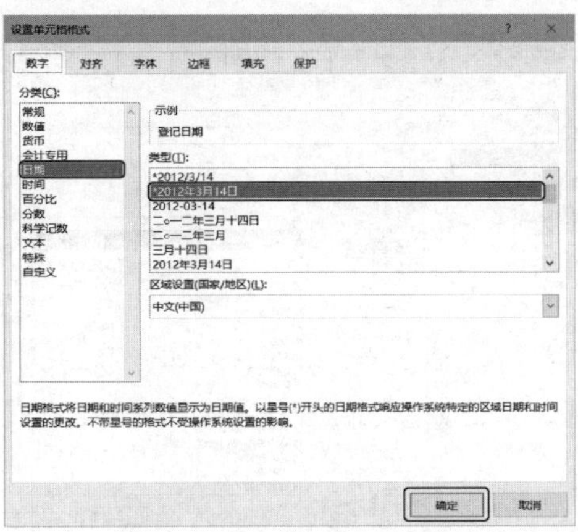

图 2－1－9

步骤二：返回工作表，在单元格中录入日期“2018/12/6”，此处输入“12/6”“2018-12-6”“12-6”都可以（年份默认），如图 2-1-10 所示，按“Enter”键，日期最终显示为“2018 年 12 月 6 日”，如图 2-1-11 所示。

图 2-1-10

图 2-1-11

提示：在单元格中输入公式“=today( )”，按“Enter”键，可以得到系统当前的日期，并且能够随系统日期变化而自动更新。另外，还有两个快捷键也是非常实用的，快捷键“Ctrl+;”（分号键），输入当前系统日期；快捷键“Ctrl+Shift+;”（分号键），输入当前系统时间。

3. 输入金额数据

金额数据，通常是指货币金额，默认情况下，工作表中的金额数据是不带货币符号的，也就是普通的数字格式，直接输入数据即可。用户可以根据需要更改金额数据的显示方式，为其添加货币符号。

格式设置方法请参考“文本”格式设置的方法。在“设置单元格格式”中可以设置为“货币”或“会计专用”格式。两者的区别是，“货币”格式用于表示一般货币数值，默认数据单元格居中显示；“会计专用”格式可以对一列数值进行货币符号和小数点对齐设置。

（1）“货币”格式。

在“设置单元格格式”窗口中的“货币”选项中，可以设置小数位数、货币符号和负数的显示方式。

举例，小数位数为“2”位，货币符号为“¥”，负数以“（¥1,234.10）”（红色）展现。

步骤一：选中单元格，在“设置单元格格式”对话框中的“数字”选项卡中，选择“货币”，小数位数为“2”位，货币符号为“¥”，负数选择“（¥1,234.10）”（红色），设置完成后单击“确定”按钮，如图 2-1-12 所示。

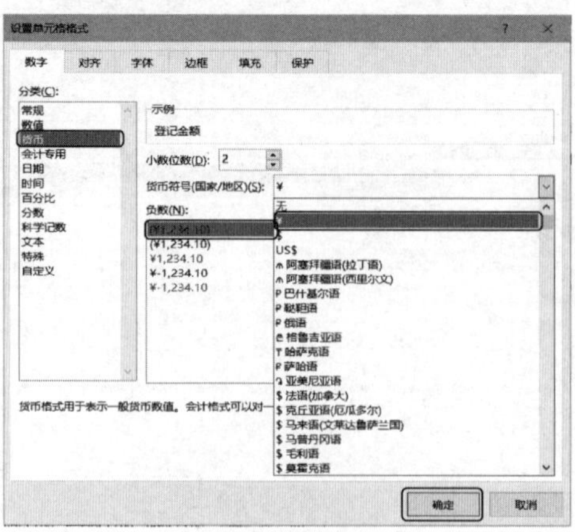

图 2-1-12

步骤二：返回工作表，在单元格录入数据“10000”，按“Enter”键，即可显示“¥10,000.00”；录入数据“—10000”，按“Enter”键，即可显示“(¥10,000.00)”（红色），如图 2-1-13 至图 2-1-16 所示。

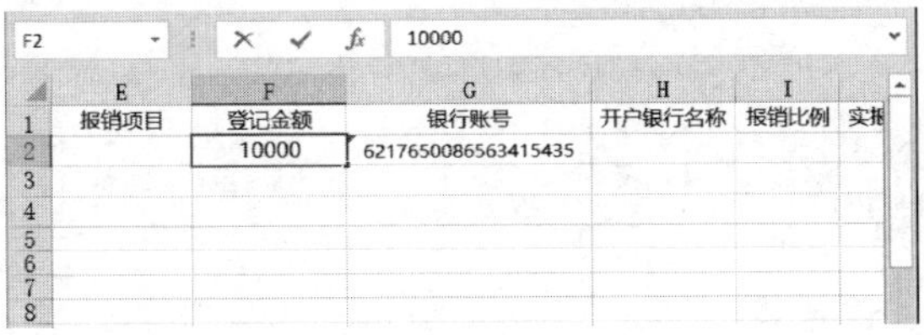

图 2-1-13

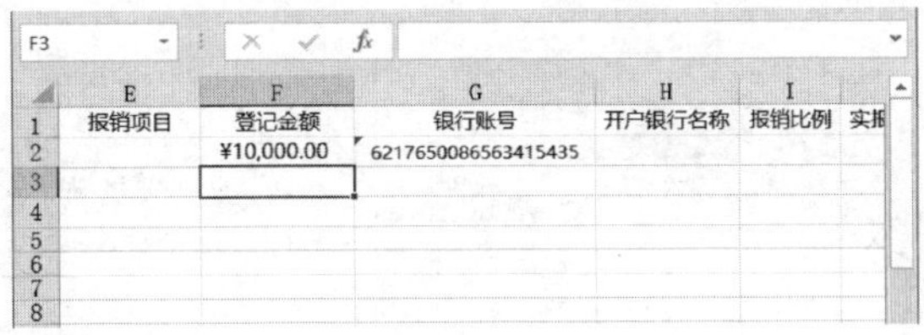

图 2-1-14

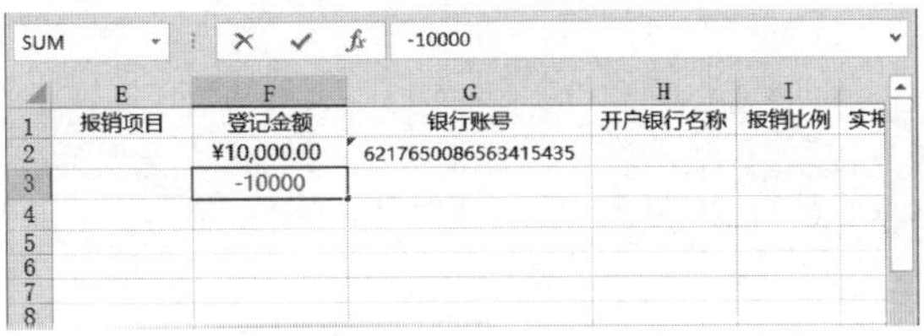

图 2-1-15

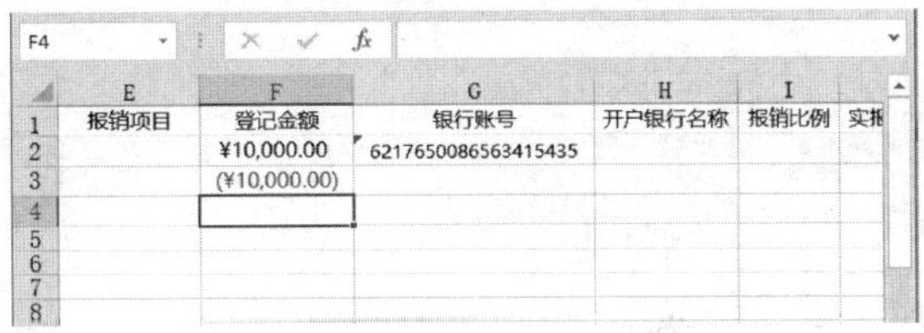

图 2-1-16

（2）“会计专用”格式。

在“设置单元格格式”窗口中的“会计专用”选项中，可以设置小数位数、货币符号。

举例，使用“会计专用”格式输入金额，小数位数为“2”位，货币符号为“¥”。

步骤一：选中单元格，在“设置单元格格式”对话框中的“数字”选项卡中，选择“会计专用”，小数位数为“2”位，货币符号为“¥”，设置完成后单击“确定”按钮，如图2-1-17 所示。

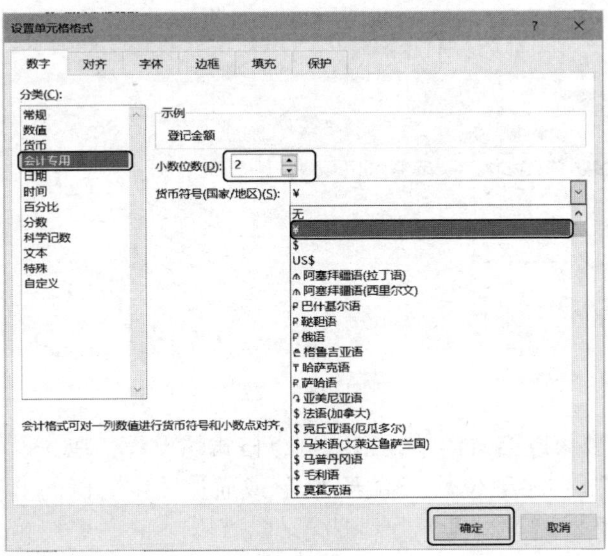

图 2-1-17

步骤二：返回工作表，在单元格中录入数据“10000”，按“Enter”键，即可显示“¥10,000.00”；录入数据“−10000”，按“Enter”键，即可显示“¥−10,000.00”（红色）。注意，此列金额数据的“¥”和小数点都是对齐的，如图 2－1－18 至图 2－1－21 所示。

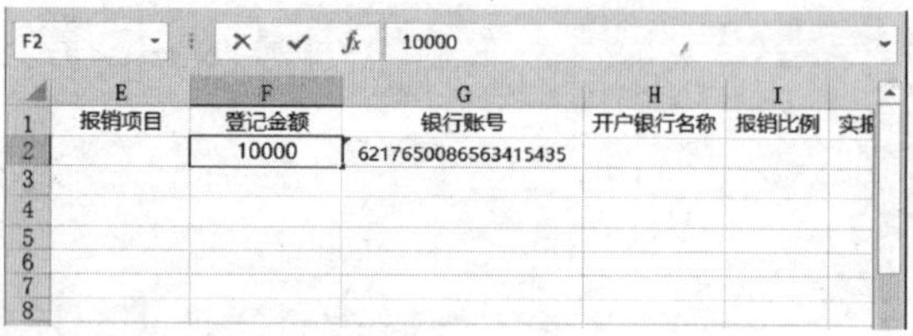

图 2－1－18

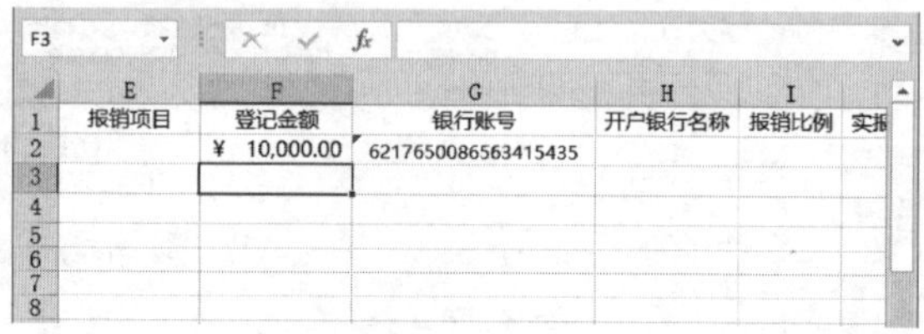

图 2－1－19

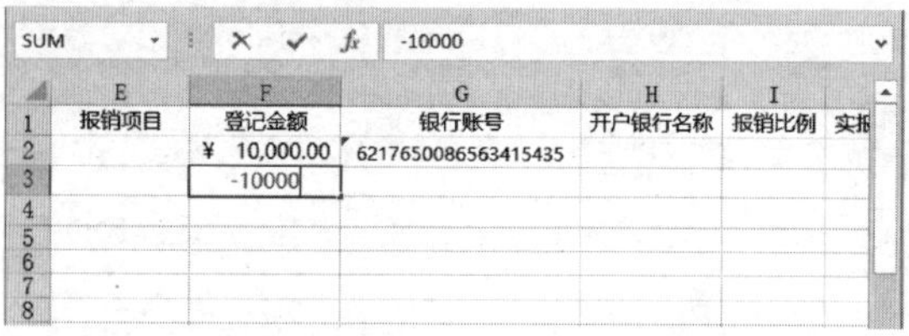

图 2－1－20

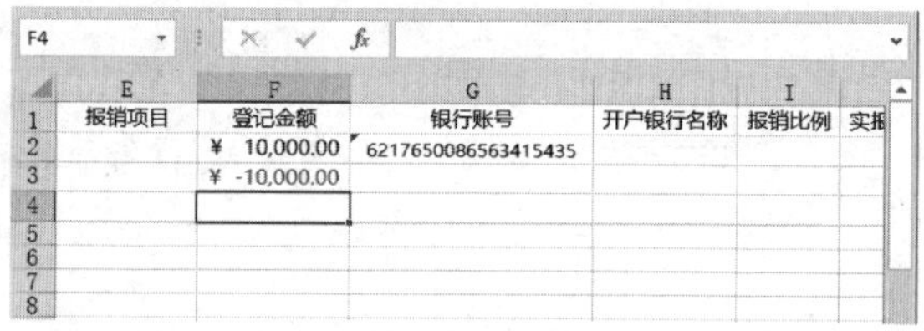

图 2－1－21

4. 输入百分比值

在 Excel 中输入数据时，经常会用到百分比数据，如果每次都输入百分比符号，显然非常麻烦，通过设置格式，系统能够自动显示百分比符号。

举例，在“报销比例”字段下输入“100%”和“80%”。

方法一：先录入数据，再设置格式。

步骤一：在单元格内输入小数，如图 2－1－22 所示。

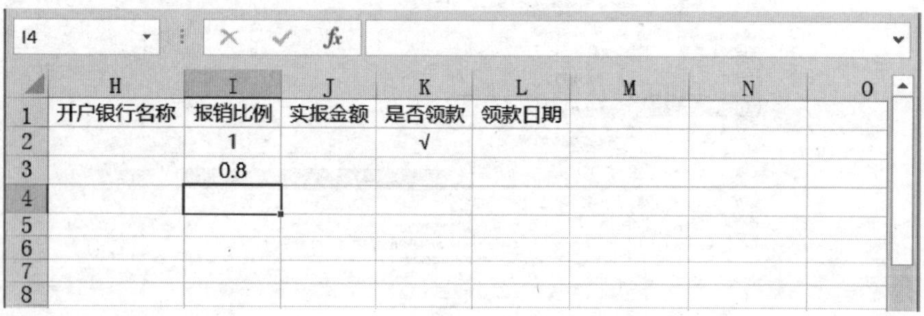

图 2－1－22

步骤二：选中需要修改格式的单元格，进行格式的设置。在“设置单元格格式”对话框中，选择“百分比”，“小数位数”输入“0”或通过数字后侧的上下按钮进行切换，然后单击“确定”，如图 2－1－23 所示。

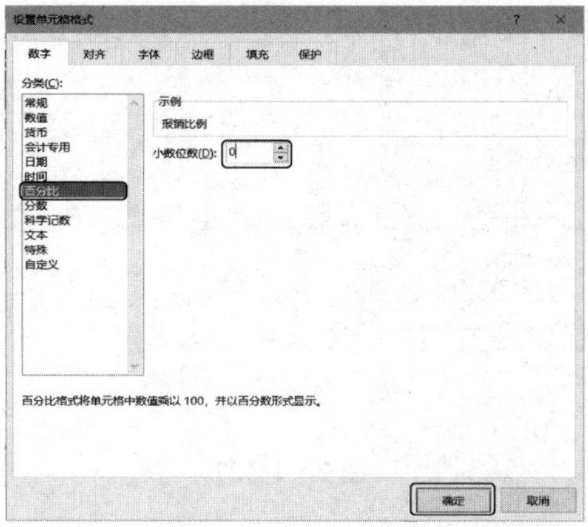

图 2-1-23

步骤三：这时候，单元格中的数据就会更改为百分比数据，如图 2-1-24 所示。

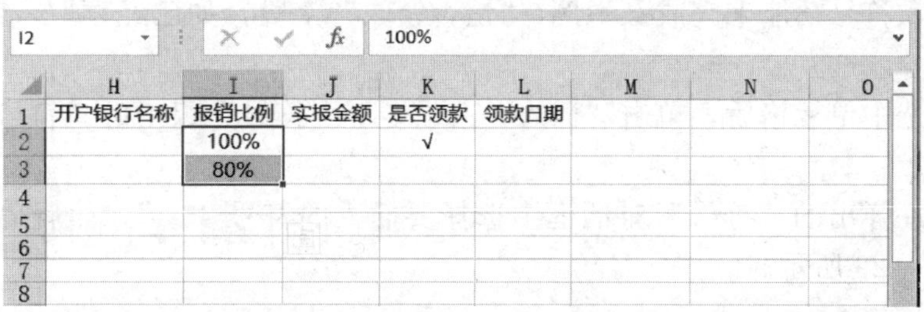

图 2-1-24

方法二：先设置格式，再输入数据。

步骤一：选中“报销比例”整列，单击鼠标右键，在快捷菜单中点击“设置单元格格式”，如图 2-1-25 所示。

步骤二：在“设置单元格格式”对话框中，选择“百分比”，“小数位数”输入“0”或通过数字后侧的上下按钮进行切换，然后单击“确定”，如图 2-1-26 所示。

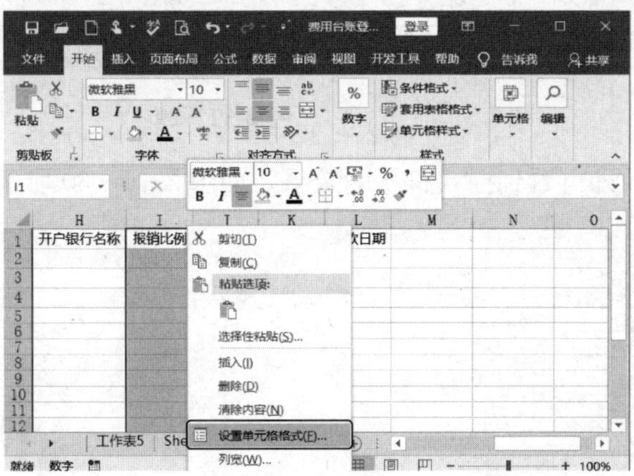

图 2-1-25

图 2-1-26

步骤三：在单元格内录入数据“100”和“80”，百分比符号就会自动生成，如图 2-1-27 所示。

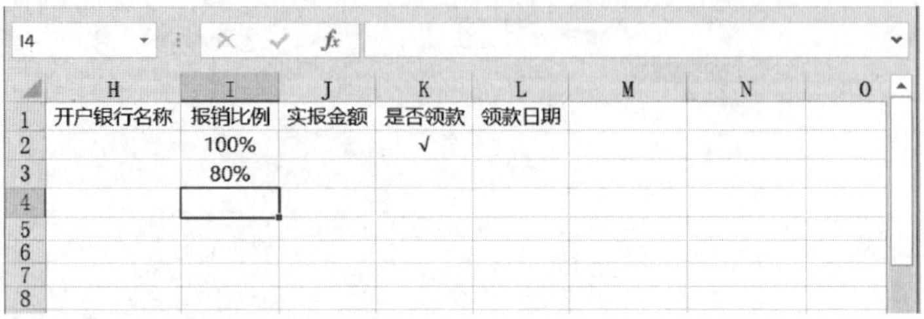

图 2-1-27

5. 输入特殊符号

在表格的编辑中，有时需要用到各种符号，但是有些符号是无法直接输入的，这时候就需要使用插入符号功能来完成。举例，“是否领取”字段，如已经领取，输入“√”；如未领取，输入“×”。

步骤一：选中单元格后，单击“插入”选项卡下“符号”组中的“符号”按钮，如图 2-1-28 所示。

步骤二：在弹出的“符号”对话框中选择要插入的符号“√”，然后单击“插入”按钮，如图 2-1-29 所示。

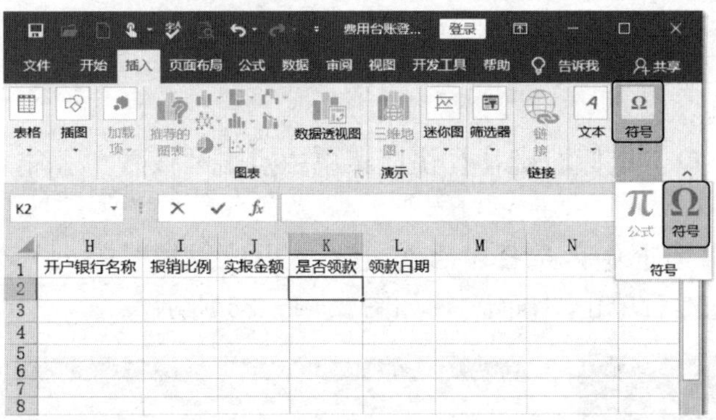

图 2-1-28

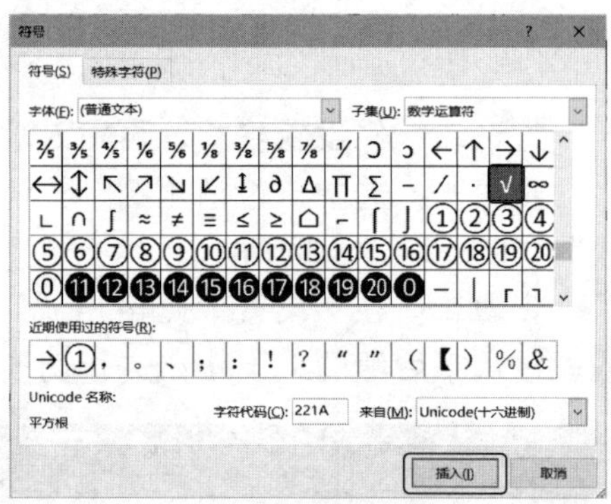

图 2-1-29

步骤三：单击“×”关闭符号对话框，即可看到插入符号的效果，如图 2-1-30 所示。

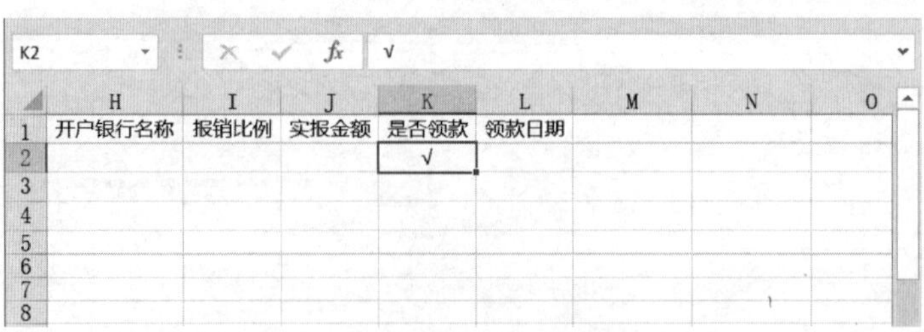

图 2-1-30

6. 使用公式输入数据

公式是 Excel 工作表中进行数值计算和分析的等式。举例，“实报金额”是通过“登记金额”乘以“报销比例”得到的数据，因此，可以通过输入公式自动进行计算。

选中 J2 单元格，先输入“=”，再输入公式“F2 * I2”，按“Enter”键即可得到计算结果，如图 2－1－31、图 2－1－32 所示。从图中可看出，单元格中显示的是计算后得到的数据，编辑栏中显示的是计算的公式。

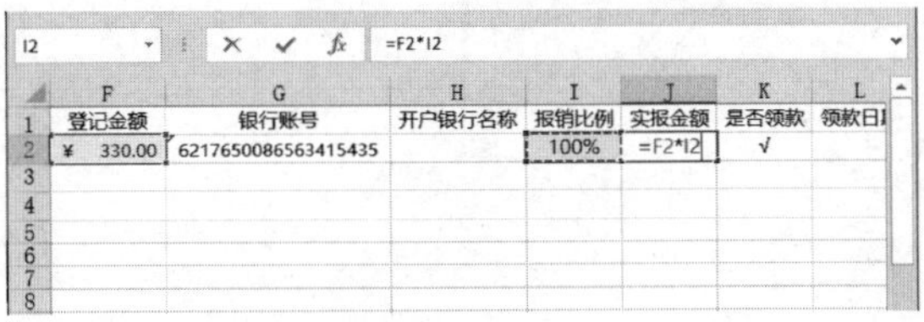

图 2－1－31

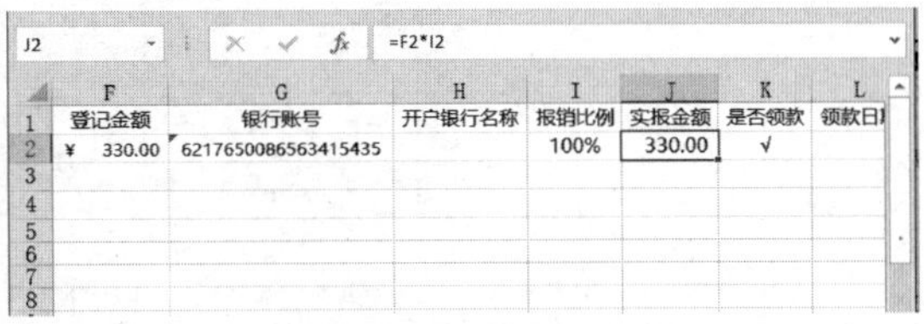

图 2－1－32

提示：输入公式时，选取目标单元格可以直接输入单元格地址，也可以通过直接单击目标单元格，获取单元格的地址。

任务二　输入数据的技巧

在编辑表格数据时，经常需要输入一些相同的或者有规律的数据。有规律的数据包括递增、递减、成比例等数据。此时，可以使用一些数据输入技巧，来提高编辑效率。

1. 快速填充有规律的数列

日常工作中经常用到序号或连续编号的输入，如“1、2、3……”等，可以使用“填充序列”功能实现。举例，“序列”字段要求输入“1、2、3……”序列号。

方法一：通过下拉菜单设置。

步骤一：在 A2 单元格内输入数据“1”。

步骤二：将鼠标指针移动到单元格的右下角，鼠标箭头变成一个十字形按钮，如图 2－2－1 所示。

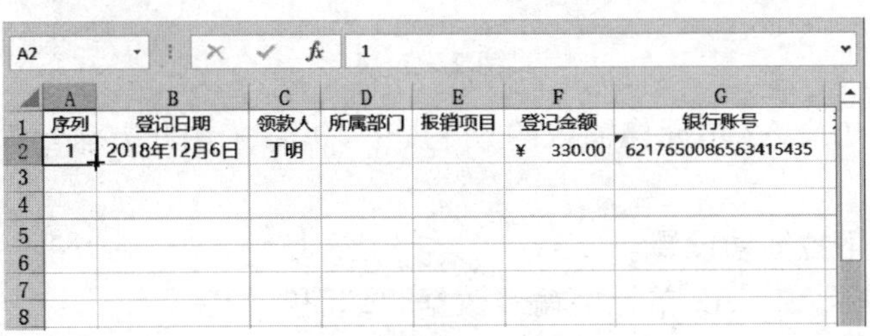

图 2－2－1

步骤三：按住鼠标右键不放，向下拖动至 A8 单元格，放开鼠标右键后，会弹出一个快捷菜单，如图 2-2-2 所示。

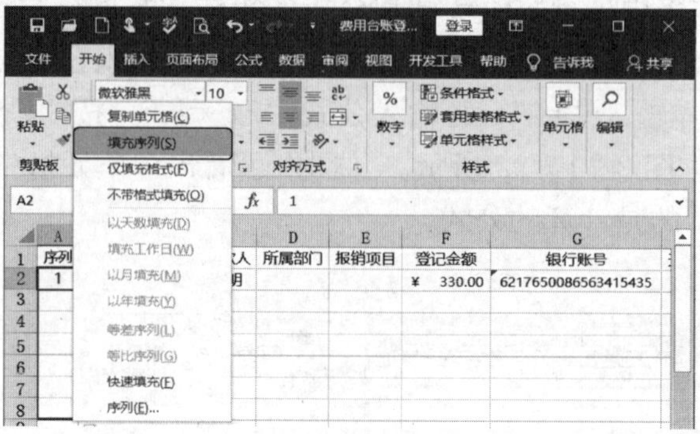

图 2-2-2

提示：如果按住的是鼠标左键，通过单击“自动填充选项”按钮，同样可以通过下拉菜单进行选择，如图 2-2-3 所示。

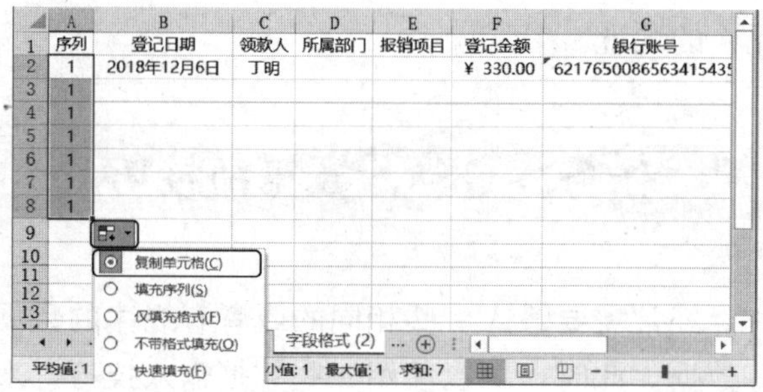

图 2-2-3

步骤四：在快捷菜单中，选择“填充序列”，此时，A2 至 A8 单元格，就会显示出从“1”开始的序列号，如图 2-2-4 所示。

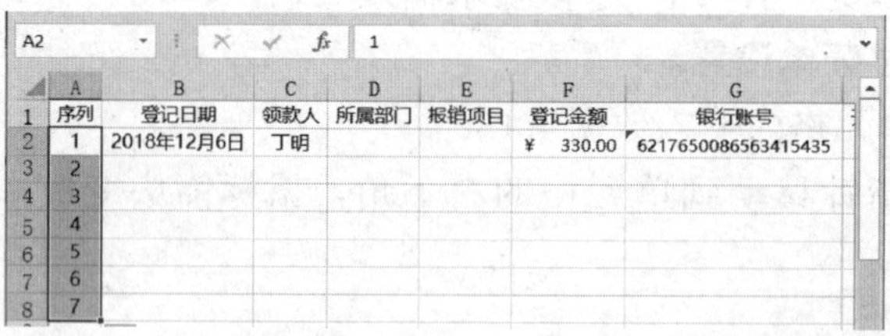

图 2-2-4

提示：同理，如果 A2 单元格输入的数字是“10”，采用此方法，就会显示从“10”开始的序列号。

方法二：直接下拉拖动设置。

步骤一：分别在 A2、A3 单元格输入数据“1”和“2”。

步骤二：同时选中 A2 和 A3 单元格，然后将鼠标指针移动到 A3 单元格的右下角，鼠标箭头变成一个十字形按钮，如图 2-2-5 所示。

步骤三： 按住鼠标左键不放，向下拖动至 A8 单元格，然后放开鼠标左键，此时，A2 至 A8 单元格，就会显示出从“1”开始、等差为 1 的递增序列号，如图 2-2-6 所示。

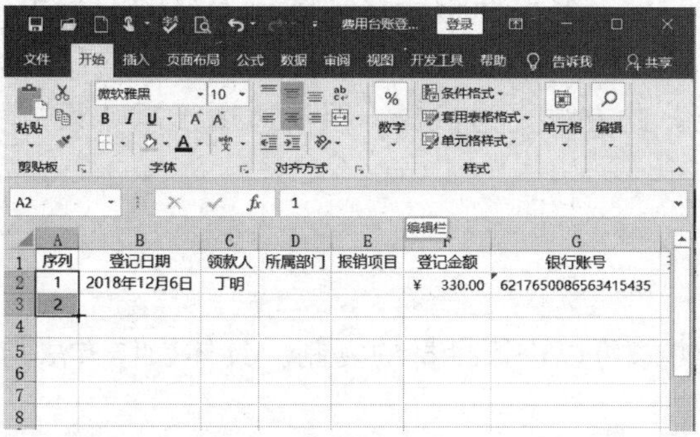

图 2-2-5

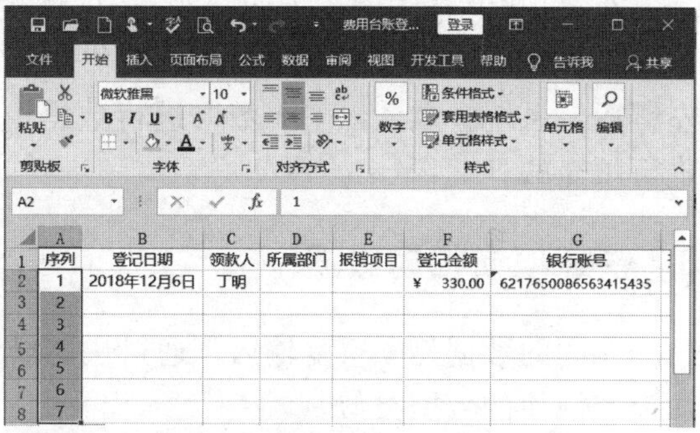

图 2-2-6

提示： 同理，如 A2 和 A3 单元格分别输入的数据是“1”和“3”，采用此方法，就会显示出从“1”开始、等差为 2 的递增序列号，如“1、3、5、7、9……”。

方法三：通过快捷键设置。

在编号 A2 单元格输入数字“1”，将鼠标移至单元格右下角，按住键盘上的 Ctrl 键，同时拖动鼠标，即可产生递增的数列。

2. 快速填充有规律的日期

快速填充有规律的日期采用的方式和填充有规律的数列的方法是相似的。举例，字段“登记日期”下录入自“2018 年 12 月 6 日”至“2018 年 12 月 12 日”的有规律的日期，假设“登记日期”整列都已设置为日期格式。

方法一：通过下拉菜单设置。

步骤一： 在 B2 单元格输入日期“2018 年 12 月 6 日”，将鼠标指针移动到单元格的右下角，鼠标箭头变成一个十字形按钮时，按住鼠标右键不放，向下拖动至 B8 单元格，放开鼠标右键后，在弹出的快捷菜单中选择“以天数填充”，如图 2-2-7 所示。

步骤二： 此时，B2 至 B8 单元格填充的是从“2018 年 12 月 6 日”开始，以天数为填充依据的日期，如图 2-2-8 所示。

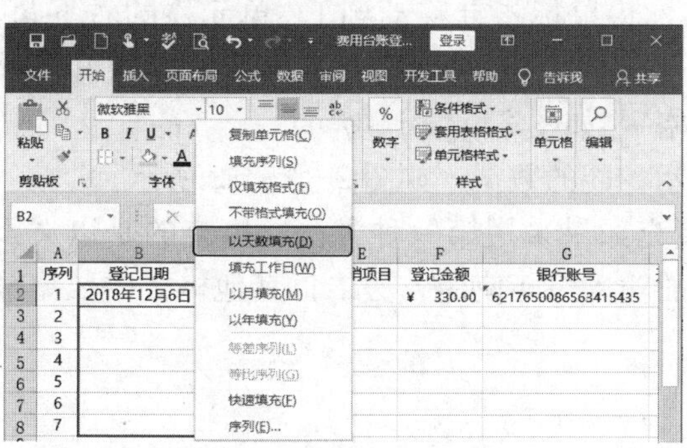

图 2-2-7

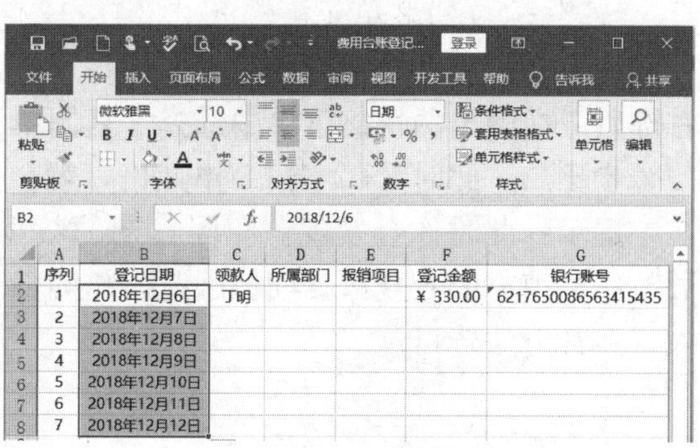

图 2-2-8

提示：从快捷菜单中可以看出，日期可以以“天数”“工作日”“月”“年”四种方式进行填充。

方法二：直接下拉拖动设置。

在 B2 单元格中输入日期“2018 年 12 月 6 日”，将鼠标指针移动到单元格的右下角，鼠标箭头变成一个十字形按钮时，按住鼠标左键不放，向下拖动至 B8 单元格，放开鼠标左键后，系统会默认以“天数”进行数据填充。此方法更为快捷，但仅适用于以“天数”进行填充的日期。

3. 快速填充相同数据

相同的数据无须重复输入，通过快捷操作方式可以进行批量的复制。具体操作方法与填充有规律的数据类似。

方法一：直接下拉拖动设置。

举例，“开户银行名称”字段输入的都是“中国建设银行”，从 H2 至 H8 单元格进行相同数据的填充。

步骤一：在 H2 单元格输入“中国建设银行”，如图 2－2－9 所示。

步骤二：将鼠标指针移动到单元格的右下角，鼠标箭头变成一个十字形按钮时，按住鼠标左键不放，向下拖动至 H8 单元格，放开鼠标左键后，选中的单元格就会快速填充相同的数据，如图 2－2－10 所示。

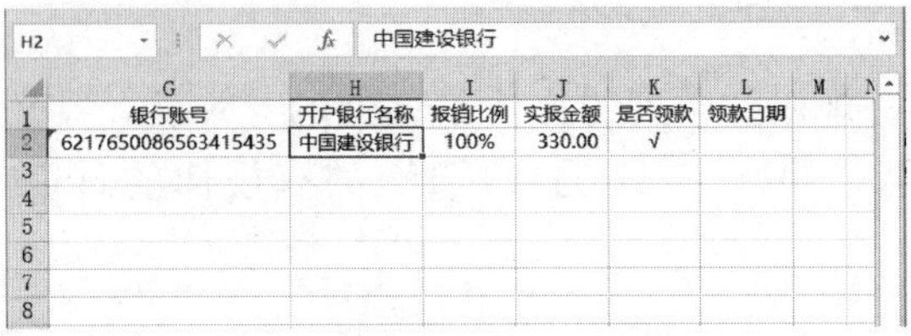

图 2－2－9

图 2－2－10

方法二：通过下拉菜单设置。

举例，“领款日期”字段输入的都是“2018 年 12 月 26 日”，从 L2 至 L8 单元格进行相同数据的填充，假设此列数据已设置为日期格式。

步骤一：在 L2 单元格输入“2018/12/26”，将鼠标指针移动到 L2 单元格的右下角，鼠标箭头变成一个十字形按钮时，按住鼠标右键不放，向下拖动至 L8 单元格，放开鼠标右键后，在弹出的快捷菜单中选择“复制单元格”，如图 2－2－11 所示。

步骤二：此时，L2 至 L8 单元格，就会显示相同的数据，如图 2－2－12 所示。

提示：此时你会发现，相同日期的数据填充如果采用第一种方法，填充的是以“天数”进行填充的有规律日期。因此，相同日期的输入只能使用方法二；其他格式的数据输入，两种方法皆可。

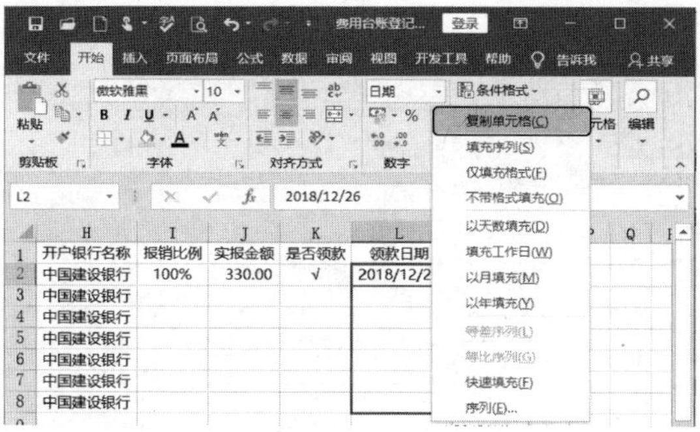

图 2－2－11

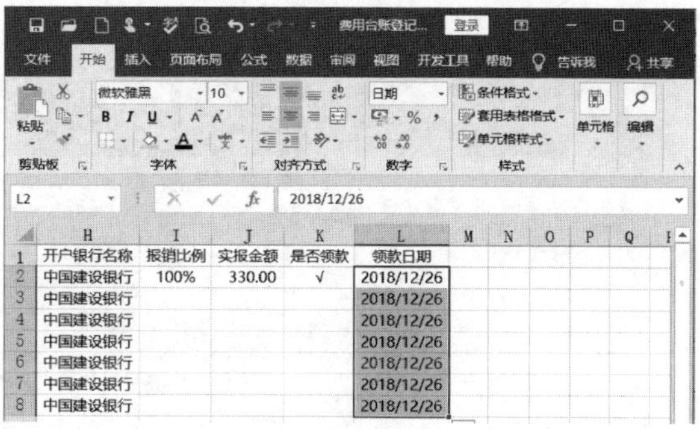

图 2－2－12

4. 记忆式输入数据

在默认情况下，Excel 自动开启“为单元格值启动记忆式键入”功能，将之前已经输入过的数据记录下来，在其下方单元格中再次输入相同的数据时，只需输入第一个汉字或第一个字符即可自动弹出之前输入的数据。

举例，在 C2 单元格中已经输入“丁明”，如图 2－2－13 所示。C4 单元格需要输入同样的数据。此时，只需要在 C4 单元格中输入“丁”，就会自动显示之前输入的词组“丁明”，按“Enter”键即可输入该词组，如图 2－2－14 所示。

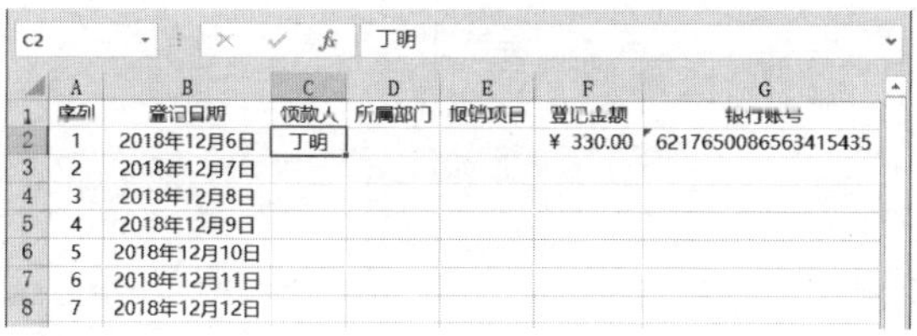

图 2－2－13

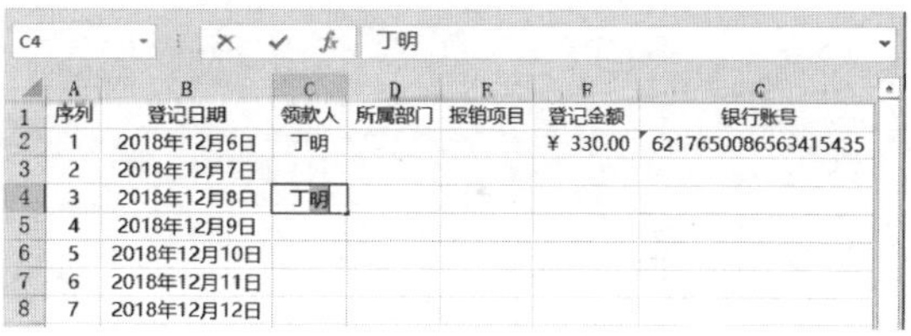

图 2－2－14

5. 从下拉列表中输入数据

Excel 中的单元格具有“序列”功能，可以通过设置数据来源把常用数据选项组成下拉列表，在下拉列表中选择数据记录，完成输入。

举例，字段“所属部门”中共有 3 个部门，分别是总经办、行政部和业务部，通过设置下拉列表输入数据。

步骤一：拖动鼠标，选中单元格 D2：D8，在“数据”选项卡中的“数据工具”功能组中单击“数据验证”按钮，在弹出的下拉列表中选择“数据验证”选项，如图 2－2－15 所示。

提示：Office 不同版本对于“数据验证”的命名有所区别，2013 及以上版本的选项为“数据验证”，Excel 2007 及 Excel 2010 版本的选项为“数据有效性”。

步骤二：在弹出的“数据验证”对话框中，选择“设置”选项卡，在“允许”下拉列表中选择“序列”选项，在“来源”文本框中输入文本“总经办,行政部,业务部”，然后单击“确定”按钮，如图 2-2-16 所示。

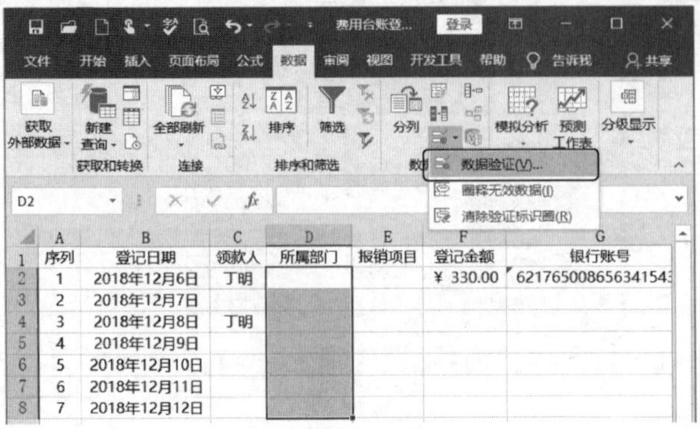

图 2-2-15

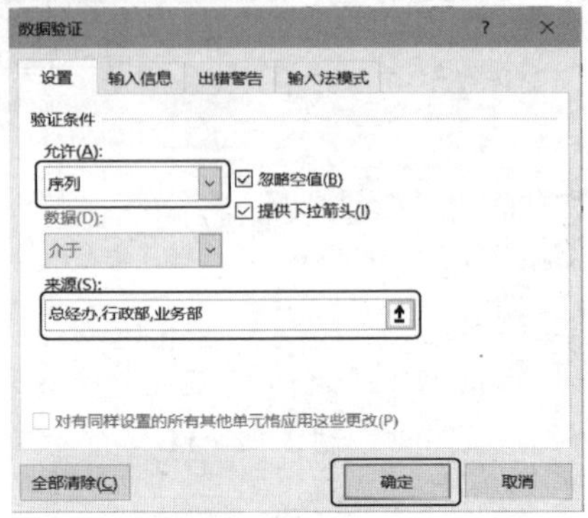

图 2-2-16

提示：在 Excel 中，除正常的文字表述以外的所有标点符号均需使用英文状态下的标点符号，如公式中的等号、逗号、分号、括号等，以及选项设置时所用到的标点符号。

步骤三：此时选中的单元格区域中每个单元格的右侧都会出现一个下拉按钮，单击下拉按钮，在弹出的下拉列表中选择要输入的数据即可，如图 2-2-17 所示。

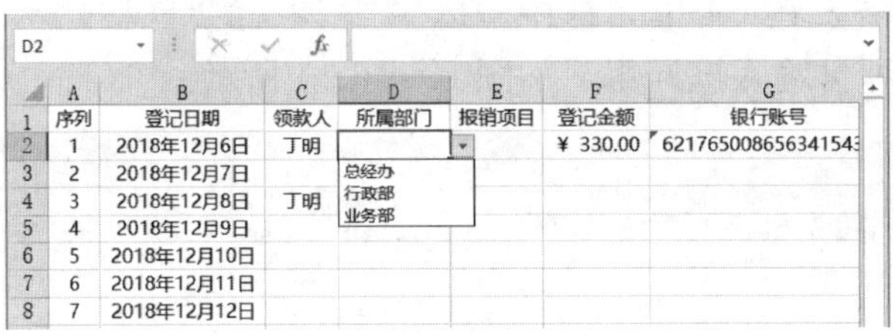

图 2-2-17

任务三　编辑数据

在实际操作中，经常需要对表格中的数据进行编辑和修改，编辑的内容主要包括修改数据、清除数据、移动和复制数据、查找和替换数据等。

根据任务一和任务二介绍的输入数据的方法，“费用台账登记簿”中的所有数据已输入完成，如图 2-3-1 所示，现需要对部分数据进行编辑。

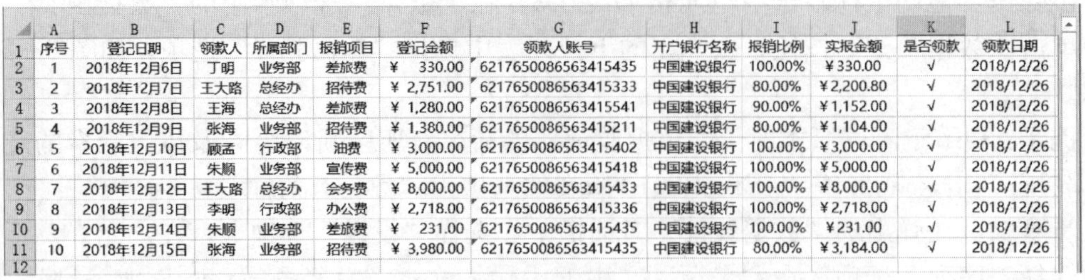

序号	登记日期	领款人	所属部门	报销项目	登记金额	领款人账号	开户银行名称	报销比例	实报金额	是否领款	领款日期
1	2018年12月6日	丁明	业务部	差旅费	¥ 330.00	6217650086563415435	中国建设银行	100.00%	¥330.00	√	2018/12/26
2	2018年12月7日	王大路	总经办	招待费	¥ 2,751.00	6217650086563415333	中国建设银行	80.00%	¥2,200.80	√	2018/12/26
3	2018年12月8日	王海	总经办	差旅费	¥ 1,280.00	6217650086563415541	中国建设银行	90.00%	¥1,152.00	√	2018/12/26
4	2018年12月9日	张海	业务部	招待费	¥ 1,380.00	6217650086563415211	中国建设银行	80.00%	¥1,104.00	√	2018/12/26
5	2018年12月10日	顾孟	行政部	油费	¥ 3,000.00	6217650086563415402	中国建设银行	100.00%	¥3,000.00	√	2018/12/26
6	2018年12月11日	朱顺	业务部	宣传费	¥ 5,000.00	6217650086563415418	中国建设银行	100.00%	¥5,000.00	√	2018/12/26
7	2018年12月12日	王大路	总经办	会务费	¥ 8,000.00	6217650086563415433	中国建设银行	100.00%	¥8,000.00	√	2018/12/26
8	2018年12月13日	李明	行政部	办公费	¥ 2,718.00	6217650086563415336	中国建设银行	100.00%	¥2,718.00	√	2018/12/26
9	2018年12月14日	朱顺	业务部	差旅费	¥ 231.00	6217650086563415435	中国建设银行	100.00%	¥231.00	√	2018/12/26
10	2018年12月15日	张海	业务部	招待费	¥ 3,980.00	6217650086563415435	中国建设银行	80.00%	¥3,184.00	√	2018/12/26

图 2-3-1

1. 修改数据

修改单元格数据，既可以修改数据的内容，也可以修改数据的格式。

（1）修改数据的内容。

对于数据内容的修改，可以在单元格中直接修改，也可以在编辑栏中进行修改。修改单元格中的全部数据，方法较为简单，单击要修改数据的单元格，直接输入需要的数据即可。如果只是修改数据中的部分内容，可以通过以下两种方法进行操作，当然，修改全部数据同样适用。

举例，B2 单元格数据输入错误，正确日期是“2018 年 12 月 7 日”，只需对单元格中的日期进行部分修改。

方法一：在单元格中直接修改。

步骤一：选中需要修改数据的单元格 B2，双击鼠标左键，此时单元格进入编辑状态，并显示闪动的光标，拖动鼠标选中要修改的数据日期“6”，如图 2－3－2 所示。

步骤二：直接输入正确的日期“7”，按“Enter”键，此时选中的单元格就修改成“2018 年 12 月 7 日”，如图 2－3－3 所示。

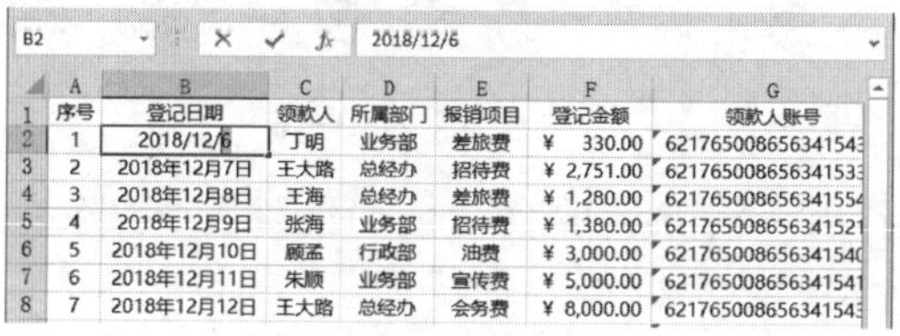

B2　2018/12/6

	A	B	C	D	E	F	G
1	序号	登记日期	领款人	所属部门	报销项目	登记金额	领款人账号
2	1	2018/12/6	丁明	业务部	差旅费	¥ 330.00	621765008656341543
3	2	2018年12月7日	王大路	总经办	招待费	¥ 2,751.00	621765008656341533
4	3	2018年12月8日	王海	总经办	差旅费	¥ 1,280.00	621765008656341554
5	4	2018年12月9日	张海	业务部	招待费	¥ 1,380.00	621765008656341521
6	5	2018年12月10日	顾孟	行政部	油费	¥ 3,000.00	621765008656341540
7	6	2018年12月11日	朱顺	业务部	宣传费	¥ 5,000.00	621765008656341541
8	7	2018年12月12日	王大路	总经办	会务费	¥ 8,000.00	621765008656341543

图 2－3－2

B2　2018/12/7

	A	B	C	D	E	F	G
1	序号	登记日期	领款人	所属部门	报销项目	登记金额	领款人账号
2	1	2018年12月7日	丁明	业务部	差旅费	¥ 330.00	621765008656341543
3	2	2018年12月7日	王大路	总经办	招待费	¥ 2,751.00	621765008656341533
4	3	2018年12月8日	王海	总经办	差旅费	¥ 1,280.00	621765008656341554
5	4	2018年12月9日	张海	业务部	招待费	¥ 1,380.00	621765008656341521
6	5	2018年12月10日	顾孟	行政部	油费	¥ 3,000.00	621765008656341540
7	6	2018年12月11日	朱顺	业务部	宣传费	¥ 5,000.00	621765008656341541
8	7	2018年12月12日	王大路	总经办	会务费	¥ 8,000.00	621765008656341543

图 2－3－3

方法二：在编辑栏中修改。

选中需要修改数据的单元格 B2，直接在编辑栏中修改数据即可，如图 2－3－4 所示，修改方法与方法一相同。

B2　2018/12/7

	A	B	C	D	E	F	G
1	序号	登记日期	领款人	所属部门	报销项目	登记金额	领款人账号
2	1	2018/12/7	丁明	业务部	差旅费	¥ 330.00	621765008656341543
3	2	2018年12月7日	王大路	总经办	招待费	¥ 2,751.00	621765008656341533
4	3	2018年12月8日	王海	总经办	差旅费	¥ 1,280.00	621765008656341554
5	4	2018年12月9日	张海	业务部	招待费	¥ 1,380.00	621765008656341521
6	5	2018年12月10日	顾孟	行政部	油费	¥ 3,000.00	621765008656341540
7	6	2018年12月11日	朱顺	业务部	宣传费	¥ 5,000.00	621765008656341541
8	7	2018年12月12日	王大路	总经办	会务费	¥ 8,000.00	621765008656341543

图 2－3－4

（2）修改数据的格式。

修改数据的格式，可理解为重新设置数据的格式。选中需要修改的单元格，按照设置数据格式的方法，重新进行设置即可。

2. 清除数据

对于已经输入内容和设置了格式的单元格区域，可以清除单元格中的所有内容，或者仅删除格式、内容、批注、超链接等。

（1）清除内容。

此操作较为简单，选中需要删除的单元格或单元格区域，按“Delete”键清除，此时选中的单元格或单元格区域所有的内容和格式都被清除，显示为默认的单元格效果。

（2）清除格式。

如果想保留单元格区域的内容，而不需要已设置的格式，则可以只清除单元格区域的格式。举例，清除 F2：F5 的单元格会计专用的格式。

选中 F2：F5 区域后，在“开始”选项卡中的“编辑”功能组中单击“清除”按钮，在弹出的下拉列表中选择“清除格式”选项，如图 2-3-5 所示。此时，F2：F5 区域中的格式就会恢复到初始默认的格式，如图 2-3-6 所示。

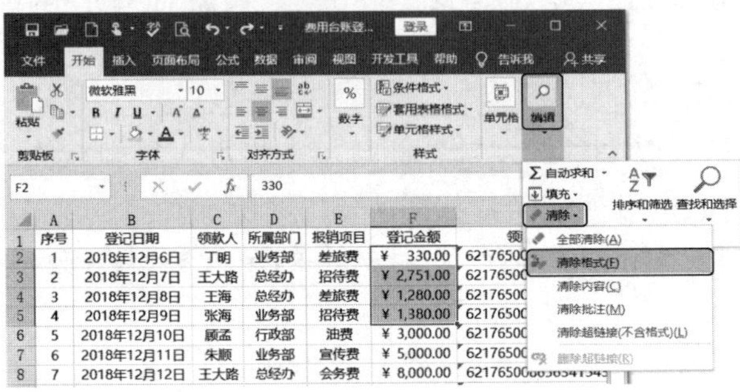

图 2-3-5

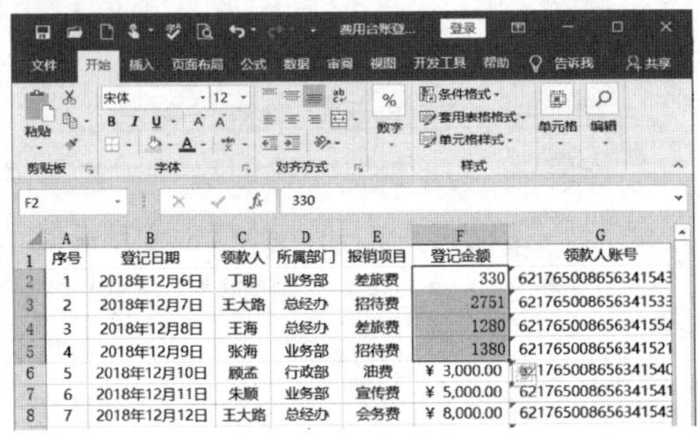

图 2-3-6

提示：从“清除”按钮的下拉列表中可以看出，清除选项有“全部清除”“清除格式”“清除内容”“清除批注”“清除超链接（不含格式）”，根据需要选择即可。

3. 复制和移动数据

在工作表的编辑过程中，经常会需要输入一些已经存在或相似的数据内容，可以通过移动或复制来简化操作，提高工作效率。

（1）复制数据。

“复制和粘贴”是 Office 办公软件的基本功能之一。复制的快捷键是“Ctrl+C”；粘贴的快捷键是“Ctrl+V”。操作非常简单，不再详细讲解。以下再介绍两种复制数据的方法。

方法一：使用鼠标拖动法来复制。

步骤一：选中要复制的单元格，然后将鼠标移动至单元格区边缘，鼠标箭头上会增加一个图标“✥”，如图 2-3-7 所示。

步骤二：按住“Ctrl”键的同时，按住鼠标左键拖动至指定单元格，释放按键和鼠标，即可将单元格中的内容复制到指定单元格中，如图 2-3-8 所示。

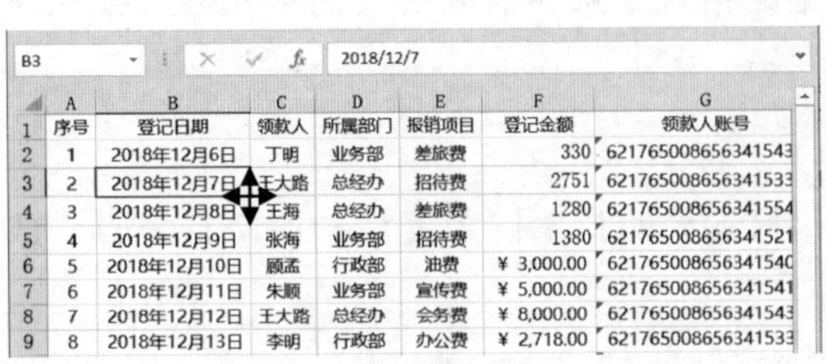

图 2-3-7

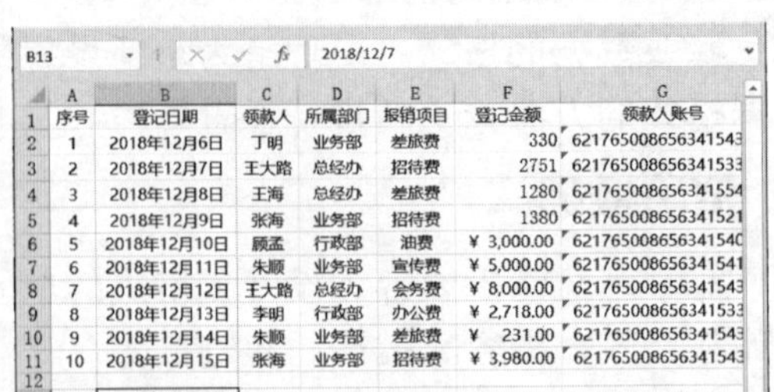

图 2-3-8

方法二：使用快捷菜单进行复制。

步骤一：选中需要复制的单元格，右击鼠标，在快捷菜单中选择“复制”，如图 2－3－9 所示。

步骤二：选中需要粘贴的单元格，右击鼠标，在快捷菜单中选择“选择性粘贴”，在弹出的“选择性粘贴”对话框中，粘贴选择“全部”，运算选择“无”，然后单击“确定”，即可复制成功，如图 2－3－10 所示。

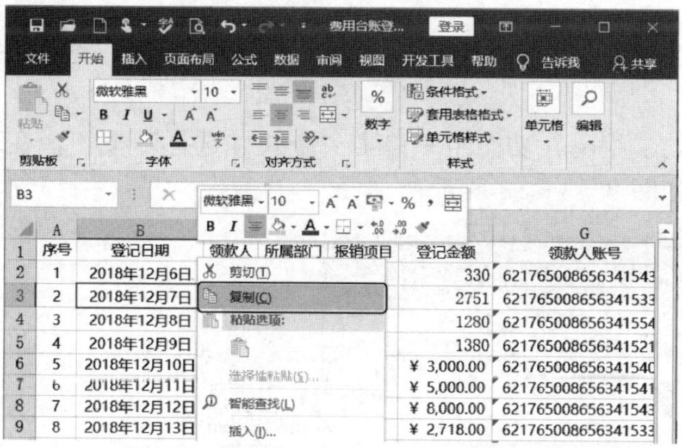

图 2－3－9

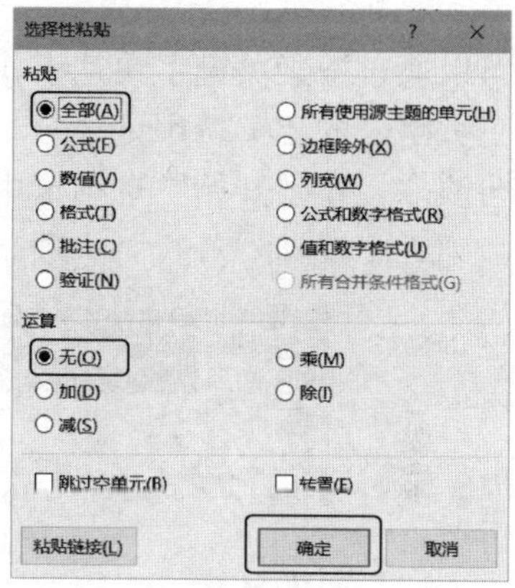

图 2－3－10

提示：“选择性粘贴”是 Office 软件的一项粘贴性功能，具有多种粘贴选项和运算方式，包括全部、公式、数值、格式、批注等，使用选择性粘贴，可以方便快速地复制和粘贴数据。

（2）移动数据。

与复制数据不同的是，移动数据后原来的单元格内容会消失不见。移动数据可通过“剪切”的方式实现。“剪切和粘贴”也是 Office 办公软件的基本功能之一。剪切的快捷键是“Ctrl＋X”；粘贴的快捷键是“Ctrl＋V”。

通过拖动的方式进行移动，操作方法与复制类似，只是操作的时候，无须按住“Ctrl”键。

使用快捷菜单移动单元格的时候，在快捷菜单中选择“剪切”，其他操作方式与复制数据相同。移动数据后的结果如图 2－3－11 所示。

图 2－3－11

4. 查找和替换数据

在日常工作中，常常需要在大量的数据中去查找相关的记录和数据，如果采用手动的方式查找，则会降低工作效率，此时，可以使用“查找和替换”功能快速定位数据。

使用“查找和替换”功能，如未指定区域，则默认表示搜索全表数据；也可通过选中某个区域来对指定的区域数据进行查找和替换。

（1）查找数据。

可以通过搜索关键字快速查找数据，如搜索姓名、年度、月份等。例如，搜索关键字为“王大路”的相关费用记录。

步骤一：在“开始”选项卡中的“编辑”功能组中单击“查找和选择”按钮，在弹出的下拉列表中选择“查找”选项，如图 2－3－12 所示。

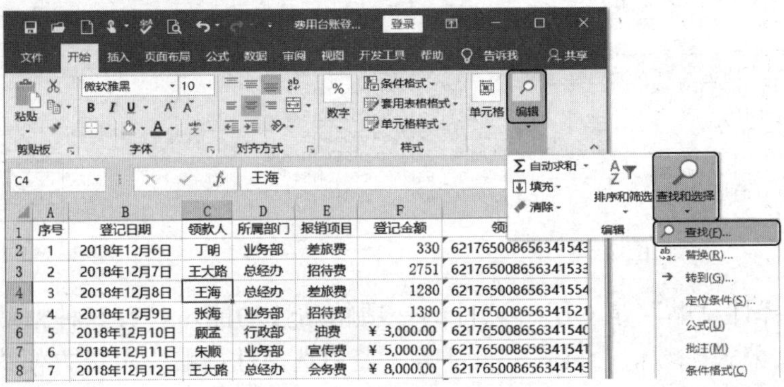

图 2－3－12

步骤二：在弹出的“查找和替换”的对话框中，点击“查找”选项卡，在“查找内容”中输入关键字“王大路”，然后单击“查找全部”，对话框的下方即会查找出所有关键字为“王大路”的数据记录，如图 2－3－13 所示。

步骤三：单击要查找的数据记录，此时，即可在工作表中定位到相应的数据记录。也可通过单击“查找下一个”来进行切换。查找完毕，单击“关闭”按钮，如图 2－3－14 所示。

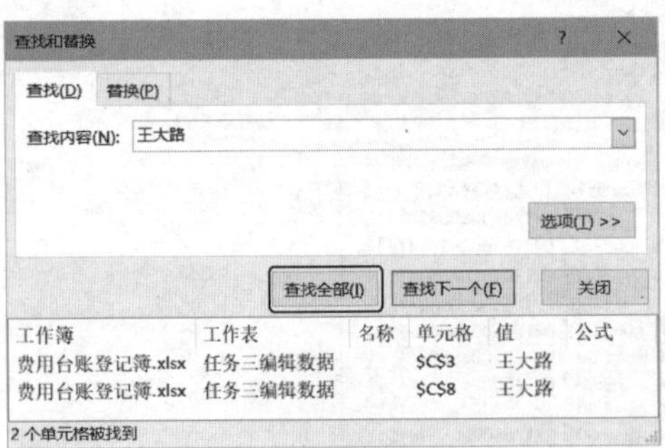

图 2－3－13

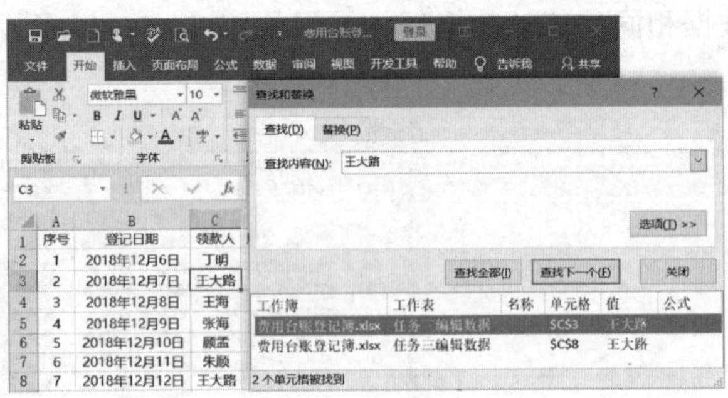

图 2－3－14

提示：调出“查找对话框”，可使用“Ctrl＋F”快捷键。

（2）替换数据。

在编辑工作表时，如果发生数据输入错误，且数量较多，可以使用“替换”功能，进行批量替换。例如，将领款人“王大陆”替换成“王大路”，具体操作如下。

步骤一：在“开始”选项卡中的“编辑”功能组中单击“查找和选择”按钮，在弹出的下拉列表中选择“替换”选项，如图 2－3－15 所示。

步骤二：在弹出的“查找和替换”的对话框中，点击“替换”选项卡，在“查找内容”中输入关键字“王大陆”，“替换为”中输入“王大路”，然后单击“全部替换”，会弹出“Microsoft Excel”对话框，提示“全部完成，完成 2 处替换。”，然后单击“确定”并关闭“查找和替换”对话框。返回工作表，此时工作表中的“王大陆”就全部替换成“王大路”，替换效果如图 2－3－16 所示。

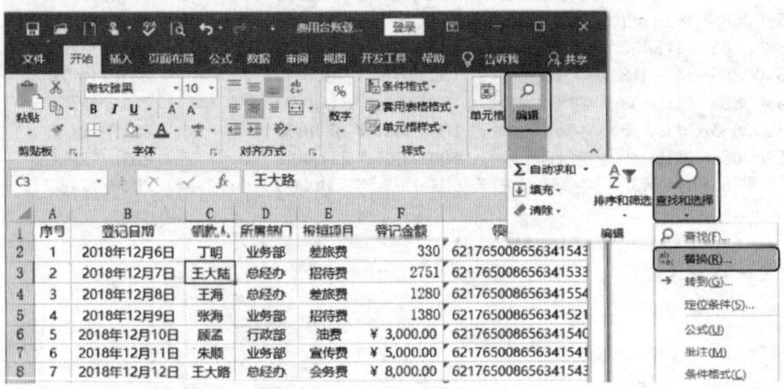

图 2－3－15

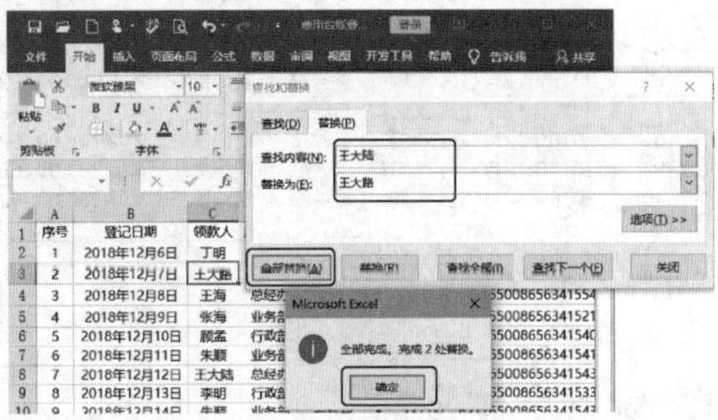

图 2－3－16

提示：调出“替换对话框”，可使用“Ctrl＋H”快捷键。

（3）使用通配符进行查找和替换。

在运用“查找和替换”的过程中，有个很容易被忽略的通配符，实际上可以运用通配符实现很多查找和替换的功能。通配符主要有两个，分别是“＊”（星号）和“?”（问号），星号可以表示零个或多个字符，一个问号表示至少一个字符。

例如，查找姓氏为“王”的所有数据。在“查找和替换”对话框的“查找”选项卡中，“查找内容”输入“王＊”，单击“查找全部”，此时，在下方列表中即会显示以“王”开头的所有姓名的相关记录，包括王大路和王海，显示结果如图 2－3－17 所示。

例如，查找姓氏为“王”，姓名为两个字的所有数据。在“查找”选项卡中，“查找内容”输入“王?”，还需单击“选项”，选中“单元格匹配”复选框，然后再单击“查找全部”，此时，返回的结果中只有“王海”的相关记录，如图 2－3－18 所示。

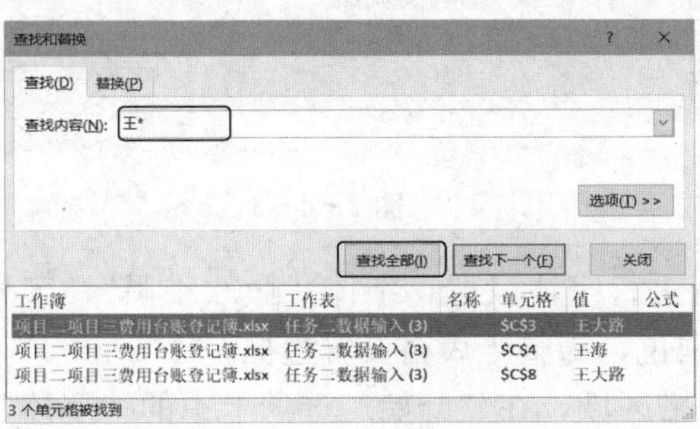

图 2－3－17

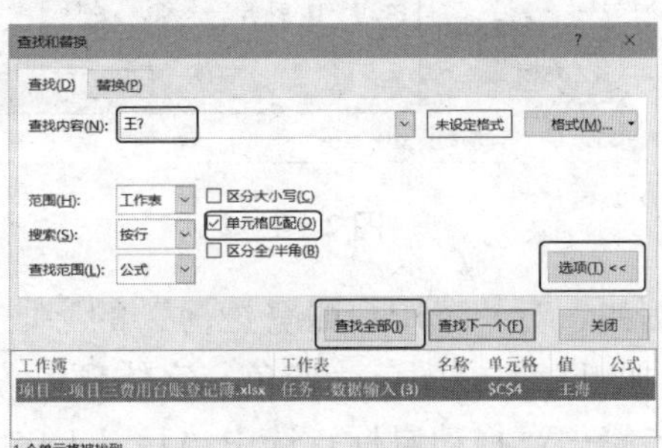

图 2－3－18

任务四　设置表格格式

根据以上方法，完成“费用台账登记簿”所有数据的录入，就能够得到一张表格，如图 2-4-1 所示。最后，为了使表格达到更好的视觉效果，可以对单元格进行设置，以取得需要的显示方式。

	A	B	C	D	E	F	G	H	I	J	K	L
1	序号	登记日期	领款人	所属部门	报销项目	登记金额	领款人账号	开户银行名称	报销比例	实报金额	是否领款	领款日期
2	1	2018年12月7日	丁明	业务部	差旅费	¥ 330.00	6217650086563415435	中国建设银行	100.00%	¥330.00	√	2018/12/26
3	2	2018年12月7日	王大路	总经办	招待费	¥ 2,751.00	6217650086563415333	中国建设银行	80.00%	¥2,200.80	√	2018/12/26
4	3	2018年12月8日	王海	总经办	差旅费	¥ 1,280.00	6217650086563415541	中国建设银行	90.00%	¥1,152.00	√	2018/12/26
5	4	2018年12月9日	张海	业务部	招待费	¥ 1,380.00	6217650086563415211	中国建设银行	80.00%	¥1,104.00	√	2018/12/26
6	5	2018年12月10日	顾孟	行政部	油费	¥ 3,000.00	6217650086563415402	中国建设银行	100.00%	¥3,000.00	√	2018/12/26
7	6	2018年12月11日	朱顺	业务部	宣传费	¥ 5,000.00	6217650086563415418	中国建设银行	100.00%	¥5,000.00	√	2018/12/26
8	7	2018年12月12日	王大路	总经办	会务费	¥ 8,000.00	6217650086563415433	中国建设银行	100.00%	¥8,000.00	√	2018/12/26
9	8	2018年12月13日	李明	行政部	办公费	¥ 2,718.00	6217650086563415336	中国建设银行	100.00%	¥2,718.00	√	2018/12/26
10	9	2018年12月14日	朱顺	业务部	差旅费	¥ 231.00	6217650086563415435	中国建设银行	100.00%	¥231.00	√	2018/12/26
11	10	2018年12月15日	张海	业务部	招待费	¥ 3,980.00	6217650086563415435	中国建设银行	80.00%	¥3,184.00	√	2018/12/26
12												

图 2-4-1

1. 设置字体格式

字体格式的设置主要包括字体、字号、加粗、倾斜、下划线、边框、填充颜色、字体颜色等内容。选中需要修改的单元格，可以在“开始”选项卡中的“字体”功能组中进行设置，如图 2-4-2 所示；也可以通过右击弹出快捷菜单中的“设置单元格格式”，如图 2-4-3 所示。在“设置单元格格式”对话框中的“字体”选项卡中进行设置。

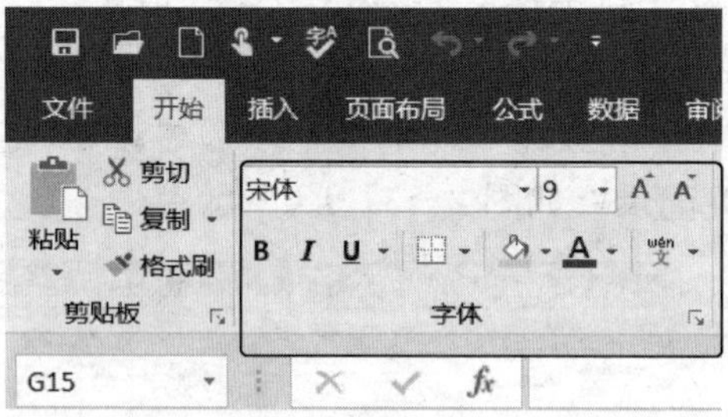

图 2-4-2

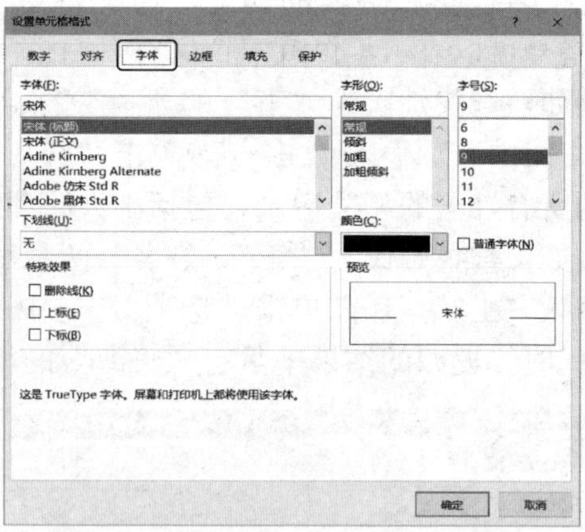

图 2-4-3

例如，对“费用台账登记簿”的字段行进行字体设置：字体“微软雅黑”，字号“12号”，加粗，填充颜色为蓝色，字体颜色为白色，为整个表格设置边框。

步骤一：拖动鼠标，选中 A1：L1 单元格区域，在“开始”选项卡中的“字体”栏里依次进行设置，字体选择“微软雅黑”，字号选择“12”，加粗单击“B”，填充颜色选择

“蓝色”，字体颜色选择“白色”，最终的效果如图 2－4－4 所示。

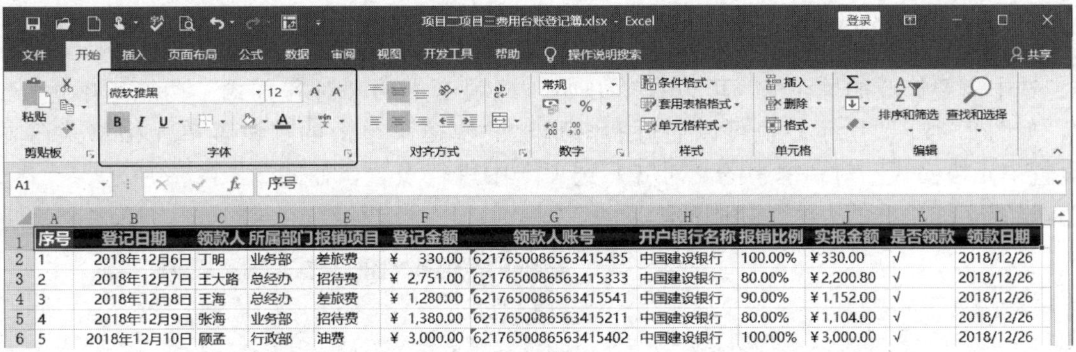

图 2－4－4

步骤二：选中整张表格 A1：L11 单元格区域，在“边框”下拉菜单中选择“所有框线”，如图 2－4－5 所示。此时选中区域已经加上边框，如图 2－4－6 所示。

图 2－4－5

图 2－4－6

提示：在“边框”下拉菜单中，我们不仅可以设置不同样式的边框，还可以根据需要进行绘制边框。

2. 设置对齐方式

对齐方式的设置主要包括对齐位置、字体方向、缩进量、自动换行、合并单元格等内容。选中需要修改的单元格，可以在“开始”选项卡中的“对齐方式”功能组中进行设置，如图 2-4-7 所示；也可以通过右击弹出的快捷菜单中的“设置单元格格式”，在“设置单元格格式”对话框中的“对齐”选项卡中进行设置，如图 2-4-8 所示。操作方法和设置字体格式的方法是相同的。

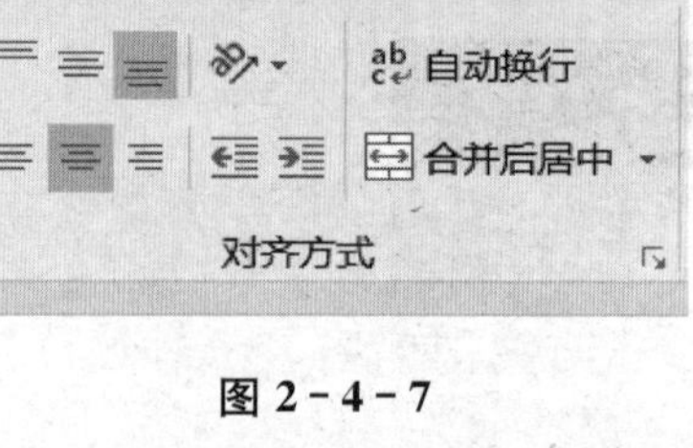

图 2-4-7

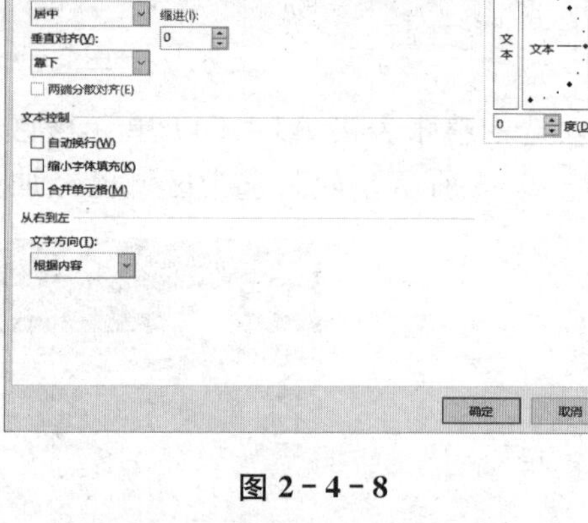

图 2-4-8

例如，将“费用台账登记簿”表格中的所有单元格设置为“居中对齐”。选中表格区域，单击“居中对齐”即可，最终效果如图 2-4-9 所示。

	A	B	C	D	E	F	G	H	I	J	K	L
1	序号	登记日期	领款人	所属部门	报销项目	登记金额	领款人账号	开户银行名称	报销比例	实报金额	是否领款	领款日期
2	1	2018年12月6日	丁明	业务部	差旅费	¥ 330.00	6217650086563415435	中国建设银行	100.00%	¥330.00	√	2018/12/26
3	2	2018年12月7日	王大路	总经办	招待费	¥ 2,751.00	6217650086563415333	中国建设银行	80.00%	¥2,200.80	√	2018/12/26
4	3	2018年12月8日	王海	总经办	差旅费	¥ 1,280.00	6217650086563415541	中国建设银行	90.00%	¥1,152.00	√	2018/12/26
5	4	2018年12月9日	张海	业务部	招待费	¥ 1,380.00	6217650086563415211	中国建设银行	80.00%	¥1,104.00	√	2018/12/26
6	5	2018年12月10日	顾孟	行政部	油费	¥ 3,000.00	6217650086563415402	中国建设银行	100.00%	¥3,000.00	√	2018/12/26
7	6	2018年12月11日	朱顺	业务部	宣传费	¥ 5,000.00	6217650086563415418	中国建设银行	100.00%	¥5,000.00	√	2018/12/26
8	7	2018年12月12日	王大路	总经办	会务费	¥ 8,000.00	6217650086563415433	中国建设银行	100.00%	¥8,000.00	√	2018/12/26
9	8	2018年12月13日	李明	行政部	办公费	¥ 2,718.00	6217650086563415336	中国建设银行	100.00%	¥2,718.00	√	2018/12/26
10	9	2018年12月14日	朱顺	业务部	差旅费	¥ 231.00	6217650086563415435	中国建设银行	100.00%	¥231.00	√	2018/12/26
11	10	2018年12月15日	张海	业务部	招待费	¥ 3,980.00	6217650086563415435	中国建设银行	80.00%	¥3,184.00	√	2018/12/26
12												

图 2-4-9

项目三
数据的公式计算

任务概况

公式和函数是Excel的两大利器，在数据计算和数据分析中发挥着极其重要的作用。无论是简单的算式计算，还是比较复杂的逻辑判断、计算求值等，都可以通过公式和函数快速地完成。

知识点

- 函数与公式的结构
- 运算符
- 输入、编辑公式
- 输入、编辑函数
- 删除公式与函数
- 相对引用
- 绝对引用
- 混合引用
- 对其他工作表数据的引用
- 常用函数
- 错误值的分析

任务一　认识公式与函数

公式与函数同样需要输入或插入到单元格中，它们也是Excel数据对象的一种，只是与其他普通数据相比，有着独特的结构。

1. 了解公式与函数

(1) 什么是公式?

公式是Excel工作表中进行数值计算和分析的等式。公式输入是以“＝”开始的，由等号和表达式构成。如“＝A1＋A2”，表示将A1单元格和A2单元格中的数据相加并返回计算结果。

从结构上看，公式中包含的元素及其用法如表 3-1-1 所示。

表 3-1-1　公式中包含的元素及其用法

元素	用法	举例
常量	直接在公式中输入的不会发生变化的数值	2、3
运算符	把公式中各个元素连接起来并进行相应运算的符号	+、−、*、/
字符串	可以是数字、符号、文本等各种对象，一般用英文状态下的引号将字符串内容括起来表示	"良好" "RDC100"
函数	预定义的公式，按特定的顺序或结构进行计算	Sum（A1：D1）
单元格引用	是公式中最常见的一种变量，将参与运算的单元格或单元格区域的地址显示在公式中	A1：D4

（2）什么是函数？

函数是一些预定义的公式，按特定的顺序或结构进行计算。在执行很长或复杂的计算时，它可以简化和缩短公式。

相较于公式，函数的结构更为严谨，它主要由等号、函数名、小括号和函数参数组成。如“=SUM(A1：A10)”，此函数的参数引用了 A1 至 A10 单元格区域的数值，表示对该区域内的所有数据求和。

从结构上看，函数中包含的元素及其用法与公式类似。这里以常用的求和函数 SUM 为例进行结构讲解，如图 3-1-1 所示。

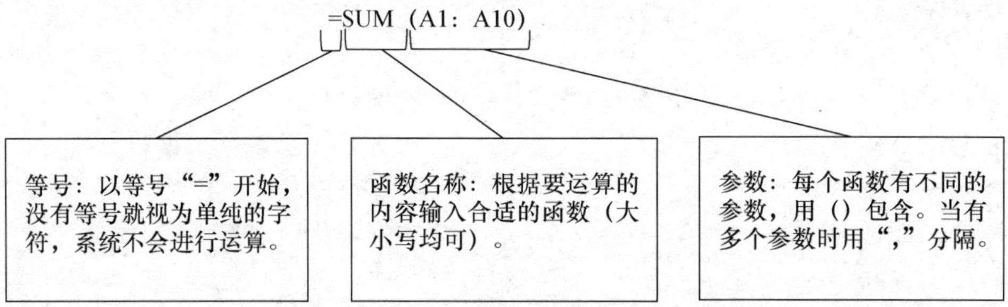

图 3-1-1

提示：在输入公式时，需要注意输入模式。除了引用的中文字符串外，公式及函数中的元素，几乎都是英文字符，因此应当在英文状态下输入，特别要注意的是引号、逗号等。

2. 认识运算符

运算符是公式的基本元素，也是必不可少的元素，每一个运算符代表一个运算。

在 Excel 中有 4 种运算符类型，分别是算术运算符、比较运算符、文本运算符和引用运算符。

（1）算术运算符。

算术运算符用于完成基本的数学运算，它的主要种类和含义如表 3-1-2 所示。

表 3-1-2　算术运算符的种类和含义

运算符	含义	示例	运算结果
+	加法运算	3+4	7
-	减法运算	4-3	1
*	乘法运算	3*4	12
/	除法运算	12/4	3
%	百分比运算	50%	0.5
^	乘方运算	3^2	9

(2) 比较运算符。

用于比较两个值。当用比较运算符比较两个值时，结果是一个逻辑值，True 表示“真”，False 表示“假”。常用的比较运算符的种类和含义，如表 3-1-3 所示。

表 3-1-3　比较运算符的种类和含义

运算符	含义	示例	运算结果
=	等于运算	3=4	False
>	大于运算	4>3	True
<	小于运算	3<4	True
>=	大于或等于运算	1>=5	False
<=	小于或等于运算	1<=5	True
<>	不等于运算	1<>5	True

(3) 文本运算符。

用于连接一个或多个字符串，合并成为一个字符串。文本运算符的种类和含义，如表 3-1-4 所示。

表 3-1-4　文本运算符的种类和含义

运算符	含义	示例	运算结果
&	连接字符串	“工号”&”001”	工号 001

(4) 引用运算符。

用于标明工作表中的单元格或单元格区域，引用运算符的种类和含义，如表 3-1-5 所示。

表 3-1-5　引用运算符的种类和含义

运算符	含义	示例	运算结果
:(冒号)	区域运算符，引用两个单元格之间的所有单元格	A1:C2	引用 A1、A2、B1、B2、C1、C2 单元格
,(逗号)	联合运算符，将多个引用合并为一个引用	A1,C2	引用 A1、C2 单元格

3. 公式中运算符的优先顺序

如果公式中只有同一级别的运算符，则可以从左到右进行运算，但是当公式中同时运用到多个不同种类的运算符号时，则要按照运算符的优先级别来进行运算。公式中运算符的优先顺序如表 3-1-6 所示。

表 3-1-6　运算符的优先顺序

优先级	运算符号	说明
1	:（冒号），（逗号）	引用运算符
2	—	作为负号使用（如：—8）
3	%	百分比运算
4	^	乘幂运算
5	*和/	乘和除运算
6	＋和—	加和减运算
7	&	连接文本字符串
8	＝、＞、＜、＞＝、＜＝、＞＜	比较运算符

任务二　公式和函数的使用

前文讲到，公式与函数中的数据都为 Excel 中的数据对象。因此，在引用公式和函数前，同样需要先将其输入到单元格中。函数较为特别，还可以使用对话框向导进行插入。

1. 输入和编辑公式

（1）输入公式。

只有在单元格中输入以“＝”开始的公式后，才能进行相应的运算。输入公式可以选择以下任意一种方法进行操作。

方法一：直接在单元格中输入公式。

简单的公式可以直接在单元格中输入。选中需要输入公式的单元格，输入公式内容，按“Enter”键确认即可。

方法二：在编辑栏中输入公式。

单元格内显示区域有限，对于较长或较复杂的公式，可以在编辑栏中输入。选中需要输入公式的单元格，在编辑栏中输入公式内容即可。

方法三：结合键盘和鼠标输入公式。

当输入的公式中涉及单元格或单元格区域引用时，可以直接用鼠标选中相应的单元格或单元格区域，无须输入单元格地址。

例如，在 F4 单元格中输入公式，计算出王大路需缴纳的养老保险金额，养老保险缴纳金额＝缴费基数*养老保险缴纳比例（8%），如图 3-2-1 所示。

F3 =E4*F3

	A	B	C	D	E	F	G	H	I
1	社保个人缴费明细表								
2	序号	员工工号	部门	姓名	缴费基数	养老保险	医疗保险	失业保险	合计
3						8%	2%	0.50%	
4	1	0001	总经办	王大陆	9100.00	=E4*F3			
5	2	0005	总经办	王海	7000.00				
6	3	0007	人事行政部	顾孟	7800.00				
7	4	0009	人事行政部	李明	6095.24				
8	5	0015	财务部	孙婷婷	7800.00				
9	6	0060	财务部	赵飞	6800.00				
10	7	0040	财务部	尤静	5850.00				
11	8	0038	生产部	李宏	7600.00				
12	9	0016	生产部	苏陆	5600.00				
13	10	0056	生产部	潘婷	5400.00				
14	合计								

图 3-2-1

方法一：选中 F4 单元格，输入“＝E4＊F3”，按“Enter”键确认。

方法二：选中 F4 单元格，在编辑器中输入“＝E4＊F3”，按“Enter”键确认。

方法三：输入公式的时候，直接单击 E4 单元格，公式中引用的“E4”会自动生成；同理，单击 F3 单元格，公式中引用的“F3”也会自动生成。

（2）编辑公式。

编辑公式的操作比较简单，双击单元格后直接修改，或选中单元格后在编辑栏中修改均可。需要注意的是，编辑完公式后，必须按“Enter”键确认，否则系统会默认为在为公式引用单元格地址。

2. 插入和编辑函数

（1）插入函数。

当你对某个函数的结构和用法非常熟悉时，可以像输入公式一样，直接输入函数；如果你对某个函数不太熟悉时，可以利用“函数”选项卡中的各项功能，根据向导插入函数。

例如，在 E14 单元格中运用求和函数“SUM”，计算所有员工缴费基数的合计金额。

方法一：直接输入法。

选中 E14 单元格，在单元格中或编辑栏中直接输入“＝SUM(E4：E13)”，按“Enter”键确认。“E4：E13”单元格区域，同样可以通过鼠标拖动选中获得单元格地址。

方法二：通过向导插入函数。

步骤一：选中 E14 单元格，单击“公式”选项卡中的“插入函数”按钮，如图 3-2-2 所示。

提示：“插入函数”的快捷键按钮为编辑栏左侧的 fx，单击后，同样能够弹出“插入函数”对话框。也可通过快捷键“Shift＋F3”，快速调出“插入函数”对话框。

步骤二：弹出“插入函数”对话框，可通过输入描述搜索函数或直接选择类别的方式，在“选择函数”框中找到所需函数，然后单击“确定”按钮，如图 3-2-3 所示。

图 3-2-2

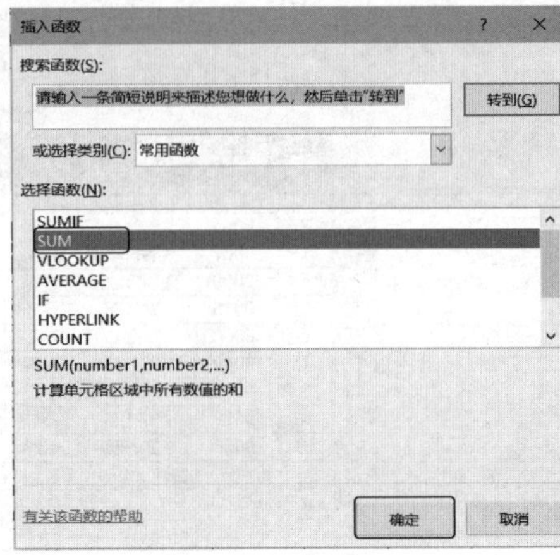

图 3-2-3

步骤三：弹出“函数参数”对话框，在“Number1”文本框中，输入需要计算的单元格区域，也可通过单击右侧的“⬆”按钮，到工作表中选取单元格区域，然后单击“确定”按钮，如图 3-2-4 所示。

步骤四：返回工作表，此时 E14 单元格即会自动生成求和后的数值，而在编辑栏中显示的是该单元格的公式，如图 3-2-5 所示。

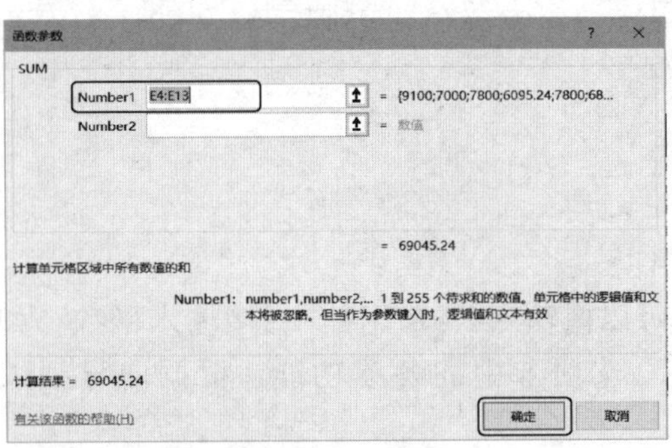

图 3-2-4

图 3-2-5

方法三：使用“自动求和”功能。

选中 E4：E13 单元格，单击“公式”选项卡中的“自动求和”按钮。系统即会自动对 E4：E13 单元格中的数据进行求和，并将求和数据自动填充至 E14 单元格。

提示： Excel 对于简单的函数设置了自动生成功能，从“自动求和”下拉菜单中（见图 3-2-6）可以看出，可自动生成的函数主要包括求和、平均值、计数、最大值和最小值。

（2）编辑函数。

函数可以像公式一样直接在单元格或编辑栏中进行修改，修改后同样需要按“Enter”键确认。另外，还可以通过“函数参数”对话框进行修改，选中需要修改的单元格，单击编辑框左侧的 fx 按钮，即可打开“函数参数”对话框。

图 3-2-6

3. 删除公式和函数

删除公式和函数的方法较为简单，选中需要删除公式的单元格，直接按“Delete”键即可删除单元格中的公式。

任务三　单元格的引用

无论是公式还是函数的计算中，都会涉及引用单元格或单元格区域中的数据。Excel 为单元格的引用设定了三种方法：相对引用、绝对引用和混合引用。

1. 相对引用

相对引用是 Excel 中默认的引用方式，是指当公式所在的单元格位置发生变化的时候，公式中引用的单元格地址也会发生相应的变化。在复制公式或填充公式时，默认的都是相对引用。

例如，在 I4 单元格中输入公式“＝F4＋G4＋H4”，当将公式填充到 I5 单元格中时，公式的内容将自动变成“＝F5＋G5＋H5”，如图 3-3-1 和图 3-3-2 所示。

图 3-3-1

图 3-3-2

2. 绝对引用

绝对引用与相对引用刚好相反，绝对引用强调了单元格的固定性，不管将公式填充到哪个位置，公式中引用的单元格地址都不会发生变化。绝对引用的标志为符号“$”。

例如，在 I4 单元格输入公式“=F4+G4+H4”，并对 F4、G4、H4 添加绝对引用符号，得到的公式为“=$F$4+$G$4+$H$4”。当将公式填充到 I5 单元格中时，公式的内容依然是“=$F$4+$G$4+$H$4”，如图 3-3-3、图 3-3-4 所示。

图 3-3-3

图 3-3-4

3. 混合引用

混合引用是相对引用和绝对引用两种引用方式的结合。混合引用有两种情形，第一种情形，例如公式“=A1+$A$2”，表明该公式中第一个参数是相对引用，第二个参数是绝对引用。另一种情形，例如“=$A1”和“=A$1”，这两个公式，前者属于列绝对引用，后者属于行绝对引用。在列绝对引用方式下，列标不变，行号随目标单元格的位置的变化而变化；在行绝对引用方式下，行号不变，列标随目标单元格的位置的变化而变化。

提示：选中公式中引用的单元格地址，连续按“F4”键，便可使其按“绝对引用—混合引用（行绝对）—混合引用（列绝对）—相对引用—绝对引用”的顺序进行切换。

其实，采用不同的单元格引用方法，是为了能够更为便捷、灵活地去复制公式。设计表格时，巧妙运用，便能够达到事半功倍的效果。

观察一下“社保个人缴费明细表”中数据录入的规律，巧妙运用单元格引用方法，快速填充公式，将表格数据填写完整。

步骤一：根据每个员工的缴费基数，计算各保险费用明细。在 F4 单元格中输入公式“=$E4*F$3”，然后按“Enter”键，如图 3-3-5 所示。

步骤二：用拖动鼠标填充的方式，将公式填充到 F5：F13 单元格。选中 F4 单元格，将鼠标移动到单元格的右下角，当鼠标指针变成十字形状时，按住鼠标左键拖动至 F13 单元格，然后再放开鼠标，此时，公式便填充至 F5：F13 单元格中，如图 3-3-6 所示。

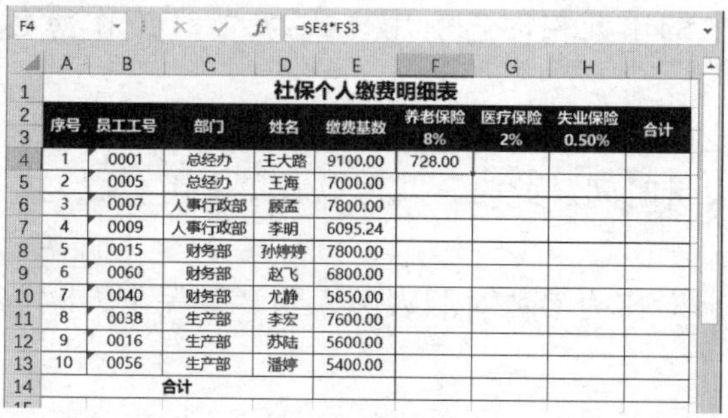
F4　=$E4*F$3

序号	员工工号	部门	姓名	缴费基数	养老保险 8%	医疗保险 2%	失业保险 0.50%	合计
1	0001	总经办	王大路	9100.00	728.00			
2	0005	总经办	王海	7000.00				
3	0007	人事行政部	顾孟	7800.00				
4	0009	人事行政部	李明	6095.24				
5	0015	财务部	孙婷婷	7800.00				
6	0060	财务部	赵飞	6800.00				
7	0040	财务部	尤静	5850.00				
8	0038	生产部	李宏	7600.00				
9	0016	生产部	苏陆	5600.00				
10	0056	生产部	潘婷	5400.00				
合计								

图 3-3-5

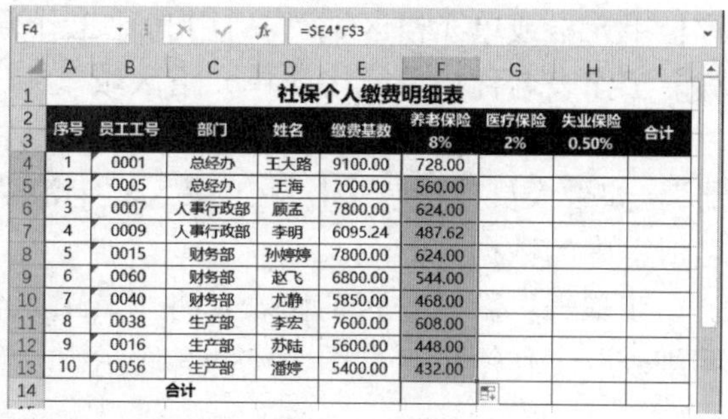
F4　=$E4*F$3

序号	员工工号	部门	姓名	缴费基数	养老保险 8%	医疗保险 2%	失业保险 0.50%	合计
1	0001	总经办	王大路	9100.00	728.00			
2	0005	总经办	王海	7000.00	560.00			
3	0007	人事行政部	顾孟	7800.00	624.00			
4	0009	人事行政部	李明	6095.24	487.62			
5	0015	财务部	孙婷婷	7800.00	624.00			
6	0060	财务部	赵飞	6800.00	544.00			
7	0040	财务部	尤静	5850.00	468.00			
8	0038	生产部	李宏	7600.00	608.00			
9	0016	生产部	苏陆	5600.00	448.00			
10	0056	生产部	潘婷	5400.00	432.00			
合计								

图 3-3-6

步骤三：用拖动鼠标填充的方式，将公式填充到 G4：H13 单元格。选中 F4：F13 单元格，将鼠标移动至 F13 单元格的右下角，当鼠标指针变成十字形状时，按住鼠标左键拖动至 H13 单元格，然后再放开鼠标，此时，公式便填充至 G5：F13 单元格中，如图 3-3-7 所示。

步骤四：行与列分别进行求和。在 I4 单元格中输入公式“＝F4＋G4＋H4”或“＝SUM(F4：H4)”，然后用填充的方式将公式填充到 I5：I13 单元格。同样，在 E14 单元格中输入公式“＝SUM(E4：E13)”，然后用填充的方式将公式填充到 F14：I14 单元格。

提示：行与列同时进行求和时，有一个非常快捷的方法，选中 E4：I14 单元格区域，按住“Ctrl”键，单击“公式”选项卡中的“自动求和”按钮，行与列的求和公式就会自动生成，如图 3-3-8 所示。

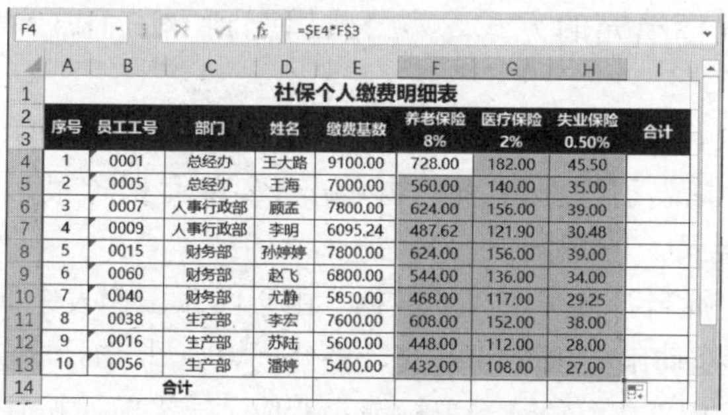
F4　=$E4*F$3

序号	员工工号	部门	姓名	缴费基数	养老保险 8%	医疗保险 2%	失业保险 0.50%	合计
1	0001	总经办	王大路	9100.00	728.00	182.00	45.50	
2	0005	总经办	王海	7000.00	560.00	140.00	35.00	
3	0007	人事行政部	顾孟	7800.00	624.00	156.00	39.00	
4	0009	人事行政部	李明	6095.24	487.62	121.90	30.48	
5	0015	财务部	孙婷婷	7800.00	624.00	156.00	39.00	
6	0060	财务部	赵飞	6800.00	544.00	136.00	34.00	
7	0040	财务部	尤静	5850.00	468.00	117.00	29.25	
8	0038	生产部	李宏	7600.00	608.00	152.00	38.00	
9	0016	生产部	苏陆	5600.00	448.00	112.00	28.00	
10	0056	生产部	潘婷	5400.00	432.00	108.00	27.00	
合计								

图 3-3-7

I14　=SUM(I4:I13)

序号	员工工号	部门	姓名	缴费基数	养老保险 8%	医疗保险 2%	失业保险 0.50%	合计
1	0001	总经办	王大路	9100.00	728.00	182.00	45.50	955.50
2	0005	总经办	王海	7000.00	560.00	140.00	35.00	735.00
3	0007	人事行政部	顾孟	7800.00	624.00	156.00	39.00	819.00
4	0009	人事行政部	李明	6095.24	487.62	121.90	30.48	640.00
5	0015	财务部	孙婷婷	7800.00	624.00	156.00	39.00	819.00
6	0060	财务部	赵飞	6800.00	544.00	136.00	34.00	714.00
7	0040	财务部	尤静	5850.00	468.00	117.00	29.25	614.25
8	0038	生产部	李宏	7600.00	608.00	152.00	38.00	798.00
9	0016	生产部	苏陆	5600.00	448.00	112.00	28.00	588.00
10	0056	生产部	潘婷	5400.00	432.00	108.00	27.00	567.00
合计				69045.24	5523.62	1380.90	345.23	7249.75

图 3-3-8

以“社保个人缴费明细表”为例，表格设计时需要注意的是，将各类保险比例单独填制的目的是，当比例发生变化时，只需修改一个单元格中的数值，其他相关单元格的数据都会自动进行更新。如将“养老保险”比例调整为 10%时，只需修改 F3 单元格的数据，其他相关数据会自动进行更新。

4. 对其他工作表数据的引用

在输入公式时，不仅可以引用当前工作表中的单元格数据，还可以引用其他工作表中的单元格数据。其他引用包括同一工作簿不同工作表之间的数据引用，也包括引用其他工作簿中的单元格。

对同一工作簿中其他工作表上的单元格区域进行引用时，引用样式为“＝工作表名称！单元格或单元格区域”。引用其他工作簿中的单元格时，引用样式为“=[工作簿名称] 工作表名称！单元格或单元格区域”。

例如，“社保个人缴费明细表”中的员工工号、部门、姓名数据来源于“员工花名册”，如果人员数量较多，手工录入必定浪费大量时间。此时，就可以直接引用“员工花名册”中的数据。

步骤一：新建一张工作表，将“员工花名册”作为参数对照表插入到“社保个人缴费明细表”工作簿中，如图 3-3-9 所示。

序列	员工工号	所属部门	姓名	职位	入职时间	身份证号码	联系方式
1	0001	总经办	王大路	总经理	2013.12.5	340928196206140491	13645875265
2	0005	总经办	王海	助理	2014.2.6	331204197809687685	13548574256
3	0007	人事行政部	顾孟	部门经理	2014.8.2	370213198207207467	18612356789
4	0009	人事行政部	李明	专员	2014.9.7	130105198912281355	13985247596
5	0015	财务部	孙婷婷	部门经理	2014.9.10	469031197704045135	18661745689
6	0060	财务部	赵飞	会计	2018.10.10	130635198415041473	13557785203
7	0040	财务部	尤静	出纳	2016.11.17	469007199104125350	13865410257
8	0038	生产部	李宏	部门经理	2016.11.11	130635198412041473	13666665848
9	0016	生产部	苏陆	工人	2015.7.3	421182198501076610	13775482012
10	0056	生产部	潘婷	工人	2018.9.5	140928199606140491	18965423578

图 3-3-9

步骤二：回到“社保个人缴费明细表”，删除已录入的“员工工号”“部门”“姓名”字段的数据。在 B4 单元格输入公式“=员工花名册！B2”，此时，B4 单元格就会引用“员工花名册”中 B2 单元格的数据。用拖动鼠标填充的方式，将公式填充到 B5：B13 单元格，如图 3-3-10 所示。

另外一种较为快捷的方式是直接鼠标选取，单击选中“社保个人缴费明细表”中的 B4 单元格，输入“=”，然后直接单击“员工花名册”工作表，再单击 B2 单元格，最后按“Enter”键，引用完成，显示的公式与直接录入的相同。

步骤三：用同样的方式，引用“部门”和“姓名”两个字段的数据。由于两张工作表中 3 个字段的排列顺序是一致的，因此，可以直接用拖动鼠标填充的方式，将公式填充到 C4：D13 单元格区域。选中 B4：B13 单元格，鼠标移动至 B13 右下角，当鼠标箭头变成“+”时，按住鼠标左键拖动至 D13 单元格，最后放开鼠标左键，公式填充完成，如图 3-3-11 所示。

社保个人缴费明细表

序号	员工工号	部门	姓名	缴费基数	养老保险 10%	医疗保险 2%	失业保险 0.50%	合计
1	0001			9100.00	910.00	182.00	45.50	10237.50
2	0005			7000.00	700.00	140.00	35.00	7875.00
3	0007			7800.00	780.00	156.00	39.00	8775.00
4	0009			6095.24	609.52	121.90	30.48	6857.15
5	0015			7800.00	780.00	156.00	39.00	8775.00
6	0060			6800.00	680.00	136.00	34.00	7650.00
7	0040			5850.00	585.00	117.00	29.25	6581.25
8	0038			7600.00	760.00	152.00	38.00	8550.00
9	0016			5600.00	560.00	112.00	28.00	6300.00
10	0056			5400.00	540.00	108.00	27.00	6075.00
				69045.24	6904.52	1380.90	345.23	77675.90

图 3-3-10

社保个人缴费明细表

序号	员工工号	部门	姓名	缴费基数	养老保险 10%	医疗保险 2%	失业保险 0.50%	合计
1	0001	总经办	王大路	9100.00	910.00	182.00	45.50	10237.50
2	0005	总经办	王海	7000.00	700.00	140.00	35.00	7875.00
3	0007	人事行政部	顾孟	7800.00	780.00	156.00	39.00	8775.00
4	0009	人事行政部	李明	6095.24	609.52	121.90	30.48	6857.15
5	0015	财务部	孙婷婷	7800.00	780.00	156.00	39.00	8775.00
6	0060	财务部	赵飞	6800.00	680.00	136.00	34.00	7650.00
7	0040	财务部	尤静	5850.00	585.00	117.00	29.25	6581.25
8	0038	生产部	李宏	7600.00	760.00	152.00	38.00	8550.00
9	0016	生产部	苏陆	5600.00	560.00	112.00	28.00	6300.00
10	0056	生产部	潘婷	5400.00	540.00	108.00	27.00	6075.00
合计				045.24	6904.52	1380.90	345.23	77675.90

图 3-3-11

任务四　常用函数

Excel 内有数以百计的函数，但是在实际工作中，被广泛并且频繁使用的并不算多，掌握 20%的函数，足以满足日常工作的需要。想要灵活使用函数，必须掌握函数的功能和语法。下面就常用函数进行介绍。

1. 数学函数

数学函数主要用于对数据区域进行数学计算。在 Excel 中数学类的函数较多，这里重点介绍求和、求平均值、去除小数位、取整、绝对值、判断奇偶数等类型的函数。

（1）求和函数 SUM。

功能：对多个单元格或单元格区域进行求和。

语法：SUM（参数 1,参数 2,参数 3,……,参数 *n*）。

示例 1：单区域求和。

公式：＝SUM(A1:A3)。

说明：对当前工作表中的 A1～A3 单元格进行求和。

示例 2：多区域求和。

公式：＝SUM(A1:A3,A5:A9)。

说明：对当前工作表中的 A1～A3 单元格及 A5～A9 单元格进行求和。

示例 3：定位求和。

公式：＝SUM(8:10　D:D)。

说明：对当前工作表中 D 列的第 8 至第 10 行的数据进行求和（需注意中间是用空格隔开的，而不是逗号）。

示例 4：多工作表同一区域求和。

公式：＝SUM('*'! A2)。

说明：该公式表示对除当前工作表以外的所有 A2 单元格进行求和。

（2）单条件求和函数 SUMIF。

功能：对指定区域内满足某个条件的数据进行求和。

语法：SUMIF（条件区域,条件,[求和区域]）。

说明：当条件区域与求和区域为同一区域时，可省略第三参数；其中的第二参数可以为数字、文本、表达式或单元格内容。

示例：＝SUMIF(A1:A12,C1,B1:B12)。

说明：对 A1～A12 单元格的值等于 C1 单元格的值所对应的 B1～B12 单元格的数据进行求和。

提示：由于第一参数与第三参数的单元格区域为同等大小，因此，该公式也可以简写为：＝SUMIF(A1:A12,C1,B1)，即若条件区域与求和区域的大小相同，则第三参数仅需指定求和区域的起始单元格即可。

(3) 多条件求和函数 SUMIFS。

功能： 对指定区域内满足多个条件的数据进行求和。

语法： SUMIFS（求和区域,条件区域 1,条件 1,条件区域 2,条件 2……）。

说明： 对多个条件区域同时满足多个指定条件所对应的求和区域的数据进行求和。

示例： ＝SUMIFS(E2:E10,B2:B10,"男",C2:C10,"＞＝90",D2:D10,"＞＝90")

说明： 对语文和数学同时在 90 分及以上的男性同学的总分进行求和。如图 3－4－1 所示，在这里我们看到，同时满足语文与数学同时在 90 分以上的男同学，仅有一位，他的总分是 185 分，因此，公式的结果也是正确的。

G2 | =SUMIFS(E2:E10,B2:B10,"男",C2:C10,">=90",D2:D10,">=90")

	A	B	C	D	E	F	G	H
1	姓名	性别	语文	数学	总分		语文和数学同时在90分以上的男同学的总分	
2	张明	男	88	88	176		185	
3	王大伟	男	91	94	185			
4	张美丽	女	82	93	175			
5	吴小莉	女	81	94	175			
6	王建东	男	81	88	169			
7	李亚	男	93	82	175			
8	蔡雅	女	89	96	185			
9	张艾嘉	女	92	98	190			
10	李雨轩	女	90	90	180			

图 3－4－1

(4) 乘积求和函数 SUMPRODUCT。

乘积求和函数功能较多，不同的语法体现不同的功能结果，具体分为以下四种情况。

功能 1： 返回相应的数组或区域乘积的和。

语法： SUMPRODUCT（单元格区域 1,单元格区域 2）。

示例： ＝SUMPRODUCT(B2:B4,C2:C4)。

说明： 求水果的总价，即对各类水果的总价进行求和，如图 3－4－2 所示。

F2 | =SUMPRODUCT(B2:B4,C2:C4)

	A	B	C	D	E	F
1	水果品种	单价	数量	金额		水果总价
2	苹果	2	3	6		68
3	橘子	4	5	20		
4	梨子	6	7	42		
5	合计			68		

图 3－4－2

功能 2： 对条件区域满足条件的所对应的求和区域进行求和。

语法： SUMPRODUCT((条件区域＝条件)＊(求和区域))。

示例： ＝SUMPRODUCT((A2:A9＝"苹果")＊(B2:B9))。

说明： 求苹果的总重量，即对水果品种为苹果的对应的重量值进行求和，如图 3－4－3 所示。

D2　=SUMPRODUCT((A2:A9="苹果")*(B2:B9))

	A	B	C	D
1	水果品种	重量		苹果的总重量
2	苹果	3		7
3	橘子	5		
4	梨子	7		
5	榴莲	2		
6	苹果	4		
7	橘子	6		
8	梨子	1		
9	榴莲	8		

图 3-4-3

功能 3：对同时满足多个条件的数据进行计数。

语法：SUMPRODUCT((条件区域 1=条件 1)*(条件区域 2=条件 2))。

公式：=SUMPRODUCT((A2:A10="苹果")*(B2:B10="一级"))。

说明：求等级为一级的苹果的数量，如图 3-4-4 所示。

E2　=SUMPRODUCT((A2:A10="苹果")*(B2:B10="一级"))

	A	B	C	D	E
1	水果品种	等级	重量		苹果的总重量
2	苹果	一级	3		2
3	橘子	一级	5		
4	梨子	二级	7		
5	榴莲	二级	2		
6	苹果	二级	4		
7	橘子	二级	6		
8	梨子	二级	1		
9	榴莲	二级	8		
10	苹果	一级	9		

图 3-4-4

功能 4：对同时满足多个条件的数据进行求和。

语法：SUMPRODUCT((条件区域 1=条件 1)*(条件区域 2=条件 2)*(求和区域))。

公式：=SUMPRODUCT((A2:A10="苹果")*(B2:B10="一级")*(C2:C10))。

说明：对等级为一级的苹果的重量进行求和，如图 3-4-5 所示。

E2　=SUMPRODUCT((A2:A10="苹果")*(B2:B10="一级")*(C2:C10))

	A	B	C	D	E
1	水果品种	等级	重量		苹果的总重量
2	苹果	一级	3		12
3	橘子	一级	5		
4	梨子	二级	7		
5	榴莲	二级	2		
6	苹果	二级	4		
7	橘子	二级	6		
8	梨子	二级	1		
9	榴莲	二级	8		
10	苹果	一级	9		

图 3-4-5

（5）求平均值函数 AVERAGE。

功能：对多个单元格或单元格区域求平均值，用法与 SUM 类似。

语法：AVERAGE（参数 1，参数 2，参数 3，……，参数 n）。

示例：＝AVERAGE(A1:A3)。

说明：对当前单元格的 A1～A3 单元格求平均值。

（6）四舍五入函数 ROUND。

功能：对单元格中的数据进行四舍五入操作。

语法：ROUND（原数据，需要保留的小数位数）。

示例：＝ROUND（3.1415，3）。

说明：对 3.141 5 进行四舍五入，保留 3 位小数，结果为 3.142。

（7）向上舍入函数 ROUNDUP。

功能：对单元格中的数据进行向上舍入操作。

语法：ROUNDUP（原数据，舍入后保留的小数位数）。

示例：＝ROUNDUP（3.1415，2）。

说明：指定的需保留的小数位置后面但凡有数据就前进一位数，不考虑四舍五入；对 3.141 5 进行向上舍入，保留 2 位小数，结果为 3.15。

（8）向下舍入函数 ROUNDDOWN。

功能：对单元格中的数据进行向下舍入操作。

语法：ROUNDDOWN（原数据，保留的小数位数）。

示例：＝ROUNDOWN（3.1415，2）。

说明：直接将指定的需保留的小数位置后面的数据一次性舍去，不考虑四舍五入。对 3.141 5 进行向下舍入，保留 2 位小数，结果为 3.14。

（9）取整函数 INT。

功能：对单元格中的数据进行向下取整。

语法：INT（需要进行取整操作的数据）。

示例：＝INT（1.2），结果为 1；但是＝INT（－1.2），结果为－2。

说明：需要注意的一点是，该函数不是直接将小数部分舍去，保留整数部分，它同时还对原数据进行了向下取整的操作，因此，INT（－1.2）的结果不是－1 而是－2。

（10）绝对值函数 ABS。

功能：取某一个数据的绝对值，即取消数据前的符号。

语法：ABS（原数据）。

示例：ABS（－1.2），结果为 1.2。

（11）取余数函数 MOD。

功能：取两个数相除后的余数。

语法：MOD（被除数，除数）。

示例：MOD(3，2)，结果为 1。

（12）偶数判断函数 ISEVEN。

功能：判断所给的数据是否为偶数，若是偶数，则返回 TRUE；反之，则返回

FALSE。

语法： ISEVEN（需判断的数据）。

示例： ISEVEN（3），结果为 FALSE。

（13）奇数判断函数 ISODD。

功能： 判断所给的数据是否为奇数，若是奇数，则返回 TRUE，反之，则返回 FALSE。

语法： ISODD（需判断的数据）。

示例： ISODD（3），结果为 TRUE。

2. 逻辑函数

逻辑函数就是判断条件为“是”或“否”的一类函数，如果判断结果为“是”，则执行一种命令或返回一种结果；如果判断结果为“否”，则反之。

（1）条件判断函数 IF。

功能： 根据逻辑判断值的真与假，返回不同的结果。

语法： IF（逻辑判断表达式,结果为“真”时需返回的内容,结果为“假”时需返回的内容）。

示例： ＝IF(B2＞＝60,"合格","不合格")

说明： 在 Excel 中的大于等于表示为＞＝，小于等于表示为＜＝，这和我们以前所学的数学表示方式有所不同，最终显示结果如图 3－4－6 所示。

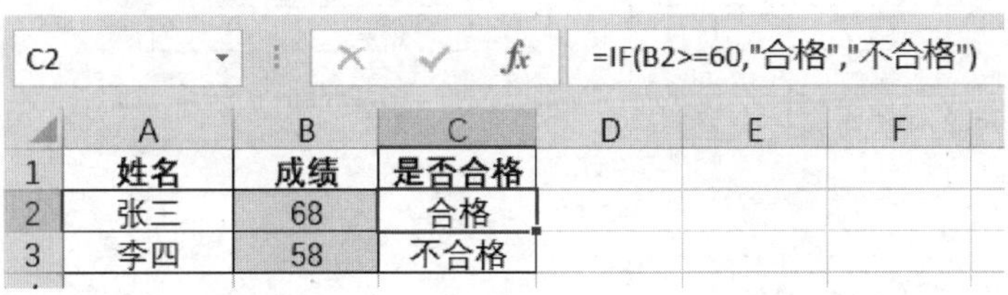

图 3－4－6

（2）逻辑函数 AND。

功能： 当括号内的参数结果均为 TRUE 时，返回结果才为 TRUE，否则返回结果为 FALSE。

语法： AND（逻辑表达式 1，逻辑表达式 2，逻辑表达式 3，……，逻辑表达式 *n*）。

示例： AND（1＞2，3＞2），结果为 FALSE；AND（1＜2，3＞2），结果为 TRUE。

（3）逻辑函数 OR。

功能： 若括号内的某一个参数结果为 TRUE，就返回 TRUE；只有当所有条件均不成立时，才返回 FALSE。

语法： OR（逻辑表达式 1，逻辑表达式 2，逻辑表达式 3，……，逻辑表达式 *n*）。

示例： OR（1＞2，3＞2），结果为 TRUE；OR（1＞2，3＜2），结果为 FALSE。

（4）逻辑函数 NOT

功能： 对原逻辑值取反操作，即原逻辑值为 TRUE 时，NOT 之后，返回值即为 FALSE。

语法： NOT（逻辑表达值）。

示例：=NOT（2>3），结果为 TRUE。

说明：原表达式 2>3 返回值为 FALSE，进行取反处理后，结果即为 TRUE。

3. 查找与引用函数

在数据量庞大的表格中想要快速找到或引用某个单元格对应的数据时，就可以使用查找或引用类函数，轻松快捷得到需要的数据，还能够提高准确性。

（1）查找类函数 VLOOKUP。

功能：在 Excel 中实现纵向查找并返回所需要的数据。

语法：VLOOKUP（要查找的值，需匹配的区域，需返回的值所在列数，精确查找还是模糊查找）。

示例：=VLOOKUP(D2,A:B,2,0)。

说明：该公式的含义是在 A：B 区域查找 D2 的值，并返回对应的 A：B 列中第二列的值，最后一个参数 0 即表示精确查找，此函数实现的是纵向查找，最终结果如图 3-4-7 所示。

E2　=VLOOKUP(D2,A:B,2,0)

	A	B	C	D	E	F
1	水果品种	重量		水果品种	重量	
2	苹果	3		橘子	5	
3	橘子	5		榴莲	2	
4	梨子	7		苹果	3	
5	榴莲	2		梨子	7	

图 3-4-7

（2）查找函数 HLOOKUP。

功能：在 Excel 中实现横向查找并返回所需要的数据。

语法：HLOOKUP（要查找的值，需匹配的区域，需返回的值所在行数，精确查找还是模糊查找）。

示例：=HLOOKUP(G2,$B$1:$E$2,2,0)。

说明：该公式的含义是在 B1：E2 单元格区域查找 G2 单元格的值，并返回对应的第二行的数据，最终结果如图 3-4-8 所示。这个函数实现的是横向查找，而 VLOOKUP 实现的是纵向查找。

H2　=HLOOKUP(G2,$B$1:$E$2,2,0)

	A	B	C	D	E	F	G	H
1	水果品种	苹果	橘子	梨子	榴莲		水果品种	重量
2	重量	3	5	7	2		橘子	5
3							榴莲	2
4							苹果	3
5							梨子	7

图 3-4-8

（3）查找序列函数 MATCH。

功能：返回用户所需查找的值在指定区域内的顺序号。

语法：MATCH（需要查找的值,所指定的查找区域,查询的模式）。

示例：＝MATCH(216,B2:B6,0)。

说明：在 B2：B6 区域查找 216 这个数据，在指定区域的第三行找到了，因此返回结果为 3。最后一个 0 表示精确查找，如图 3－4－9 所示。

D2　=MATCH(216,B2:B6,0)

	A	B	C	D
1	序列	数值		返回"216"所在的顺序号
2	1	356		3
3	2	369		
4	3	216		
5	4	952		
6	5	483		

图 3－4－9

（4）行函数 ROW。

功能：返回单元格的行号。

语法：ROW（单元格地址或单元格区域）。

示例：ROW（A1），返回 A1 单元格所在的行号，即数字 1。

说明：当括号内无参数时，则返回函数所在单元格所对应的行号；当括号内为某个单元格区域时，则返回该单元格区域中起始单元格所在行的行号。

（5）列函数 COLUMN。

功能：返回单元格的列号。

语法：COLUMN（单元格地址或单元格区域）。

示例：COLUMN（C1），返回 C1 单元格所在的列号，即数字 3。

说明：当括号内无参数时，则返回函数所在单元格所对应的列号；当括号内为某个单元格区域时，则返回该单元格区域中起始单元格所在列的列号。

（6）替换函数 REPLACE。

功能：对单元格中的字符串的某一部分进行替换。

语法：REPLACE（原内容,需替换内容的起始位置,需替换内容的长度,替换后的内容）。

示例 1：＝REPLACE(A2,3,4,8888)。

说明：将 A2 单元格中的内容中的第三位起之后的四位替换为 8888，如图 3－4－10 所示。

B2　=REPLACE(A2,3,4,8888)

	A	B	C	D
1	原内容	替换后		
2	123456789	128888789		

图 3－4－10

示例 2：=REPLACE(A2,4,0,789)

说明：当 REPLACE 函数的第三参数设为 0 的时候，还可以实现在原内容中插入新内容的功能。比如上面这个公式的含义是将 789 插入到原内容的第四位开始的位置，如图 3-4-11 所示。

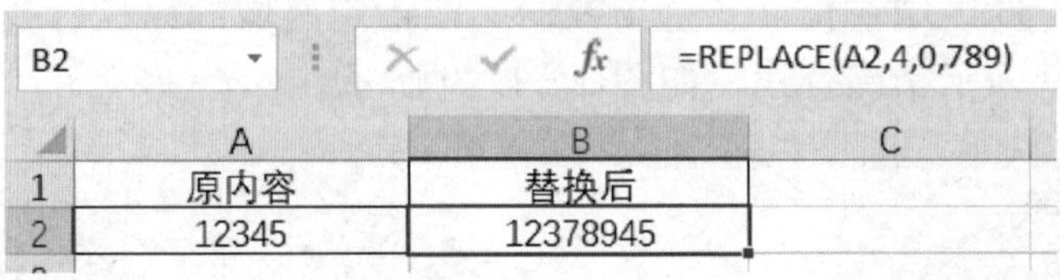

图 3-4-11

(7) 重复函数 REPT。

功能：对指定的内容进行一定次数的重复。

语法：REPT（需重复的内容，重复的次数）。

示例：=REPT("*",8)。

说明：该公式将星号重复八次后输出，由于星号为非数字型数据，因此需要用""将其括起来，如图 3-4-12 所示。

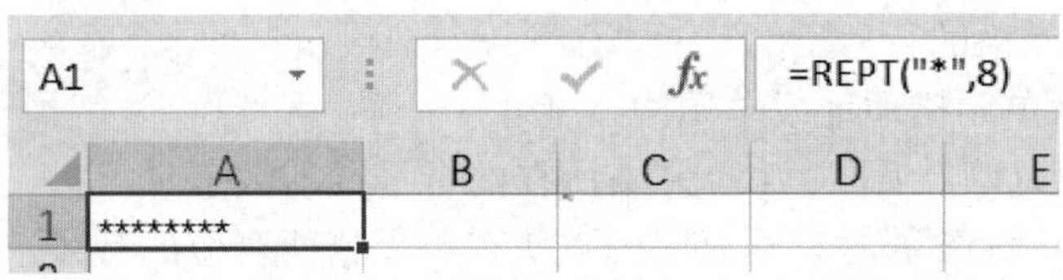

图 3-4-12

4. 日期与时间函数

日期出现在表格中的频率也非常高，很多公式的设置都涉及日期的计算，这里介绍几种常用的与日期和时间相关的函数。

(1) 当前日期函数 TODAY。

功能：获取当前日期。

语法：=TODAY ()。

说明：该函数结果显示的是当前日期，括号内不需要任何参数。另外，获取当前日期，还有一个常用的快捷键“Ctrl+;”（分号）。

(2) 获取当前时间函数 NOW。

功能：获取当前的日期及时间。

语法：=NOW ()。

说明：该函数结果显示的是当前的日期及时间。同样的，该函数括号内不需要任何参数。另外，获取当前时间的快捷键为“Ctrl+Shift+;”（分号）。

(3) 日期函数 DATE。

功能：根据指定的参数返回相应的日期。

语法： DATE（年份值，月份值，日期值）。

示例： ＝DATE(2019,10,10)，返回结果为“2019/10/10”。

（4）时间函数 TIME。

功能： 根据指定的参数返回相应的时间。

语法： TIME(时，分，秒)。

示例： ＝TIME(8,18,28)，返回结果为“8:18:28”。

（5）月末日期计算器函数 EOMONTH。

功能： 计算指定日期起之前或之后的月份的最后一天。

语法： EOMONTH（日期，月份）。

示例： ＝EOMONTH(A2,3)。

说明： 从 A2 单元格所指定的日期向后推 3 个月的那个月的最后一天，若第二参数为负数，则表示往前推。返回结果如图 3－4－13 所示。

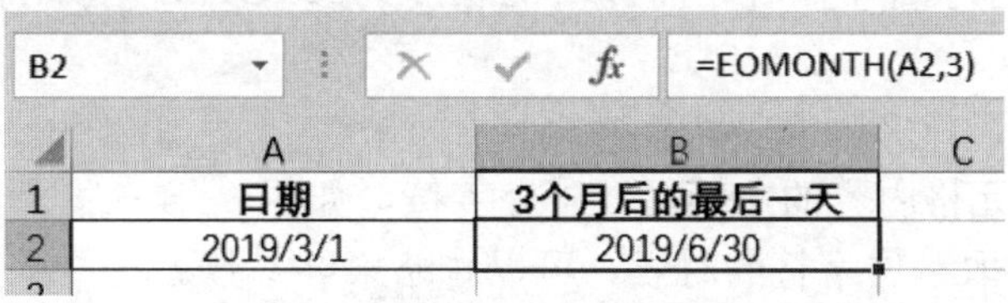

图 3－4－13

（6）日期间隔计算函数 DATEDIF。

功能： 计算两个指定日期之间的时间差，返回值由最后一个参数指定。

语法： DATEDIF（开始日期，结束日期，返回类型）。

示例： ＝DATEDIF(A2,B2,"m")。

说明： 1）该函数为隐藏函数，即没有任何函数提示，函数名也需要完全手打，不像其他函数输入函数的前几个字母，按下 TAB 键后 Excel 就会将函数补全。

2）第一个参数的日期必须小于第二个参数的日期，否则结果会报错。

3）最后一个参数，“y”计算两个日期间的年份差；“m”计算两个日期间的月份差，“d”计算两个日期间的天数差。示例结果如图 3－4－14 所示。

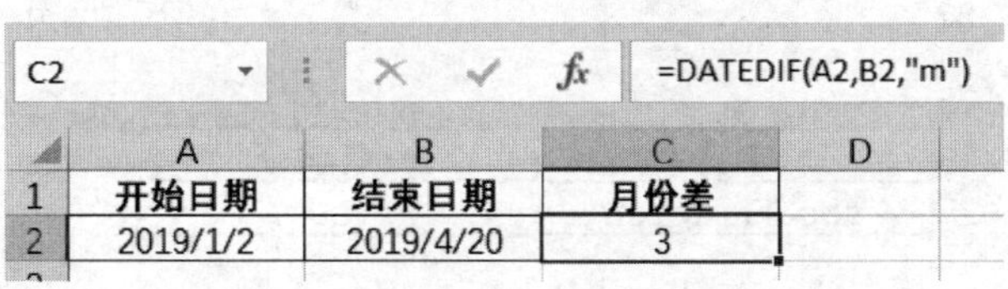

图 3－4－14

5. 文本及统计类函数

（1）中段截取函数 MID。

功能： 从字符串的中间提取指定长度的字符。

语法： MID（原字符串，需提取的内容在字符串中的起始位置，所需提取的长度）。

示例：＝MID(A2,5,4)。

说明：从 A2 单元格内容的第五位开始提取，共提取四位，提取部分为 Luck，如图 3－4－15 所示。

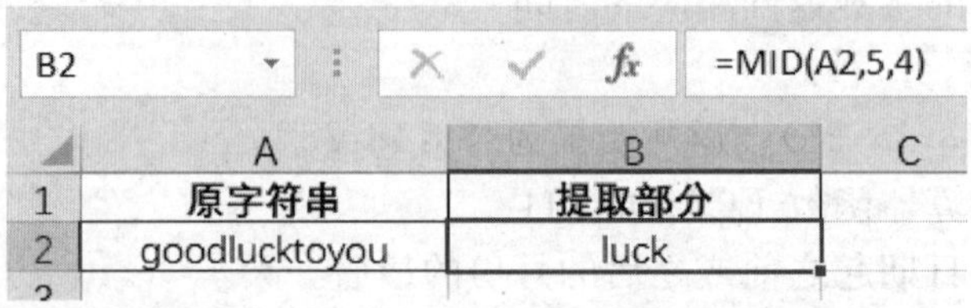

图 3－4－15

(2) 左取函数 LEFT 与右取函数 RIGHT。

功能：从字符串的左侧或右侧提取指定长度的内容。

语法：LEFT（原字符串内容，需提取的长度）；RIGHT（原字符串内容，需提取的长度）。

示例 1：＝LEFT（A2，4）。

说明：从 A2 单元格内容的左侧提取 4 个字符，如图 3－4－16 所示。在使用 LEFT 函数的时候，若只需提取一位字符的时候，可以省略第二参数。

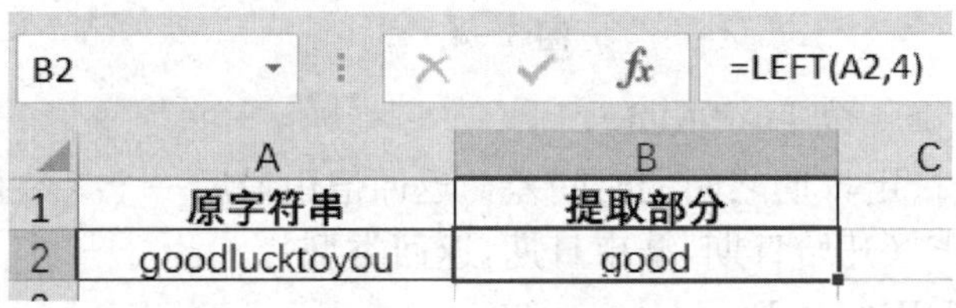

图 3－4－16

示例 2：＝RIGHT(A2,3)。

说明：从 A2 单元格内容的右侧提取 3 个字符，如图 3－4－17 所示。在使用 RIGHT 函数的时候，若只需提取一位字符的时候，可以省略第二参数。

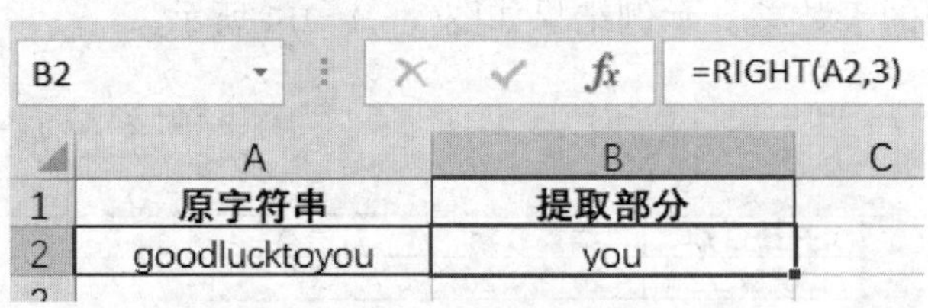

图 3－4－17

(3) 取长度函数 LEN。

功能：计算某个字符串的总长度。

语法：LEN（字符串）。

示例：＝LEN（A2）。

说明：计算 A2 单元格中字符串的总长度，因此返回结果为 13，如图 3－4－18 所示。

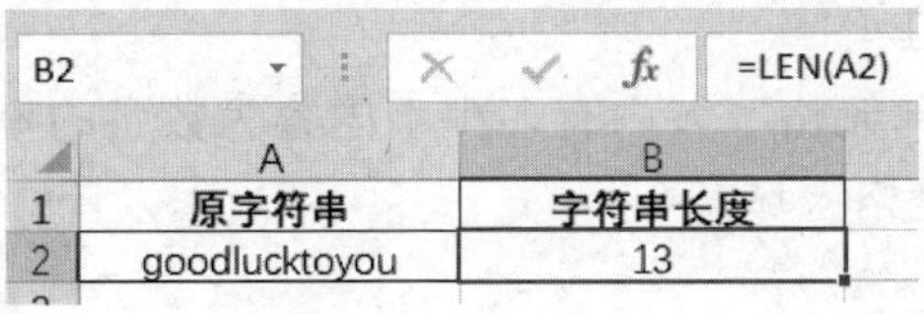

图 3-4-18

(4) 比对函数 EXACT。

功能：比对两个数据是否相同（区分字母大小写）。

语法：EXACT(数据 1,数据 2)。

示例：＝EXACT(A2,B2)。

说明：A2 单元格与 B2 单元格的内容均为字母 ABC，但是 A2 单元格是大写字母，而 B2 单元格是小写字母，EXACT 函数在比对时区分大小写，因此返回结果为“FALSE”，如图 3-4-19 所示。

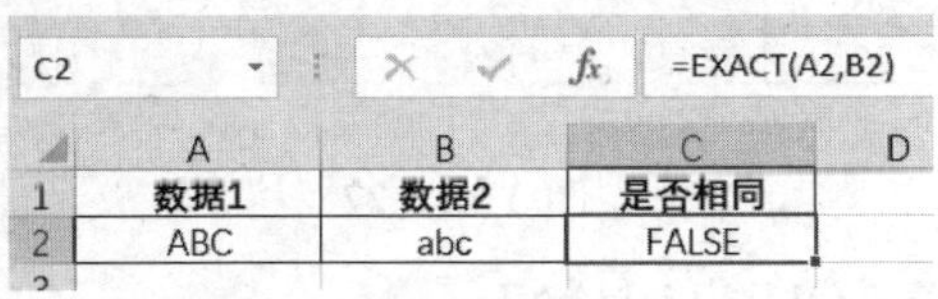

图 3-4-19

(5) 取最大值函数 MAX 与最小值函数 MIN。

功能：取多个数据中的最大值与最小值。

语法：MAX(数据 1,数据 2,数据 3,……,数据 n) 或 MAX（单元格区域）。

MIN(数据 1,数据 2,数据 3,……,数据 n) 或 MIN（单元格区域）。

示例 1：＝MAX(A2:A7)，返回结果为 8，如图 3-4-20 所示。

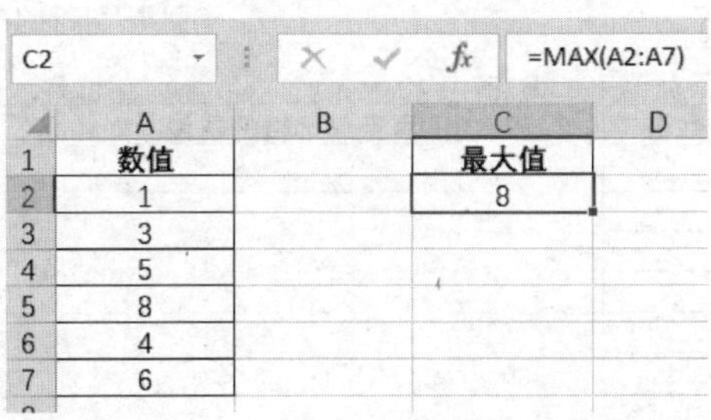

图 3-4-20

示例 2：＝MIN(A2:A7)，返回结果为 1，如图 3-4-21 所示。

图 3-4-21

（6）计数函数 COUNT。

功能：用于统计某个单元格区域内有多少个内容为数字的单元格。

语法：COUNT（单元格区域）。

示例：＝COUNT(A1:A7)。

说明：A1～A7 单元格区域中共有 4 个数字，其余为非数字，因此该公式的返回结果为 4，如图 3－4－22 所示。

图 3－4－22

（7）统计空单元格函数 COUNTBLANK。

功能：统计某个单元格区域内有多少个真空单元格。

语法：COUNTBLANK（单元格区域）。

示例：＝COUNTBLANK(A2:A7)。

说明：A2～A7 单元格区域中共有 2 个单元格内无数据，因此返回结果为 2，如图 3－4－23 所示。

图 3－4－23

（8）统计非空单元格个数函数 COUNTA。

功能：统计某个单元格区域内有多少个非空单元格（即有数据的单元格）。

语法：COUNTA（单元格区域）。

示例：＝COUNTA(A2:A7)。

说明：A2～A7 单元格区域中共有 4 个单元格内有数据，因此返回结果为 4，如图 3－4－24 所示。这里需要注意，COUNTA 函数在计算非空单元格个数的时候不区分单元格区域内的数据类型。

图 3-4-24

（9）单条件计数函数 COUNTIF。

功能：统计单元格区域内满足某一条件的数据个数。

语法：COUNTIF(统计区域,条件)。

示例：＝COUNTIF(A2:A9,"＞＝60")。

说明：统计 A2～A9 单元格中的数据有多少个数值是在 60 及以上的，返回结果为 5，如图 3-4-25 所示。这里需要注意，在使用 COUNTIF 函数的时候，条件需要用""（引号）括起来。

图 3-4-25

（10）多条件计数函数 COUNTIFS。

功能：统计单元格区域内同时满足多个条件的数据个数。

语法：COUNTIFS（条件区域 1，条件 1，条件区域 2，条件 2，……，条件区域 *n*，条件 *n*）。

示例：＝COUNTIFS(B2:B10,"男"，C2:C10,"＞＝30")。

说明：统计年龄 30 岁以上的男性人数，返回结果为 2，如图 3-4-26 所示。

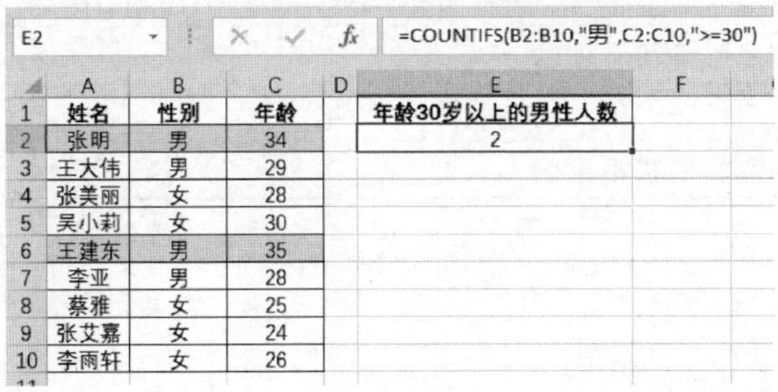

图 3-4-26

（11）排名函数 RANK。

功能：对某一数据区域的数据进行排名。

语法：RANK(需排名的数据,参与排名的单元格区域,排名方式)。

示例：=RANK(C2,$C$2:$C$10,1)。

说明：该公式的第三个参数“1”表示以升序的方式进行排名，若要以降序的方式进行排名，则需将第三参数改为“0”或直接省略第三个参数。示例结果如图 3-4-27 所示。

D2 =RANK(C2,$C$2:$C$10,1)

	A	B	C	D	E	F
1	姓名	性别	语文	排名		
2	张明	男	88	4		
3	王大伟	男	91	7		
4	张美丽	女	82	3		
5	吴小莉	女	81	2		
6	王建东	男	75	1		
7	李亚	男	93	9		
8	蔡雅	女	89	5		
9	张艾嘉	女	92	8		
10	李雨轩	女	90	6		

图 3-4-27

6. 错误值的分析

输入公式或函数之后，单元格出现的不是预设的计算值，反而是“#VALUE”等错误值，表示公式无法运算。表 3-4-1 为常见的错误值所代表的意思，修正后才能有正确的运算结果。

表 3-4-1　常见的错误值代表的意思

错误值	说明
######	表示列的宽度不足，无法显示所有内容；或在单元格内输入了一个较大的数值，同时将单元格格式设置成了日期，该日期值超出了 Excel 可识别的日期范围。
#DIV/0	除法算式中分母设定为空白单元格或 0。
#NAME?	函数名称不正确或字符串未用括号包括。
#N/A	必要的参数或运算值未输入。
#NUM!	参数数值过大、过小或空白，导致函数无法算出正确答案。
#NULL!	使用的参照运算符不正确。
#REF!	函数公式中参照的单元格被删除或移动。
#VALUE!	参数内的数据格式不正确。

项目四
管理分析数据

任务概况

Excel之所以强大，在于它不仅仅能用于记录数据，还能对数据进行管理和分析。通过对数据进行汇总、统计、分析和展示，可以为数据使用者提供更为全面、准确的数据信息。熟练掌握Excel的使用方法，可以使数据的管理工作变得更加轻松、高效。

根据项目二已经制作完成的“费用台账登记簿”，对费用数据进行管理、分析。

知识点

- 单一条件的数据排序
- 多个条件的数据排序
- 自定义排序
- 自动筛选
- 自定义筛选
- 高级筛选
- 数据的分类汇总
- 数据透视表

任务一　数据的排序

为了便于查看数据，可以将无序的数据按照一定的顺序进行排列，以便进行查看和分析。如查看排名高低、金额大小等，对数据进行排序，就可以轻松得到想要的结果。

1. 单一条件的排序

单一条件的排序是以一个字段为依据进行排序的操作。此类排序是最为简单的。例如，以“报销金额”为标准进行升序排列。具体操作步骤：选中“报销金额”列的任意单元格，单击“数据”选项卡，单击“排序和筛选”组中的“升序”按钮，即可完成排序。此时，表格中的数据就会根据“报销金额”从小到大进行排序，如图 4-1-1 所示。

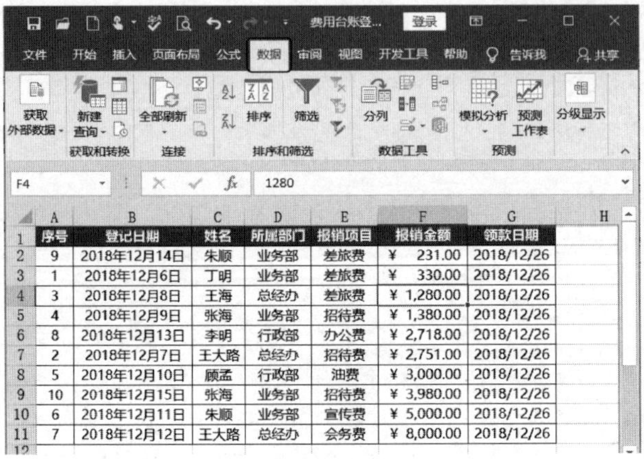

序号	登记日期	姓名	所属部门	报销项目	报销金额	领款日期
9	2018年12月14日	朱顺	业务部	差旅费	¥ 231.00	2018/12/26
1	2018年12月6日	丁明	业务部	差旅费	¥ 330.00	2018/12/26
3	2018年12月8日	王海	总经办	差旅费	¥ 1,280.00	2018/12/26
4	2018年12月9日	张海	业务部	招待费	¥ 1,380.00	2018/12/26
8	2018年12月13日	李明	行政部	办公费	¥ 2,718.00	2018/12/26
2	2018年12月7日	王大路	总经办	招待费	¥ 2,751.00	2018/12/26
5	2018年12月10日	顾孟	行政部	油费	¥ 3,000.00	2018/12/26
10	2018年12月15日	张海	业务部	招待费	¥ 3,980.00	2018/12/26
6	2018年12月11日	朱顺	业务部	宣传费	¥ 5,000.00	2018/12/26
7	2018年12月12日	王大路	总经办	会务费	¥ 8,000.00	2018/12/26

图 4-1-1

2. 多个条件的排序

多个条件的排序是指在排序时设立多个排序的关键字，执行排序操作后，程序会先对主要关键字进行排序，然后对次要关键字进行排序。

例如，先按照“所属部门”进行排序，然后根据“报销金额”进行排序，便于查看同一部门中的费用报销情况。

步骤一：选中表格编辑区域的任意单元格，单击“数据”选项卡，单击“排序和筛选”组中的“排序”按钮，如图 4-1-2 所示。

步骤二：弹出“排序”对话框，在“主要关键字”下拉列表中选择“所属部门”，在“次序”下拉列表中选择“升序”；单击“添加条件”按钮，新增“次要关键字”设置项；在“次要关键字”下拉列表中选择“报销金额”，在“次序”下拉列表中选择“升序”，设置完成，单击“确定”，如图 4-1-3 所示。

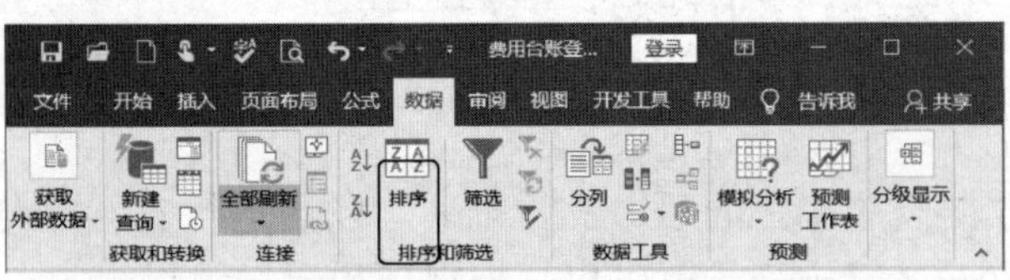

图 4-1-2

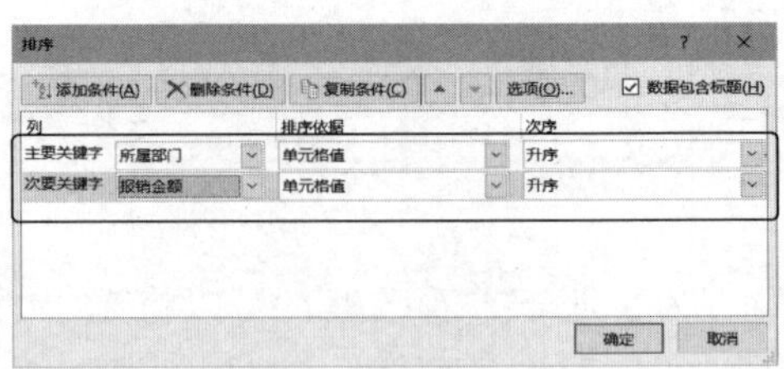

图 4-1-3

步骤三：此时，返回工作表，可以看到表格中首先按“所属部门”升序排序，对于同一部门的记录按“报销金额”升序排序，如图 4-1-4 所示。

序号	登记日期	姓名	所属部门	报销项目	报销金额	领款日期
8	2018年12月13日	李明	行政部	办公费	¥ 2,718.00	2018/12/26
5	2018年12月10日	顾孟	行政部	油费	¥ 3,000.00	2018/12/26
9	2018年12月14日	朱顺	业务部	差旅费	¥ 231.00	2018/12/26
1	2018年12月6日	丁明	业务部	差旅费	¥ 330.00	2018/12/26
4	2018年12月9日	张海	业务部	招待费	¥ 1,380.00	2018/12/26
10	2018年12月15日	张海	业务部	招待费	¥ 3,980.00	2018/12/26
6	2018年12月11日	朱顺	业务部	宣传费	¥ 5,000.00	2018/12/26
3	2018年12月8日	王海	总经办	差旅费	¥ 1,280.00	2018/12/26
2	2018年12月7日	王大路	总经办	招待费	¥ 2,751.00	2018/12/26
7	2018年12月12日	王大路	总经办	会务费	¥ 8,000.00	2018/12/26

图 4-1-4

3. 自定义排序

从“所属部门”的排序中可以发现，文字类的排序无法通过“升序”或“降序”的设置满足要求，可以通过自定义排序来进行设置。

例如，“所属部门”按照总经办、行政部、业务部的顺序进行排序。

步骤一：根据上述方法，打开“排序”对话框，在“主要关键字”下拉列表中选择“所属部门”，在“次序”下拉列表中选择“自定义序列”，如图 4-1-5 所示。

步骤二：在弹出的“自定义序列”对话框中的“输入序列”框中，按顺序输入“总经办”“行政部”“业务部”，单击“添加”，就会添加到“自定义序列”框中，选中后单击“确定”，如图 4-1-6 所示。

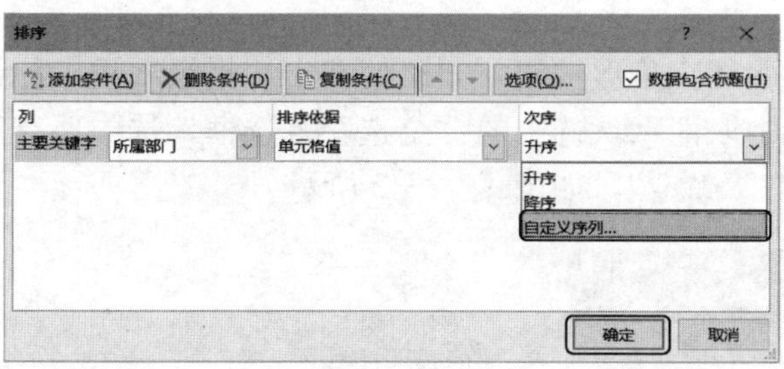

图 4-1-5

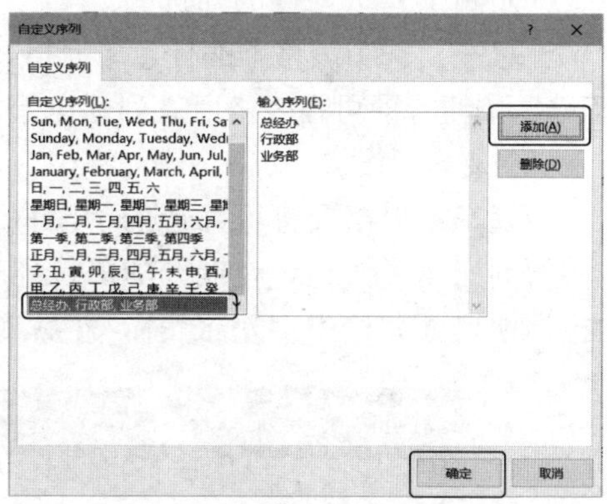

图 4-1-6

提示：输入序列时，可通过回车换行进行输入，或用英文状态下的“,”进行连接。如用中文状态下的逗号“，”系统无法识别。

步骤三：此时，回到“排序”对话框，“次序”中即会显示出设置的字段，然后单击“确定”，如图 4-1-7 所示。

步骤四：此时，可以看到表格中“所属部门”已按照自定义的序列进行排序，如图 4-1-8 所示。

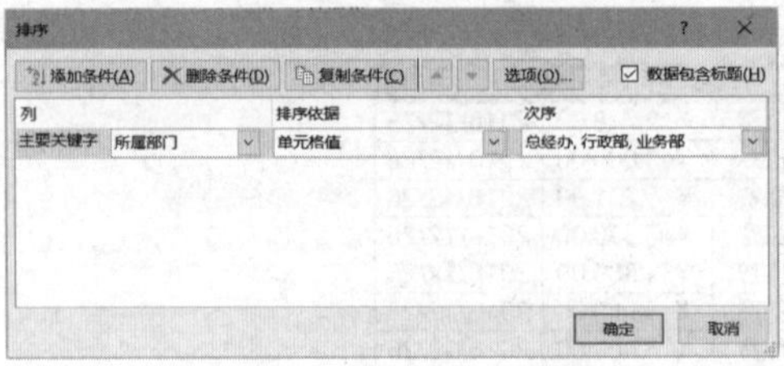

图 4-1-7

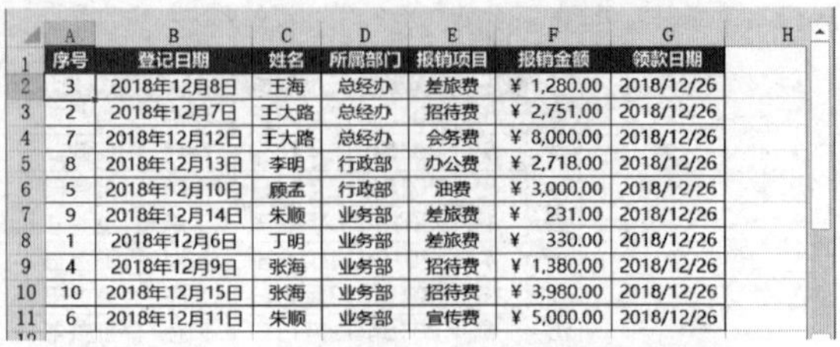

序号	登记日期	姓名	所属部门	报销项目	报销金额	领款日期
3	2018年12月8日	王海	总经办	差旅费	¥ 1,280.00	2018/12/26
2	2018年12月7日	王大路	总经办	招待费	¥ 2,751.00	2018/12/26
7	2018年12月12日	王大路	总经办	会务费	¥ 8,000.00	2018/12/26
8	2018年12月13日	李明	行政部	办公费	¥ 2,718.00	2018/12/26
5	2018年12月10日	顾孟	行政部	油费	¥ 3,000.00	2018/12/26
9	2018年12月14日	朱顺	业务部	差旅费	¥ 231.00	2018/12/26
1	2018年12月6日	丁明	业务部	差旅费	¥ 330.00	2018/12/26
4	2018年12月9日	张海	业务部	招待费	¥ 1,380.00	2018/12/26
10	2018年12月15日	张海	业务部	招待费	¥ 3,980.00	2018/12/26
6	2018年12月11日	朱顺	业务部	宣传费	¥ 5,000.00	2018/12/26

图 4-1-8

提示：对已经排序过的表格，若想返回到之前的排序表格，则可以通过对“序号”进行升序排列，即可回到排序前的表格状态。

任务二　数据的筛选

筛选是指暂时隐藏不必显示的行。在执行筛选操作时，筛选出来的数据都是满足一个或多个条件的。

1. 自动筛选

自动筛选是最简单的筛选方法。使用自动筛选时，可以手动选择需要筛选出的数据，系统就会进行相应的筛选操作。

（1）满足一个条件的筛选。

步骤一：选中表格中的任意单元格，单击“数据”选项卡，单击“排序和筛选”组中的“筛选”按钮，即可在表格所有列标识上添加“自动筛选”的倒三角形按钮，如图 4-2-1 所示。

步骤二：单击要进行筛选的字段右侧的倒三角形按钮，如此处单击“报销项目”标识右侧的倒三角形按钮，在展开的下拉列表中取消默认选中的“全选”复选框，选中要查看的报销项目，如选中“差旅费”，然后单击“确定”，如图 4-2-2 所示。

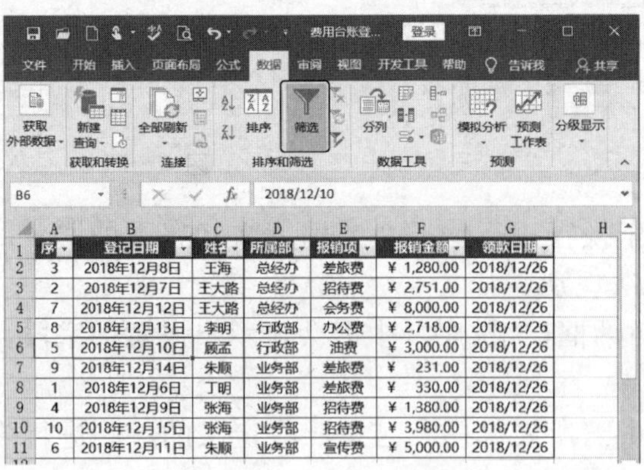

序号	登记日期	姓名	所属部门	报销项目	报销金额	领款日期
3	2018年12月8日	王海	总经办	差旅费	¥ 1,280.00	2018/12/26
2	2018年12月7日	王大路	总经办	招待费	¥ 2,751.00	2018/12/26
7	2018年12月12日	王大路	总经办	会务费	¥ 8,000.00	2018/12/26
8	2018年12月13日	李明	行政部	办公费	¥ 2,718.00	2018/12/26
5	2018年12月10日	顾孟	行政部	油费	¥ 3,000.00	2018/12/26
9	2018年12月14日	朱顺	业务部	差旅费	¥ 231.00	2018/12/26
1	2018年12月6日	丁明	业务部	差旅费	¥ 330.00	2018/12/26
4	2018年12月9日	张海	业务部	招待费	¥ 1,380.00	2018/12/26
10	2018年12月15日	张海	业务部	招待费	¥ 3,980.00	2018/12/26
6	2018年12月11日	朱顺	业务部	宣传费	¥ 5,000.00	2018/12/26

图 4-2-1

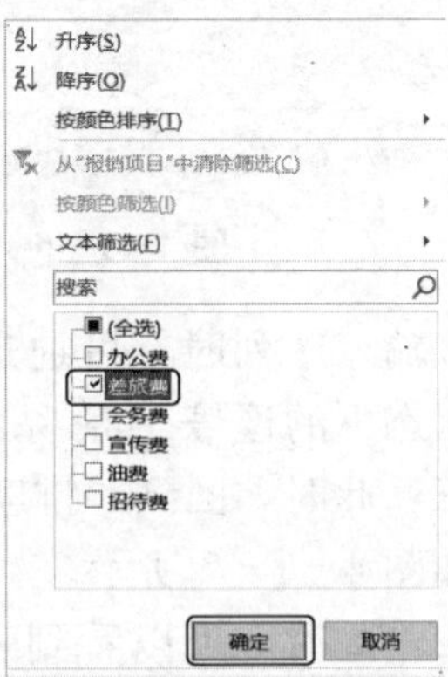

图 4-2-2

步骤三：返回到表格，即可筛选出所有满足条件的记录，此处显示的是报销项目为“差旅费”的相关记录，如图 4－2－3 所示。

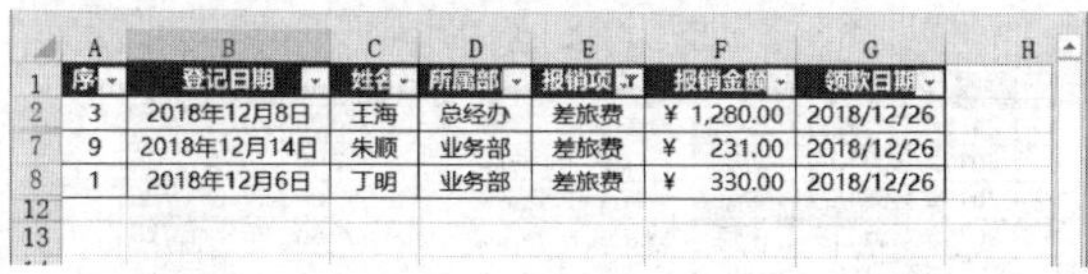

	A	B	C	D	E	F	G
1	序	登记日期	姓名	所属部	报销项	报销金额	领款日期
2	3	2018年12月8日	王海	总经办	差旅费	¥ 1,280.00	2018/12/26
7	9	2018年12月14日	朱顺	业务部	差旅费	¥ 231.00	2018/12/26
8	1	2018年12月6日	丁明	业务部	差旅费	¥ 330.00	2018/12/26

图 4－2－3

（2）同时满足多个条件的筛选。

操作方法同上，自动筛选某一字段，在筛选后的数据中，再对另一字段进行筛选。

例如，上一案例中已筛选出“报销项目”中“差旅费”的相关记录，再根据“所属部门”筛选出“业务部”的相关记录。只需单击“所属部门”字段右侧的倒三角形按钮，在展开的下拉列表中选中“业务部”，然后单击“确定”，如图 4－2－4 所示。最终显示出来的是同时符合 2 个条件的数据记录。

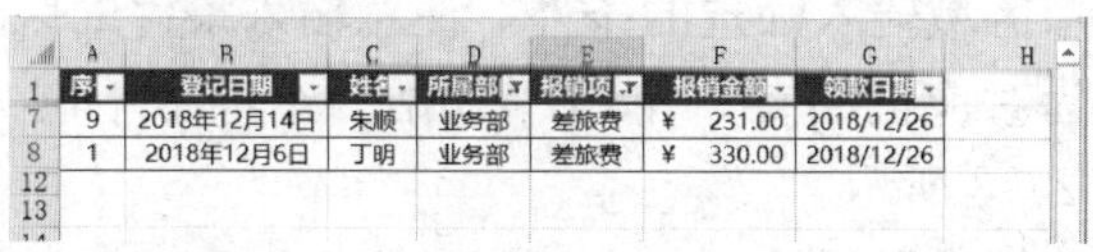

	A	B	C	D	E	F	G
1	序	登记日期	姓名	所属部	报销项	报销金额	领款日期
7	9	2018年12月14日	朱顺	业务部	差旅费	¥ 231.00	2018/12/26
8	1	2018年12月6日	丁明	业务部	差旅费	¥ 330.00	2018/12/26

图 4－2－4

提示：数据筛选后，如需取消筛选状态，应再次单击“数据和筛选”组中的“筛选”按钮，即可取消数据的筛选操作。

2. 自定义自动筛选方式

当简单的筛选方式不能满足需求时，可以对自动筛选进行自定义设置。如筛选出大于、小于或介于指定值的记录时，就可以使用自定义的方式。

例如，筛选出报销金额大于或等于 3 000 元的记录。

步骤一：表格进入到自动筛选状态后，单击“报销金额”字段右侧的倒三角形按钮，在展开的下拉列表中单击“数字筛选”中的“大于或等于”命令，如图 4－2－5 所示。

步骤二：在弹出的“自定义自动筛选方式”对话框中，设置大于或等于数值为“3000”，然后单击“确定”，如图 4－2－6 所示。

图 4－2－5

图 4－2－6

步骤三：返回到表格，此时即可筛选出“报销金额”大于或等于 3 000 元的记录，如图 4－2－7 所示。

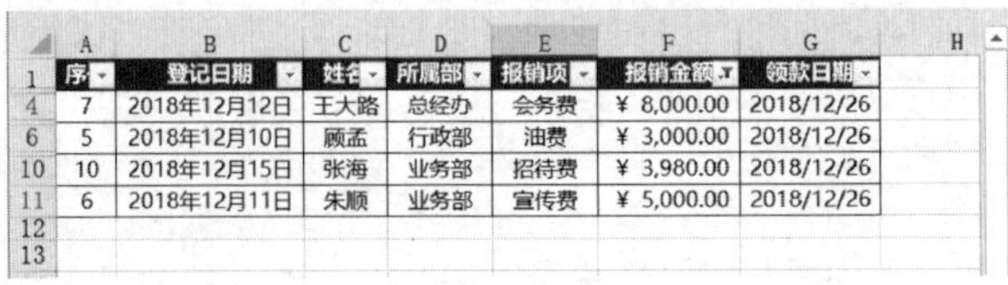

序	登记日期	姓名	所属部	报销项	报销金额	领款日期
7	2018年12月12日	王大路	总经办	会务费	¥ 8,000.00	2018/12/26
5	2018年12月10日	顾孟	行政部	油费	¥ 3,000.00	2018/12/26
10	2018年12月15日	张海	业务部	招待费	¥ 3,980.00	2018/12/26
6	2018年12月11日	朱顺	业务部	宣传费	¥ 5,000.00	2018/12/26

图 4－2－7

3. 高级筛选

高级筛选是针对复杂条件的筛选。当需要设置多个条件来筛选数据记录时，就可利用高级筛选功能实现。

例如，筛选出总经办王大路的报销金额大于 5 000 元的记录。

步骤一：在表格空白区域输入筛选的条件，注意输入条件的区域必须连续，且上方为表格的字段项目，下方为对应的条件；单击“数据”选项卡中的“排序和筛选”组中的“高级”按钮，如图 4－2－8 所示。

步骤二：打开“高级筛选”对话框，在“列表区域”和“条件区域”文本框中利用右边的“↥”按钮分别选定待筛选的数据区域和输入的筛选条件区域，然后单击“确定”，如图 4－2－9 所示。

图 4－2－8

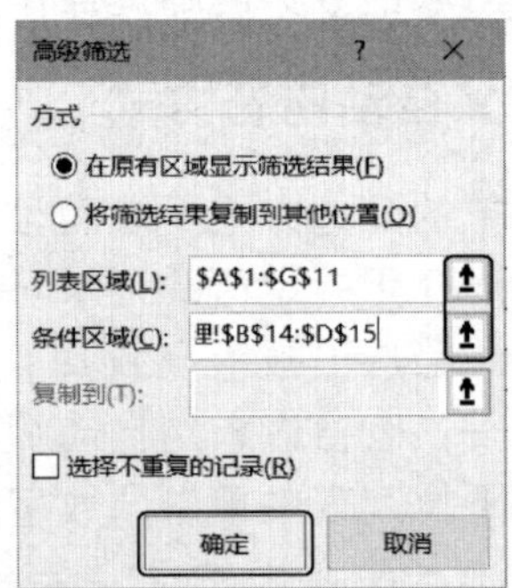

图 4－2－9

步骤三：返回表格，此时显示出来的就是符合这 3 个条件的数据记录，如图 4－2－10 所示。

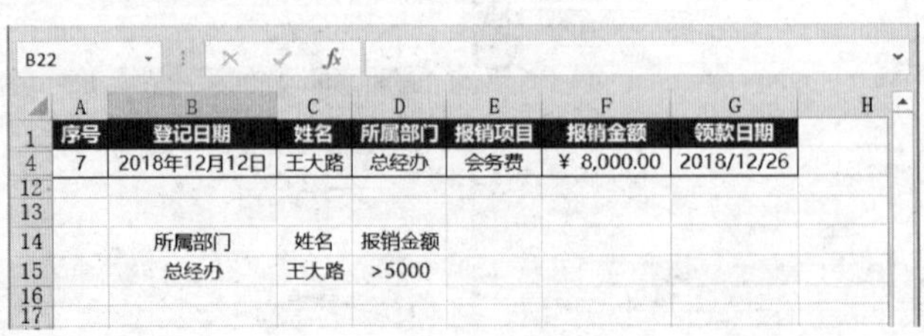

序号	登记日期	姓名	所属部门	报销项目	报销金额	领款日期
7	2018年12月12日	王大路	总经办	会务费	¥ 8,000.00	2018/12/26

所属部门	姓名	报销金额
总经办	王大路	>5000

图 4－2－10

任务三　数据的分类汇总

分类汇总，就是先将数据记录进行分类，然后将同类型的数据进行汇总。在创建分类汇总前，首先需要对所汇总的数据进行排序，即将同一类别的数据排列在一起，然后将各个类别的数据按指定方式汇总。Excel 分类汇总的方式包括求和、计数、平均值、最大值、最小值、乘积六种。

例如，对各部门的报销费用进行分类汇总。

步骤一：先按“所属部门”字段进行排序，具体方法参照数据的排序功能。

步骤二：单击“数据”选项卡“分级显示”组中的“分类汇总”，如图 4-3-1 所示。

步骤三：在弹出的“分类汇总”对话框中，“分类字段”选择“所属部门”，“汇总方式”选择“求和”，“选定汇总项”勾选“报销金额”，设置完成后，单击“确定”，如图 4-3-2 所示。

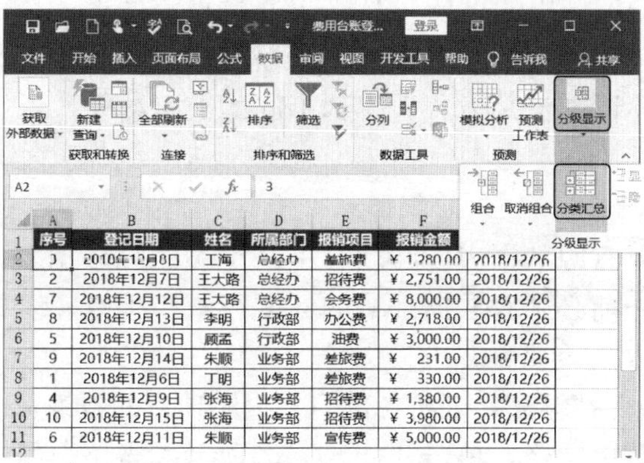

图 4-3-1

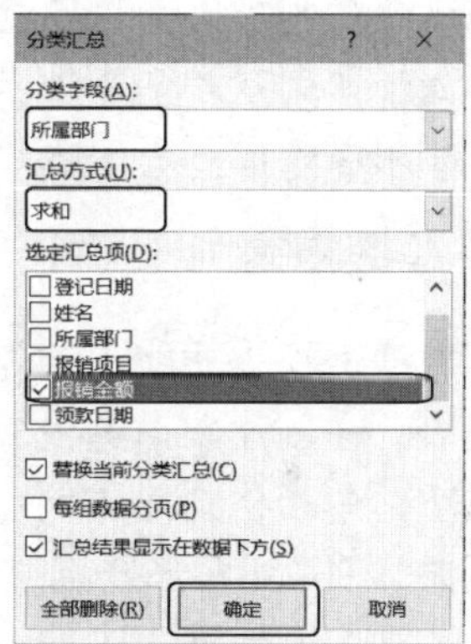

图 4-3-2

步骤四：返回表格，即可显示以“所属部门”字段排序后的“报销金额”进行分类汇总的结果，如图 4-3-3 所示。

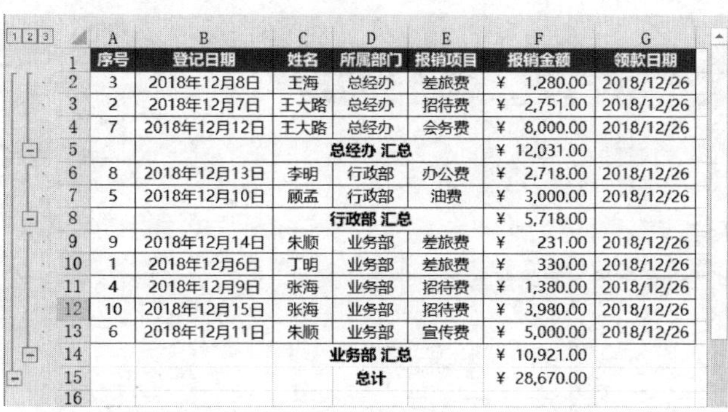

序号	登记日期	姓名	所属部门	报销项目	报销金额	领款日期
3	2018年12月8日	王海	总经办	差旅费	¥ 1,280.00	2018/12/26
2	2018年12月7日	王大路	总经办	招待费	¥ 2,751.00	2018/12/26
7	2018年12月12日	王大路	总经办	会务费	¥ 8,000.00	2018/12/26
			总经办 汇总		¥ 12,031.00	
8	2018年12月13日	李明	行政部	办公费	¥ 2,718.00	2018/12/26
5	2018年12月10日	顾孟	行政部	油费	¥ 3,000.00	2018/12/26
			行政部 汇总		¥ 5,718.00	
9	2018年12月14日	朱顺	业务部	差旅费	¥ 231.00	2018/12/26
1	2018年12月6日	丁明	业务部	差旅费	¥ 330.00	2018/12/26
4	2018年12月9日	张海	业务部	招待费	¥ 1,380.00	2018/12/26
10	2018年12月15日	张海	业务部	招待费	¥ 3,980.00	2018/12/26
6	2018年12月11日	朱顺	业务部	宣传费	¥ 5,000.00	2018/12/26
			业务部 汇总		¥ 10,921.00	
			总计		¥ 28,670.00	

图 4-3-3

分类汇总还有不同的展现方式，上述操作，最后显示的是第 3 级汇总结果，如需查看第 1 级汇总结果，单击汇总区域左上角的数字按钮“1”，最终展示效果如图 4-3-4 所示。依此类推，单击数字按钮“2”时，最终展现的是第 2 级汇总结果，如图 4-3-5 所示。

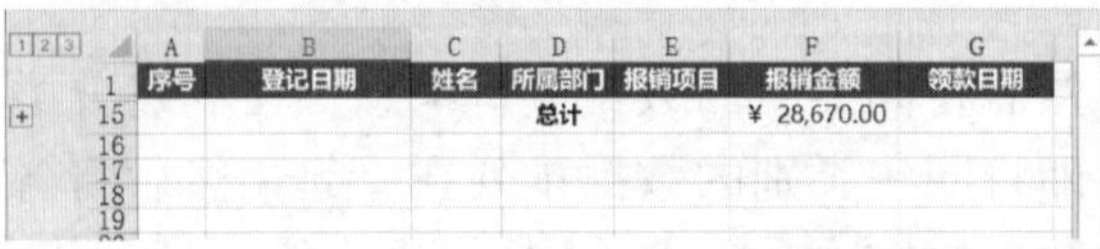

序号	登记日期	姓名	所属部门	报销项目	报销金额	领款日期
			总计		¥ 28,670.00	

图 4-3-4

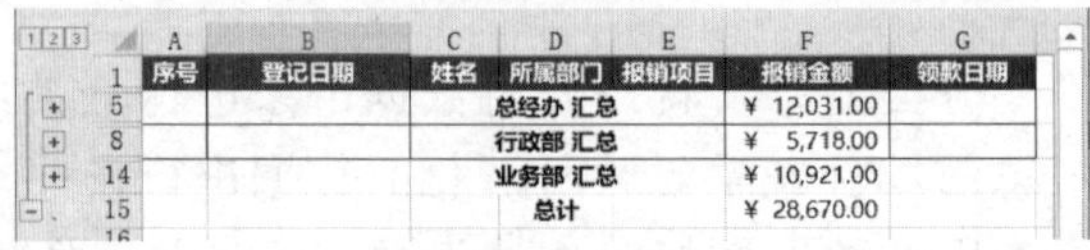

序号	登记日期	姓名	所属部门	报销项目	报销金额	领款日期
			总经办 汇总		¥ 12,031.00	
			行政部 汇总		¥ 5,718.00	
			业务部 汇总		¥ 10,921.00	
			总计		¥ 28,670.00	

图 4-3-5

提示：创建分类汇总后，如需删除分类汇总，只需再次执行“分类汇总”命令，在“分类汇总”对话框中单击左下角的“全部删除”按钮即可。

任务四 数据透视表

数据透视表是利用 Excel 进行数据分析的重要工具，它通过报表的形式，可以直观地汇总、分析表格数据，为工作带来很多方便。数据透视表可以根据源数据表的数据内容及分类，按任意角度、任意多层级、不同的汇总方式，得到不同的汇总结果。

1. 创建数据透视表

要调用数据透视表功能，首先要有源数据表。必须有一张正确的源数据表，才能够使用数据透视表。在创建数据透视表之前必须对数据区域的标题行进行检查，若标题行有合并单元格或空白单元格则无法创建数据透视表。

例如，根据“费用台账登记簿”源数据表，分析各部门各报销项目的报销费用汇总表。

步骤一：选中源数据表中的任意单元格，单击“插入”选项卡“表格”组中的“数据透视表”按钮，如图 4-4-1 所示。

步骤二：弹出“创建数据透视表”对话框，系统会自动识别数据源区域；“选择放置数据透视表的位置”下选择“新工作表”，也可以指定“现有工作表”的某个区域，然后单击“确定”，如图 4-4-2 所示。

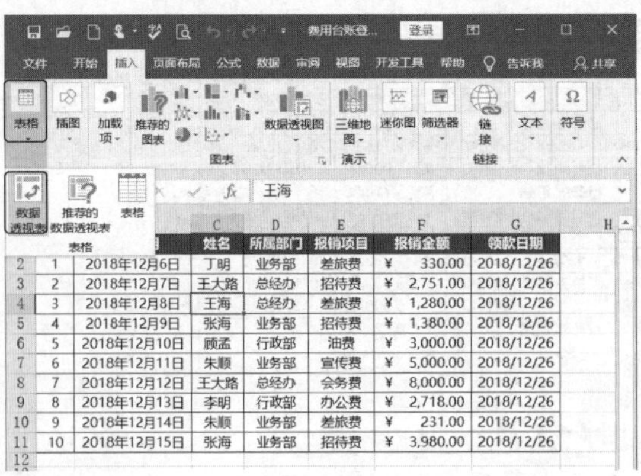

		姓名	所属部门	报销项目	报销金额	领款日期
1	2018年12月6日	丁明	业务部	差旅费	¥ 330.00	2018/12/26
2	2018年12月7日	王大路	总经办	招待费	¥ 2,751.00	2018/12/26
3	2018年12月8日	王海	总经办	差旅费	¥ 1,280.00	2018/12/26
4	2018年12月9日	张海	业务部	招待费	¥ 1,380.00	2018/12/26
5	2018年12月10日	顾孟	行政部	油费	¥ 3,000.00	2018/12/26
6	2018年12月11日	朱顺	业务部	宣传费	¥ 5,000.00	2018/12/26
7	2018年12月12日	王大路	总经办	会务费	¥ 8,000.00	2018/12/26
8	2018年12月13日	李明	行政部	办公费	¥ 2,718.00	2018/12/26
9	2018年12月14日	朱顺	业务部	差旅费	¥ 231.00	2018/12/26
10	2018年12月15日	张海	业务部	招待费	¥ 3,980.00	2018/12/26

图 4-4-1

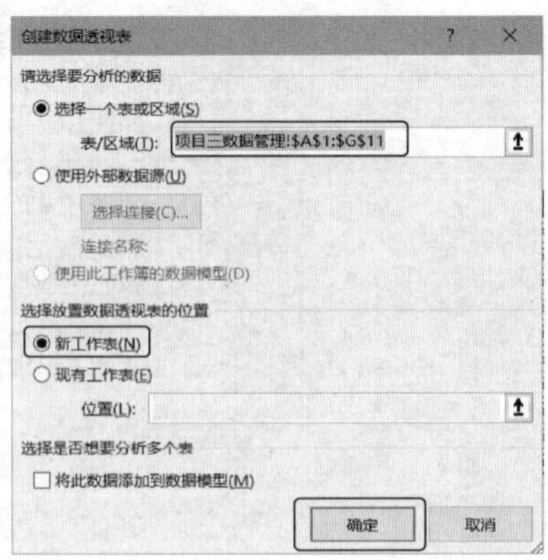

图 4-4-2

步骤三：此时，就会生成一张新的工作表，右侧会自动打开“数据透视表字段”窗格（见图 4-4-3），其中的字段与数据源区域中的字段项目一一对应。选中“所属部门”“报销项目”“报销金额”的复选框，此时数据透视表中便同步生成相应的表格数据，即可查看每个部门各项报销费用的总额。

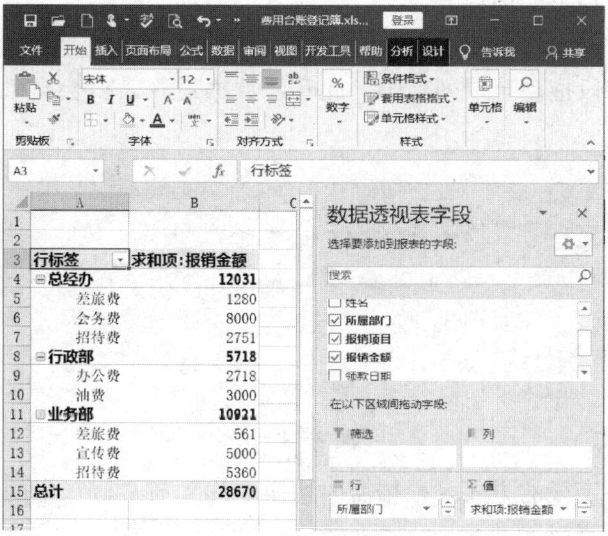

图 4-4-3

仔细观察“数据透视表字段”窗格，便能很好地掌握数据透视表的原理，如图 4-4-4 所示。数据透视表由四部分组成，分别是行、列、值和筛选区域。选中字段对应的复选框，Excel 会判断字段下的数据类型，一般会将数值型（如数字、货币等数据）字段添加到“值”标签，将非数值型字段添加到“行”标签。其实，数据透视表就是高级版的分类汇总，可以对汇总数据进行任意排列。

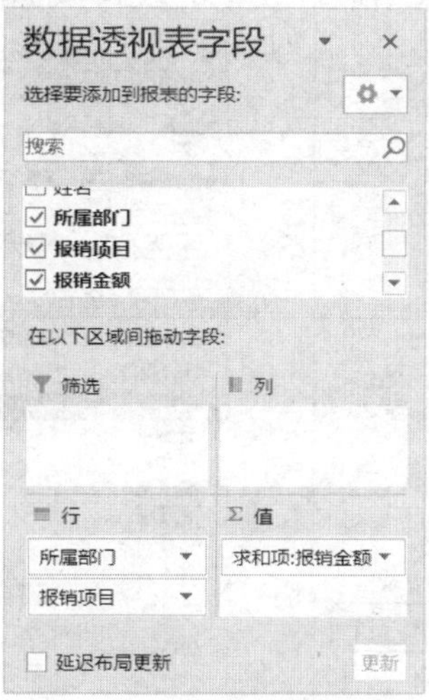

图 4-4-4

提示：选中所需字段，拖动至下方区域相应的框中，同样可以添加字段。如需删除字段，取消选中字段复选框，或将下方的字段拖回上方字段框中，即可删除。

2. 数据透视表常见的使用方法

(1) 调整数据透视表的展现方式。

将“行”中的字段直接拖动至“列”，表格的展现方式就会发生变化。例如，将“行”中的“报销项目”字段拖动至“列”中，此时，数据透视表就会自动生成，如图 4-4-5 所示。

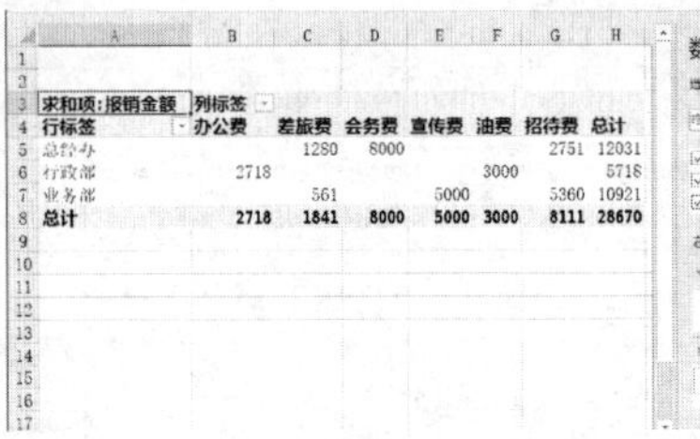

图 4-4-5

提示：通过拖动字段的方式，根据需要切换“列”与“行”中的字段，数据透视表都会根据设置自动生成表格。

(2) 设置值字段数据格式。

与分类汇总的方式相同，数据透视表同样可以根据需要设置不同的数据格式，主要包括求和、计数、平均值、最大值、最小值、乘积六种。这里需要注意，对于数值型数据，默认的格式是“求和”，对于文本（含文本型数字）或其他类型的数据，默认的格式是“计数”。如需进行修改，单击右边的向下箭头，在弹出的下拉菜单中选择“值字段设置”，如图 4-4-6 所示。在弹出的“值字段设置”中，就可以对“计算类型”进行设置，如图 4-4-7 所示。待设置完成后，数据透视表中的表格数据就会自动生成。

图 4-4-6

图 4-4-7

（3）排序和筛选。

数据透视表中的"行标签"和"列标签"右边都有一个向下箭头的按钮，点击打开下拉菜单，会发现与数据筛选的下拉菜单是相同的，如图 4－4－8 所示。因此，对于该字段进行排序和筛选的设置，都可以在此下拉菜单中进行设置，方法可参照"数据的排序和筛选"的操作方法。

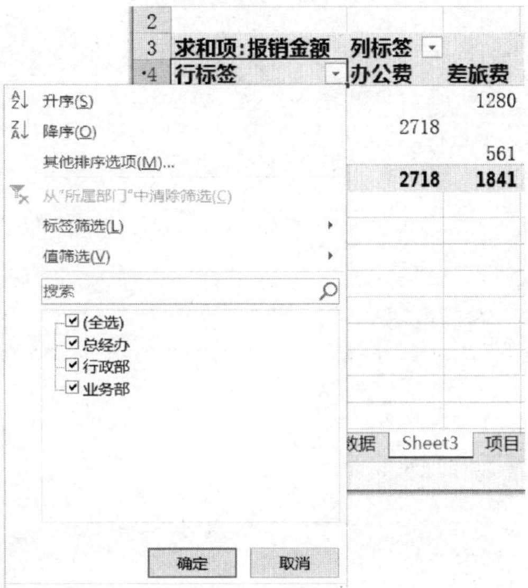

图 4－4－8

中篇

应用篇

Excel 在会计核算、财务管理、统计、经营决策等方面发挥着重要作用。掌握制表原理，灵活运用 Excel 中的各项功能，一方面可以减轻数据核算的工作量，另一方面可以提高数据统计的准确性。结合实际工作场景去学习 Excel 的各项功能，更为形象、具体，更易于掌握和融会贯通。

项目五　Excel 与工资核算
项目六　Excel 与固定资产管理
项目七　Excel 与应收账款管理
项目八　Excel 与进销存管理
项目九　Excel 与财务分析

项目五
Excel 与工资核算

工资是企业在一定时间内直接支付给本企业员工的劳务报酬。工资核算不仅直接关系到每位员工的切身利益，还影响着企业的成本和利润。因此，能够高效、准确地完成 份工资表，是制表人员必须掌握的一项技能。

工资核算的最终目的是提供工资明细表，该表不仅包括员工的基本信息、工资构成信息，还包括考勤信息、社保公积金信息、个人所得税等相关数据。工资明细表中的数据非常丰富，可以通过参数表、员工信息表、社保缴费明细表等辅助表来简化工资表中的数据，通过函数引用的方式，直接引用到工资明细表中。

任务概况

根据以下信息制作大路有限责任公司 2019 年 1 月份的工作表。

大路有限责任公司基本信息如下。

1. 部门及员工信息

(1) 公司设有 5 个部门，分别为总经办、人事行政部、财务部、采购部、业务部。

(2) 公司共有员工 15 人，员工基本信息如表 5-0-1 所示。

表 5-0-1　员工信息表

序列	员工工号	姓名	所属部门	职位	职级	入职日期
1	0001	王大路	总经办	总经理	5 级	2014/2/5
2	0005	王海	总经办	助理	3 级	2014/2/6
3	0007	顾孟	人事行政部	部门经理	4 级	2014/9/10
4	0009	李明	人事行政部	专员	2 级	2016/11/17
5	0015	孙婷婷	财务部	部门经理	4 级	2014/8/2
6	0060	赵飞	财务部	会计	3 级	2014/9/7
7	0040	尤静	财务部	出纳	2 级	2015/7/3
8	0031	王兵	采购部	部门经理	4 级	2018/6/5

续表

序列	员工工号	姓名	所属部门	职位	职级	入职日期
9	0045	孙明	采购部	采购员	2 级	2016/4/5
10	0051	王林	采购部	采购员	2 级	2015/7/9
11	0020	张海	业务部	业务经理	4 级	2016/1/6
12	0029	丁明	业务部	业务主管	3 级	2017/7/5
13	0043	朱顺	业务部	业务员	2 级	2018/4/2
14	0049	张伟	业务部	业务员	1 级	2018/9/7
15	0059	毛平	业务部	业务员	1 级	2018/10/10

2. 员工工资核算规定

(1) 应发工资由基本工资和工龄工资构成。

(2) 基本工资的发放标准是根据职级设置的，具体规定如表 5－0－2 所示。

表 5－0－2　基本工资发放标准

职级	基本工资（元）
1 级	4 000
2 级	6 000
3 级	8 000
4 级	10 000
5 级	12 000

(3) 工龄工资的发放标准是根据工龄设置的，具体规定如表 5－0－3 所示。

表 5－0－3　工龄工资发放标准

工龄	工龄工资（元）
0	0
1	100
2	200
3	300
4	400
5	500

(4) 考勤规定：事假按照每日的基本工资扣除；病假按照每日 50 元扣款。12 月份的考勤统计如表 5－0－4 所示。

表 5－0－4　考勤统计（2019 年 1 月）

姓名	事假天数	病假天数
李明	2	
王兵		3
张海		1
丁明	3	

(5) 社会保险金和住房公积金的缴费基数为基本工资，缴纳比例如表 5-0-5 所示。

表 5-0-5　社会保险金和住房公积金的缴纳比例

缴费基数	养老金	基本医疗	失业保险	公积金
基本工资	8%	2%	0.50%	8.00%

(6) 根据 2019 年新个税政策计算个人所得税，起征点为 5 000 元，计算公式如下：

本期应预扣预缴税额=(累计预扣预缴应纳税所得额×预扣率-速算扣除数)-累计减免税额-累计已预扣预缴税额

累计预扣预缴应纳税所得额=累计收入-累计免税收入-累计减除费用-累计专项扣除-累计专项附加扣除-累计依法确定的其他扣除

个人所得税税率表，如表 5-0-6 所示。

表 5-0-6　个人所得税税率表

级数	累积预扣预缴应纳税所得额	税率（%）	速算扣除数
1	未超过 3.6 万元的部分	3%	0
2	超过 3.6 万元至 14.4 万元的部分	10%	2 520
3	超过 14.4 万元至 30 万元的部分	20%	16 920
4	超过 30 万元至 42 万元的部分	25%	31 920
5	超过 42 万元至 66 万元的部分	30%	52 920
6	超过 66 万元至 96 万元的部分	35%	85 920
7	超过 96 万元的部分	45%	181 920

(7) 员工已填报的专项附加扣除明细如表 5-0-7 所示。

表 5-0-7　专项附加扣除明细表

姓名	项目						合计
	子女教育	继续教育	大病医疗	住房贷款利息	住房租金	赡养老人	
王海	1 000			1 000			2 000
顾孟	1 000					2 000	3 000
孙婷婷				1 000			1 000
赵飞					1 000		1 000
张海		400					400

知 识 点

- 制作工资明细表
- 查询某一员工的工资明细
- 汇总工资表
- 制作工资条

任务一　制作工资明细表

1. 参数表

参数表，就是用于存放参数的工作表。其功能类似于系统的配置参数，供其他数据表格调用匹配数据。在填写表格数据时，可以通过函数自动关联数据，在提高工作效率的同时，还大大提高了数据的准确性。

根据公司规定，基本工资是根据职位职级设置的，工龄工资是根据工龄年限设置的。因此，可以制作“基本工资发放标准”和“工龄工资发放标准”两张参数表，如图 5-1-1 所示。

注意，参数表中的数据以垂直列进行填制，表格的填写区域无特别的要求，相关参数表放在同一张工作表中的任意位置都可以。

	A	B	C
1	基本工资发放标准		
2	职级	基本工资	
3	1级	4000	
4	2级	6000	
5	3级	8000	
6	4级	10000	
7	5级	12000	
8			
9	工龄工资发放标准		
10	工龄	工龄工资	
11	0	0	
12	1	100	
13	2	200	
14	3	300	
15	4	400	
16	5	500	

图 5-1-1

2. 员工信息表

员工信息表是制作工资明细表的基础，该表中的部分数据会被多次引用到其他表格中。因此，员工信息表的设计要以工资明细表为目的，根据需要设计字段。

员工信息表不仅可以反映员工的基本数据，如姓名、所属部门、职位等，表格中的一些数据还与工资的计算密切相关，是构成工资项目的基础。员工信息表的模板结构如图 5-1-2 所示。

员工的基础信息由人事行政部提供，根据提供的信息，录入“员工信息表”，然后可以通过公式，计算出基本工资和岗位工资。员工信息表填制步骤如下。

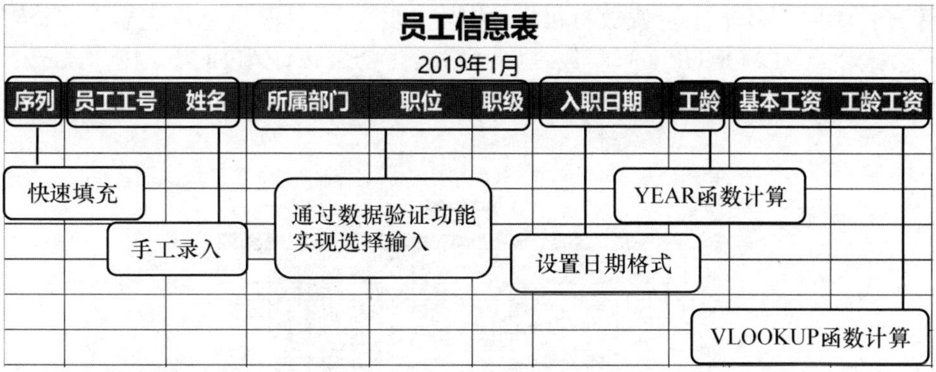

图 5－1－2

步骤一：录入基础信息。此部分录入较为简单，具体操作步骤请参考项目二中的任务一、任务二。基础信息录入完成后的表格如图 5－1－3 所示。

①表头“员工信息表”下方输入制表日期，并设置为日期格式，录入日期的作用一方面可得知此表的制作时间，另一方面该日期可用于计算工龄。

②序列可使用填充柄快速填充。

③员工工号和姓名手工录入即可。

④“所属部门”“职位”“职级”则需要通过设置数据验证功能实现选择输入，尽量避免手工录入。

⑤“入职日期”需要注意统一以日期的格式录入数据。

步骤二：根据“入职日期”，计算“工龄”。选中 H4 单元格，输入公式“＝YEAR($A$2)－YEAR(G4)”，按“Enter”键，显示计算结果；然后将公式填充到 H5：H18 单元格，如图 5－1－4 所示。

员工信息表

2019年1月

序列	员工工号	姓名	所属部门	职位	职级	入职日期	工龄	基本工资	工龄工资
1	0001	王大路	总经办	总经理	5级	2014/2/5			
2	0005	王海	总经办	助理	3级	2014/2/6			
3	0007	顾孟	人事行政部	部门经理	4级	2014/9/10			
4	0009	李明	人事行政部	专员	2级	2016/11/17			
5	0015	孙婷婷	财务部	部门经理	4级	2014/8/2			
6	0060	赵飞	财务部	会计	3级	2014/9/7			
7	0040	尤静	财务部	出纳	2级	2015/7/3			
8	0031	王兵	采购部	部门经理	4级	2018/6/5			
9	0045	孙明	采购部	采购员	2级	2016/4/5			
10	0051	王林	采购部	采购员	2级	2015/7/9			
11	0020	张海	业务部	业务经理	4级	2016/1/6			
12	0029	丁明	业务部	业务主管	3级	2017/7/5			
13	0043	朱顺	业务部	业务员	2级	2018/4/2			
14	0049	张伟	业务部	业务员	1级	2018/9/7			
15	0059	毛平	业务部	业务员	1级	2018/10/10			

图 5－1－3

H4　=YEAR($A$2)-YEAR(G4)

员工信息表

2019年1月

序列	员工工号	姓名	所属部门	职位	职级	入职日期	工龄	基本工资	工龄工资
1	0001	王大路	总经办	总经理	5级	2014/2/5	5		
2	0005	王海	总经办	助理	3级	2014/2/6	5		
3	0007	顾孟	人事行政部	部门经理	4级	2014/9/10	5		
4	0009	李明	人事行政部	专员	2级	2016/11/17	3		
5	0015	孙婷婷	财务部	部门经理	4级	2014/8/2	5		
6	0060	赵飞	财务部	会计	3级	2014/9/7	5		
7	0040	尤静	财务部	出纳	2级	2015/7/3	4		
8	0031	王兵	采购部	部门经理	4级	2018/6/5	1		
9	0045	孙明	采购部	采购员	2级	2016/4/5	3		
10	0051	王林	采购部	采购员	2级	2015/7/9	4		
11	0020	张海	业务部	业务经理	4级	2016/1/6	3		
12	0029	丁明	业务部	业务主管	3级	2017/7/5	2		
13	0043	朱顺	业务部	业务员	2级	2018/4/2	1		
14	0049	张伟	业务部	业务员	1级	2018/9/7	1		
15	0059	毛平	业务部	业务员	1级	2018/10/10	1		

图 5－1－4

YEAR 函数

说明：用于返回指定日期中的年份。

语法：YEAR（序列值）。

参数：序列值表示需要提取年份的日期。

步骤三：参照“基本工资发放标准”，根据“职级”，计算“基本工资”。选中 I4 单元格，输入公式“=VLOOKUP(F4,参数表!＄A＄2:＄B＄7,2,FALSE)”，按“Enter”键，显示计算结果；然后将公式填充到 I5：I18 单元格，如图 5-1-5 所示。

I4　=VLOOKUP(F4,参数表!$A$2:$B$7,2,FALSE)

员工信息表

2019年1月

序列	员工工号	姓名	所属部门	职位	职级	入职日期	工龄	基本工资	工龄工资
1	0001	王大路	总经办	总经理	5级	2014/2/5	5	12000	
2	0005	王海	总经办	助理	3级	2014/2/6	5	8000	
3	0007	顾孟	人事行政部	部门经理	4级	2014/9/10	5	10000	
4	0009	李明	人事行政部	专员	2级	2016/11/17	3	6000	
5	0015	孙婷婷	财务部	部门经理	4级	2014/8/2	5	10000	
6	0060	赵飞	财务部	会计	3级	2014/9/7	5	8000	
7	0040	尤静	财务部	出纳	2级	2015/7/3	4	6000	
8	0031	王兵	采购部	部门经理	4级	2018/6/5	1	10000	
9	0045	孙明	采购部	采购员	2级	2016/4/5	3	6000	
10	0051	王林	采购部	采购员	2级	2015/7/9	4	6000	
11	0020	张海	业务部	业务经理	4级	2016/1/6	3	10000	
12	0029	丁明	业务部	业务主管	3级	2017/7/5	2	8000	
13	0043	朱顺	业务部	业务员	2级	2018/4/2	1	6000	
14	0049	张伟	业务部	业务员	1级	2018/9/7	1	4000	
15	0059	毛平	业务部	业务员	1级	2018/10/10	1	4000	

图 5-1-5

VLOOKUP 函数

说明：从垂直参照表中取得符合条件的数据。

语法：VLOOKUP（查找值，参照范围，列数，查找形式）。

参数：

查找值：指定查找的单元格位置或数值。

参照范围：指定参照表范围（不包含标题栏）。

列数：数值，指定传回参照表范围由左算起第几列的数据。

查找形式：查找形式有模糊匹配或精确匹配，查找的方法有 TRUE（1）或 FALSE（0）。当值为 TRUE 或省略时，则返回近似匹配值，也就是说，如果找不到精确匹配值，则返回仅次于查找值的最大值；当值为 FALSE 时，返回精确匹配值，如果找不到，则返回错误值 #N/A。若使用模糊匹配，则需要对数据源区域进行升序排列。

步骤四：参照“工龄工资发放标准”，根据“工龄”，计算“工龄工资”。选中 J4 单元格，输入公式“=VLOOKUP(H4,参数表! ＄A＄10:＄B＄16,2,FALSE)”，按“Enter”键，显示计算结果，然后将公式填充到 J5：J18 单元格，如图 5-1-6 所示。

J4　=VLOOKUP(H4,参数表!$A$10:$B$16,2,FALSE)

员工信息表

2019年1月

序列	员工工号	姓名	所属部门	职位	职级	入职日期	工龄	基本工资	工龄工资
1	0001	王大路	总经办	总经理	5级	2014/2/5	5	12000	500
2	0005	王海	总经办	助理	3级	2014/2/6	5	8000	500
3	0007	顾孟	人事行政部	部门经理	4级	2014/9/10	5	10000	500
4	0009	李明	人事行政部	专员	2级	2016/11/17	3	6000	300
5	0015	孙婷婷	财务部	部门经理	4级	2014/8/2	5	10000	500
6	0060	赵飞	财务部	会计	3级	2014/9/7	5	8000	500
7	0040	尤静	财务部	出纳	2级	2015/7/3	4	6000	400
8	0031	王兵	采购部	部门经理	4级	2018/6/5	1	10000	100
9	0045	孙明	采购部	采购员	2级	2016/4/5	3	6000	300
10	0051	王林	采购部	采购员	2级	2015/7/9	4	6000	400
11	0020	张海	业务部	业务经理	4级	2016/1/6	3	10000	300
12	0029	丁明	业务部	业务主管	3级	2017/7/5	2	8000	200
13	0043	朱顺	业务部	业务员	2级	2018/4/2	1	6000	100
14	0049	张伟	业务部	业务员	1级	2018/9/7	1	4000	100
15	0059	毛平	业务部	业务员	1级	2018/10/10	1	4000	100

图 5-1-6

3. 社保缴费明细表

社保缴费明细表可以计算出员工每月个人应承担部分的社保费用，这部分费用在结算工资时需要先从工资中扣除。

根据公司规定的社保缴费基数及缴费比例，设置社保缴费明细表的字段，如图 5－1－7 所示。

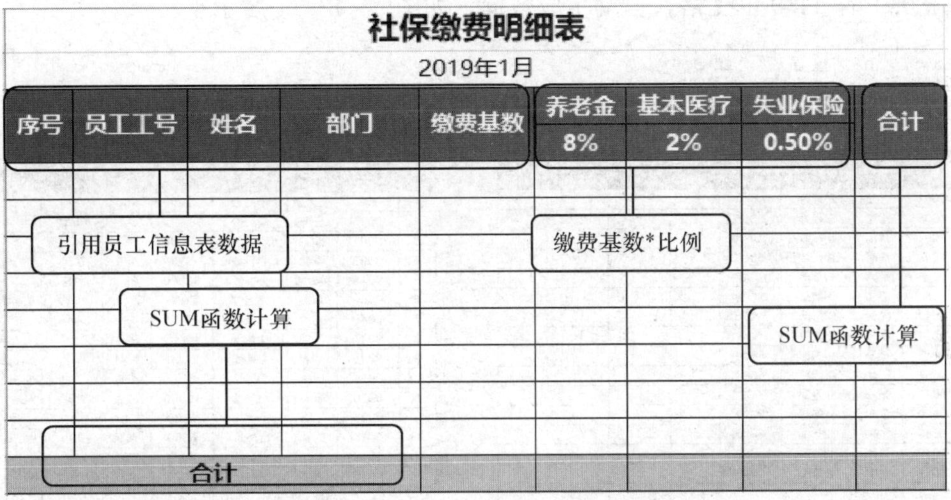

图 5－1－7

员工的基础信息从“员工信息表”中获取，然后可以通过公式，计算出社保缴费金额。社保缴费明细表填制步骤如下。

步骤一：直接引用员工信息表中的数据。前四个字段与员工信息表中的字段排序一致。选中 A5 单元格，输入公式“＝员工信息表！A4”，按“Enter”键，显示结果，如图 5－1－8 所示。将公式填充到 A5：D19 单元格，前四个字段的数值即会自动生成，如图 5－1－9 所示。

图 5－1－8

图 5－1－9

步骤二：根据公司的规定，社保以基本工资作为缴费基数，因此“缴费基数”可以直接引用员工信息表中“基本工资”列的数据。选中 E5 单元格，输入公式“=员工信息表! I4”，按“Enter”键，显示结果。然后将公式填充到 E6：E19 单元格，自动生成数据，如图 5-1-10 所示。

步骤三：根据比例，计算“养老金”“基本医疗”“失业保险”的缴费金额。选中 F5 单元格，输入公式“=ROUND（$E5 * F$4，2)”，按“Enter”键，显示结果。然后将公式填充到 F6：H19 单元格，自动生成数据，如图 5-1-11 所示。

社保缴费明细表

2019年1月

序号	员工工号	姓名	部门	缴费基数	养老金 8%	基本医疗 2%	失业保险 0.50%	合计
1	0001	王大路	总经办	12000				
2	0005	王海	总经办	8000				
3	0007	顾孟	人事行政部	10000				
4	0009	李明	人事行政部	6000				
5	0015	孙婷婷	财务部	10000				
6	0060	赵飞	财务部	8000				
7	0040	尤静	财务部	6000				
8	0031	王兵	采购部	10000				
9	0045	孙明	采购部	6000				
10	0051	王林	采购部	6000				
11	0020	张海	业务部	10000				
12	0029	丁明	业务部	8000				
13	0043	朱顺	业务部	6000				
14	0049	张伟	业务部	4000				
15	0059	毛平	业务部	4000				
合计								

图 5-1-10

社保缴费明细表

2019年1月

序号	员工工号	姓名	部门	缴费基数	养老金 8%	基本医疗 2%	失业保险 0.50%	合计
1	0001	王大路	总经办	12000	960	240	60	
2	0005	王海	总经办	8000	640	160	40	
3	0007	顾孟	人事行政部	10000	800	200	50	
4	0009	李明	人事行政部	6000	480	120	30	
5	0015	孙婷婷	财务部	10000	800	200	50	
6	0060	赵飞	财务部	8000	640	160	40	
7	0040	尤静	财务部	6000	480	120	30	
8	0031	王兵	采购部	10000	800	200	50	
9	0045	孙明	采购部	6000	480	120	30	
10	0051	王林	采购部	6000	480	120	30	
11	0020	张海	业务部	10000	800	200	50	
12	0029	丁明	业务部	8000	640	160	40	
13	0043	朱顺	业务部	6000	480	120	30	
14	0049	张伟	业务部	4000	320	80	20	
15	0059	毛平	业务部	4000	320	80	20	
合计								

图 5-1-11

ROUND 函数

说明：将数值四舍五入到指定的位数。

语法：ROUND（number，num _ digits)。

参数：number 为要四舍五入的值、运算式或单元格地址（不能指定范围)；num _ digits 指定四舍五入的位数。

步骤四：横向进行合计，计算个人需缴纳社保费用合计。在 I5 单元格输入公式“=F5+G5+H5”，按“Enter”键，显示结果。然后将公式填充到 I6：I19 单元格，自动生成数据，如图 5-1-12 所示。

步骤五：纵向进行合计，计算每项费用合计。选中 E20 单元格，单击“数据”选项卡中的“自动求和”按钮，按“Enter”键，显示结果。然后将公式填充到 F20：I20 单元格，自动生成数据，如图 5-1-13 所示。

4. 工资明细表

工资明细表是工资表中最核心的一张表，企业可以通过工资明细数据分析人工成本，员工可以根据工资明细表核对自己的工资发放情况。因此，工资计算是非常重要的工作，对员工和企业都至关重要。利用 Excel 强大的计算功能可以最大限度地保证工资计算的准确性，同时还能方便企业对这些数据进行查询、统计、汇总等。

I5 =SUM(F5:H5)

社保缴费明细表

2019年1月

序号	员工工号	姓名	部门	缴费基数	养老金 8%	基本医疗 2%	失业保险 0.50%	合计
1	0001	王大路	总经办	12000	960	240	60	1260
2	0005	王海	总经办	8000	640	160	40	840
3	0007	顾孟	人事行政部	10000	800	200	50	1050
4	0009	李明	人事行政部	6000	480	120	30	630
5	0015	孙婷婷	财务部	10000	800	200	50	1050
6	0060	赵飞	财务部	8000	640	160	40	840
7	0040	尤静	财务部	6000	480	120	30	630
8	0031	王兵	采购部	10000	800	200	50	1050
9	0045	孙明	采购部	6000	480	120	30	630
10	0051	王林	采购部	6000	480	120	30	630
11	0020	张海	业务部	10000	800	200	50	1050
12	0029	丁明	业务部	8000	640	160	40	840
13	0043	朱顺	业务部	6000	480	120	30	630
14	0049	张伟	业务部	4000	320	80	20	420
15	0059	毛平	业务部	4000	320	80	20	420
合计								

图 5-1-12

E20 =SUM(E5:E19)

社保缴费明细表

2019年1月

序号	员工工号	姓名	部门	缴费基数	养老金 8%	基本医疗 2%	失业保险 0.50%	合计
1	0001	王大路	总经办	12000	960	240	60	1260
2	0005	王海	总经办	8000	640	160	40	840
3	0007	顾孟	人事行政部	10000	800	200	50	1050
4	0009	李明	人事行政部	6000	480	120	30	630
5	0015	孙婷婷	财务部	10000	800	200	50	1050
6	0060	赵飞	财务部	8000	640	160	40	840
7	0040	尤静	财务部	6000	480	120	30	630
8	0031	王兵	采购部	10000	800	200	50	1050
9	0045	孙明	采购部	6000	480	120	30	630
10	0051	王林	采购部	6000	480	120	30	630
11	0020	张海	业务部	10000	800	200	50	1050
12	0029	丁明	业务部	8000	640	160	40	840
13	0043	朱顺	业务部	6000	480	120	30	630
14	0049	张伟	业务部	4000	320	80	20	420
15	0059	毛平	业务部	4000	320	80	20	420
合计				114000	9120	2280	570	11970

图 5-1-13

工资明细表可以全面地反映每位员工的各工资项目，包括基本工资、应发工资、实发工资等。企业根据自身的制度规定，设计工资明细表的字段。

根据大路有限责任公司关于薪资的相关规定，设计字段如图 5-1-14 所示。

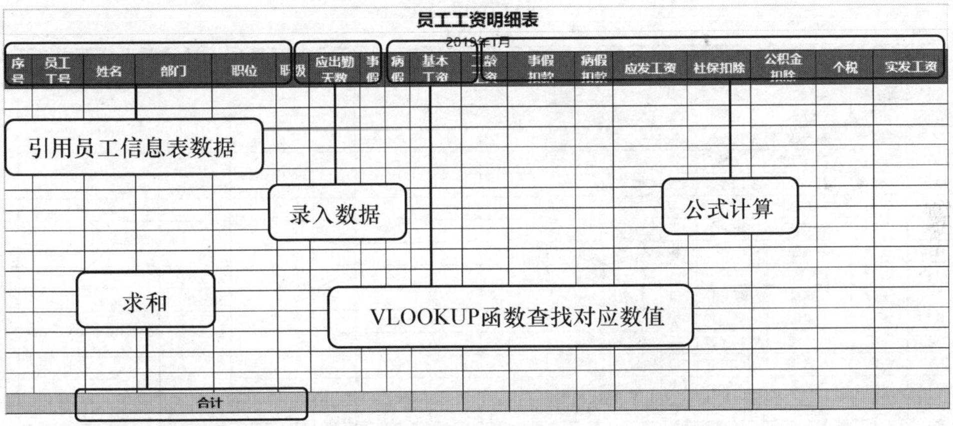

图 5-1-14

步骤一：直接引用员工信息表中的数据。前六个字段与员工信息表中的字段排序一致。选中 A4 单元格，输入公式“＝员工信息表！A4”，按“Enter”键，显示结果。将公式填充到 A4：F18 单元格，前六个字段的数值即会自动生成，如图 5-1-15 所示。

步骤二：录入考勤信息。“应出勤天数”是用于计算每日基本工资的，应出勤天数按月平均工作日天数 21.75 天进行计算。在 G4 单元格中输入“21.75”，使用填充柄功能将数字复制到 G5：G18 单元格。事假、病假数据根据人事行政部门提供的考勤数据，手工录入。最终录入数据如图 5-1-16 所示。

A4 =员工信息表!A4

员工工资明细表

2019年1月

序号	员工工号	姓名	部门	职位	职级	应出勤天数	事假	病假	基本工资	工龄工资	事假扣款	病假扣款	应发工资	社保扣除	公积金扣除	个税	实发工资
1	0001	王大路	总经办	总经理	5级												
2	0005	王海	总经办	助理	3级												
3	0007	顾孟	人事行政部	部门经理	4级												
4	0009	李明	人事行政部	专员	2级												
5	0015	孙婷婷	财务部	部门经理	4级												
6	0060	赵飞	财务部	会计	3级												
7	0040	尤静	财务部	出纳	2级												
8	0031	王兵	采购部	部门经理	4级												
9	0045	孙明	采购部	采购员	2级												
10	0051	王林	采购部	采购员	2级												
11	0020	张海	业务部	业务经理	4级												
12	0029	丁明	业务部	业务主管	3级												
13	0043	朱顺	业务部	业务员	2级												
14	0049	张伟	业务部	业务员	1级												
15	0059	毛平	业务部	业务员	1级												
合计																	

图 5-1-15

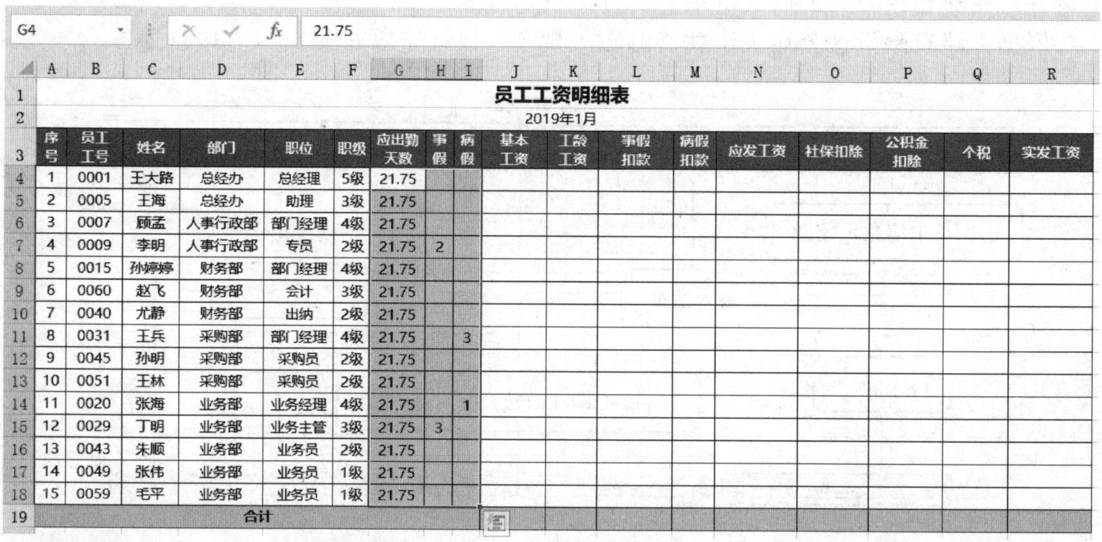

G4 21.75

员工工资明细表

2019年1月

序号	员工工号	姓名	部门	职位	职级	应出勤天数	事假	病假	基本工资	工龄工资	事假扣款	病假扣款	应发工资	社保扣除	公积金扣除	个税	实发工资
1	0001	王大路	总经办	总经理	5级	21.75											
2	0005	王海	总经办	助理	3级	21.75											
3	0007	顾孟	人事行政部	部门经理	4级	21.75											
4	0009	李明	人事行政部	专员	2级	21.75	2										
5	0015	孙婷婷	财务部	部门经理	4级	21.75											
6	0060	赵飞	财务部	会计	3级	21.75											
7	0040	尤静	财务部	出纳	2级	21.75											
8	0031	王兵	采购部	部门经理	4级	21.75		3									
9	0045	孙明	采购部	采购员	2级	21.75											
10	0051	王林	采购部	采购员	2级	21.75											
11	0020	张海	业务部	业务经理	4级	21.75		1									
12	0029	丁明	业务部	业务主管	3级	21.75	3										
13	0043	朱顺	业务部	业务员	2级	21.75											
14	0049	张伟	业务部	业务员	1级	21.75											
15	0059	毛平	业务部	业务员	1级	21.75											
合计																	

图 5-1-16

步骤三：从“员工信息表”中获取“基本工资”和“工龄工资”的数据。使用 VLOOKUP 函数，通过关键词“员工工号”匹配相对应的“基本工资”和“工龄工资”。在 J4 单元格中输入公式“=VLOOKUP(B4,员工信息表！$B$3：$J$18,8,FALSE)”，并将公式填充至 J5：J18 单元格，如图 5-1-17 所示。同理，在 K4 单元格输入公式“=VLOOKUP(B4,员工信息表！$B$3：$J$18,9,FALSE)”，并将公式填充至 K5：K18 单元格，如图 5-1-18 所示。

提示：要注意选取关键词的唯一性。在工资明细表中，员工工号具有唯一性，姓名有重名的可能性，一旦有员工重名，在查找时就会出现问题。

J4　=VLOOKUP(B4,员工信息表!$B$3:$J$18,8,FALSE)

员工工资明细表

2019年1月

序号	员工工号	姓名	部门	职位	职级	应出勤天数	事假	病假	基本工资	工龄工资	事假扣款	病假扣款	应发工资	社保扣除	公积金扣除	个税	实发工资
1	0001	王大路	总经办	总经理	5级	21.75			12000								
2	0005	王海	总经办	助理	3级	21.75			8000								
3	0007	顾孟	人事行政部	部门经理	4级	21.75			10000								
4	0009	李明	人事行政部	专员	2级	21.75	2		6000								
5	0015	孙婷婷	财务部	部门经理	4级	21.75			10000								
6	0060	赵飞	财务部	会计	3级	21.75			8000								
7	0040	尤静	财务部	出纳	2级	21.75			6000								
8	0031	王兵	采购部	部门经理	4级	21.75		3	10000								
9	0045	孙明	采购部	采购员	2级	21.75			6000								
10	0051	王林	采购部	采购员	2级	21.75			6000								
11	0020	张海	业务部	业务经理	4级	21.75		1	10000								
12	0029	丁明	业务部	业务主管	3级	21.75	3		8000								
13	0043	朱顺	业务部	业务员	2级	21.75			6000								
14	0049	张伟	业务部	业务员	1级	21.75			4000								
15	0059	毛平	业务部	业务员	1级	21.75			4000								
合计																	

图 5－1－17

K4　=VLOOKUP(B4,员工信息表!$B$3:$J$18,9,FALSE)

员工工资明细表

2019年1月

序号	员工工号	姓名	部门	职位	职级	应出勤天数	事假	病假	基本工资	工龄工资	事假扣款	病假扣款	应发工资	社保扣除	公积金扣除	个税	实发工资
1	0001	王大路	总经办	总经理	5级	21.75			12000	500							
2	0005	王海	总经办	助理	3级	21.75			8000	500							
3	0007	顾孟	人事行政部	部门经理	4级	21.75			10000	500							
4	0009	李明	人事行政部	专员	2级	21.75	2		6000	300							
5	0015	孙婷婷	财务部	部门经理	4级	21.75			10000	500							
6	0060	赵飞	财务部	会计	3级	21.75			8000	500							
7	0040	尤静	财务部	出纳	2级	21.75			6000	400							
8	0031	王兵	采购部	部门经理	4级	21.75		3	10000	100							
9	0045	孙明	采购部	采购员	2级	21.75			6000	300							
10	0051	王林	采购部	采购员	2级	21.75			6000	400							
11	0020	张海	业务部	业务经理	4级	21.75		1	10000	300							
12	0029	丁明	业务部	业务主管	3级	21.75	3		8000	200							
13	0043	朱顺	业务部	业务员	2级	21.75			6000	100							
14	0049	张伟	业务部	业务员	1级	21.75			4000	100							
15	0059	毛平	业务部	业务员	1级	21.75			4000	100							
合计																	

图 5－1－18

步骤四：通过公式计算事假扣款和病假扣款。根据制度规定，事假按照每日的基本工资扣除，病假每日扣除 50 元。因此，在 L4 单元格中输入公式“＝H4＊ROUND(J4/G4，2)”，并将公式填充至 L5：L18 单元格，如图 5－1－19 所示。M4 单元格中输入公式“＝I4＊50”，并将公式填充至 M5：M18 单元格，如图 5－1－20 所示。

步骤五：计算应发工资。应发工资＝基本工资＋工龄工资－事假扣款－病假扣款。根据规定设置公式即可。因此，在 N4 单元格中设置公式“＝J4＋K4－L4－M4”，并将公式填充至 N5：N18 单元格，如图 5－1－21 所示。

L4 =H4*ROUND(J4/G4,2)

员工工资明细表

2019年1月

序号	员工工号	姓名	部门	职位	职级	应出勤天数	事假	病假	基本工资	工龄工资	事假扣款	病假扣款	应发工资	社保扣除	公积金扣除	个税	实发工资
1	0001	王大路	总经办	总经理	5级	21.75			12000	500	0						
2	0005	王海	总经办	助理	3级	21.75			8000	500	0						
3	0007	顾孟	人事行政部	部门经理	4级	21.75			10000	500	0						
4	0009	李明	人事行政部	专员	2级	21.75	2		6000	300	551.72						
5	0015	孙婷婷	财务部	部门经理	4级	21.75			10000	500	0						
6	0060	赵飞	财务部	会计	3级	21.75			8000	500	0						
7	0040	尤静	财务部	出纳	2级	21.75			6000	400	0						
8	0031	王兵	采购部	部门经理	4级	21.75		3	10000	100	0						
9	0045	孙明	采购部	采购员	2级	21.75			6000	300	0						
10	0051	王林	采购部	采购员	2级	21.75			6000	400	0						
11	0020	张海	业务部	业务经理	4级	21.75		1	10000	300	0						
12	0029	丁明	业务部	业务主管	3级	21.75	3		8000	200	1103.46						
13	0043	朱顺	业务部	业务员	2级	21.75			6000	100	0						
14	0049	张伟	业务部	业务员	1级	21.75			4000	100	0						
15	0059	毛平	业务部	业务员	1级	21.75			4000	100	0						
合计																	

图 5－1－19

M4 =I4*50

员工工资明细表

2019年1月

序号	员工工号	姓名	部门	职位	职级	应出勤天数	事假	病假	基本工资	工龄工资	事假扣款	病假扣款	应发工资	社保扣除	公积金扣除	个税	实发工资
1	0001	王大路	总经办	总经理	5级	21.75			12000	500	0	0					
2	0005	王海	总经办	助理	3级	21.75			8000	500	0	0					
3	0007	顾孟	人事行政部	部门经理	4级	21.75			10000	500	0	0					
4	0009	李明	人事行政部	专员	2级	21.75	2		6000	300	551.72	0					
5	0015	孙婷婷	财务部	部门经理	4级	21.75			10000	500	0	0					
6	0060	赵飞	财务部	会计	3级	21.75			8000	500	0	0					
7	0040	尤静	财务部	出纳	2级	21.75			6000	400	0	0					
8	0031	王兵	采购部	部门经理	4级	21.75		3	10000	100	0	150					
9	0045	孙明	采购部	采购员	2级	21.75			6000	300	0	0					
10	0051	王林	采购部	采购员	2级	21.75			6000	400	0	0					
11	0020	张海	业务部	业务经理	4级	21.75		1	10000	300	0	50					
12	0029	丁明	业务部	业务主管	3级	21.75	3		8000	200	1103.46	0					
13	0043	朱顺	业务部	业务员	2级	21.75			6000	100	0	0					
14	0049	张伟	业务部	业务员	1级	21.75			4000	100	0	0					
15	0059	毛平	业务部	业务员	1级	21.75			4000	100	0	0					
合计																	

图 5－1－20

N4 =J4+K4-L4-M4

员工工资明细表

2019年1月

序号	员工工号	姓名	部门	职位	职级	应出勤天数	事假	病假	基本工资	工龄工资	事假扣款	病假扣款	应发工资	社保扣除	公积金扣除	个税	实发工资
1	0001	王大路	总经办	总经理	5级	21.75			12000	500	0	0	12500				
2	0005	王海	总经办	助理	3级	21.75			8000	500	0	0	8500				
3	0007	顾孟	人事行政部	部门经理	4级	21.75			10000	500	0	0	10500				
4	0009	李明	人事行政部	专员	2级	21.75	2		6000	300	551.72	0	5748.28				
5	0015	孙婷婷	财务部	部门经理	4级	21.75			10000	500	0	0	10500				
6	0060	赵飞	财务部	会计	3级	21.75			8000	500	0	0	8500				
7	0040	尤静	财务部	出纳	2级	21.75			6000	400	0	0	6400				
8	0031	王兵	采购部	部门经理	4级	21.75		3	10000	100	0	150	9950				
9	0045	孙明	采购部	采购员	2级	21.75			6000	300	0	0	6300				
10	0051	王林	采购部	采购员	2级	21.75			6000	400	0	0	6400				
11	0020	张海	业务部	业务经理	4级	21.75		1	10000	300	0	50	10250				
12	0029	丁明	业务部	业务主管	3级	21.75	3		8000	200	1103.46	0	7096.54				
13	0043	朱顺	业务部	业务员	2级	21.75			6000	100	0	0	6100				
14	0049	张伟	业务部	业务员	1级	21.75			4000	100	0	0	4100				
15	0059	毛平	业务部	业务员	1级	21.75			4000	100	0	0	4100				
合计																	

图 5－1－21

步骤六：计算社保扣除和公积金扣除。从“社保缴费明细表”中获取“社保扣除”的数据，使用 VLOOKUP 函数，通过关键词“员工工号”匹配相对应的“社保扣除合计数”。在 O4 单元格中输入公式“＝VLOOKUP(B4,社保缴费明细表！$B$5：$I$19,8,FALSE)”，并将公式填充至 O5：O18 单元格，如图 5－1－22 所示。使用公式计算“公积金扣除数”，在 P4 单元格输入公式“＝ROUND(N4＊8%,2)”，并将公式填充至 P5：P18 单元格，如图 5－1－23 所示。

O4　=VLOOKUP(B4,社保缴费明细表!$B$5:$I$19,8,FALSE)

员工工资明细表

2019年1月

序号	员工工号	姓名	部门	职位	职级	应出勤天数	事假	病假	基本工资	工龄工资	事假扣款	病假扣款	应发工资	社保扣除	公积金扣除	个税	实发工资
1	0001	王大路	总经办	总经理	5级	21.75			12000	500	0	0	12500	1260			
2	0005	王海	总经办	助理	3级	21.75			8000	500	0	0	8500	840			
3	0007	顾孟	人事行政部	部门经理	4级	21.75			10000	500	0	0	10500	1050			
4	0009	李明	人事行政部	专员	2级	21.75	2		6000	300	551.72	0	5748.28	630			
5	0015	孙婷婷	财务部	部门经理	4级	21.75			10000	500	0	0	10500	1050			
6	0060	赵飞	财务部	会计	3级	21.75			8000	500	0	0	8500	840			
7	0040	尤静	财务部	出纳	2级	21.75			6000	400	0	0	6400	630			
8	0031	王兵	采购部	部门经理	4级	21.75		3	10000	100	0	150	9950	1050			
9	0045	孙明	采购部	采购员	2级	21.75			6000	300	0	0	6300	630			
10	0051	王林	采购部	采购员	2级	21.75			6000	400	0	0	6400	630			
11	0020	张海	业务部	业务经理	4级	21.75		1	10000	300	0	50	10250	1050			
12	0029	丁明	业务部	业务主管	3级	21.75	3		8000	200	1103.46	0	7096.54	840			
13	0043	朱顺	业务部	业务员	2级	21.75			6000	100	0	0	6100	630			
14	0049	张伟	业务部	业务员	1级	21.75			4000	100	0	0	4100	420			
15	0059	毛平	业务部	业务员	1级	21.75			4000	100	0	0	4100	420			
合计																	

图 5－1－22

P4　=ROUND(N4*8%,2)

员工工资明细表

2019年1月

序号	员工工号	姓名	部门	职位	职级	应出勤天数	事假	病假	基本工资	工龄工资	事假扣款	病假扣款	应发工资	社保扣除	公积金扣除	个税	实发工资
1	0001	王大路	总经办	总经理	5级	21.75			12000	500	0	0	12500	1260	1000		
2	0005	王海	总经办	助理	3级	21.75			8000	500	0	0	8500	840	680		
3	0007	顾孟	人事行政部	部门经理	4级	21.75			10000	500	0	0	10500	1050	840		
4	0009	李明	人事行政部	专员	2级	21.75	2		6000	300	551.72	0	5748.28	630	459.86		
5	0015	孙婷婷	财务部	部门经理	4级	21.75			10000	500	0	0	10500	1050	840		
6	0060	赵飞	财务部	会计	3级	21.75			8000	500	0	0	8500	840	680		
7	0040	尤静	财务部	出纳	2级	21.75			6000	400	0	0	6400	630	512		
8	0031	王兵	采购部	部门经理	4级	21.75		3	10000	100	0	150	9950	1050	796		
9	0045	孙明	采购部	采购员	2级	21.75			6000	300	0	0	6300	630	504		
10	0051	王林	采购部	采购员	2级	21.75			6000	400	0	0	6400	630	512		
11	0020	张海	业务部	业务经理	4级	21.75		1	10000	300	0	50	10250	1050	820		
12	0029	丁明	业务部	业务主管	3级	21.75	3		8000	200	1103.46	0	7096.54	840	567.72		
13	0043	朱顺	业务部	业务员	2级	21.75			6000	100	0	0	6100	630	488		
14	0049	张伟	业务部	业务员	1级	21.75			4000	100	0	0	4100	420	328		
15	0059	毛平	业务部	业务员	1级	21.75			4000	100	0	0	4100	420	328		
合计																	

图 5－1－23

步骤七：计算个人所得税（以下简称“个税”）。个税采用全年累积预扣预缴法进行计算，涉及数据较多，因此，我们可以单独设计一张表格来计算个税，然后将计算出来的结果通过 VLOOKUP 函数获取数据（个税计算表下面会有详细介绍）。个税计算表完成后，就可再次回到此表，在 Q4 单元格录入公式"＝VLOOKUP(B4,个税计算 1 月!$B$4:$K$18,10,FALSE)"，并将公式填充至 Q5:Q18 单元格区域，如图 5-1-24 所示。

Q4 | =VLOOKUP(B4,个税计算!$B$4:$L$18,11,FALSE)

员工工资明细表

2019年1月

序号	员工工号	姓名	部门	职位	职级	应出勤天数	事假	病假	基本工资	工龄工资	事假扣款	病假扣款	应发工资	社保扣除	公积金扣除	个税	实发工资
1	0001	王大路	总经办	总经理	5级	21.75			12000	500	0	0	12500	1260	1000	157.2	
2	0005	王海	总经办	助理	3级	21.75			8000	500	0	0	8500	840	680	0	
3	0007	顾孟	人事行政部	部门经理	4级	21.75			10000	500	0	0	10500	1050	840	18.3	
4	0009	李明	人事行政部	专员	2级	21.75	2		6000	300	551.72	0	5748.28	630	459.86	0	
5	0015	孙婷婷	财务部	部门经理	4级	21.75			10000	500	0	0	10500	1050	840	78.3	
6	0060	赵飞	财务部	会计	3级	21.75			8000	500	0	0	8500	840	680	29.4	
7	0040	尤静	财务部	出纳	2级	21.75			6000	400	0	0	6400	630	512	7.74	
8	0031	王兵	采购部	部门经理	4级	21.75		3	10000	100	0	150	9950	1050	796	93.12	
9	0045	孙明	采购部	采购员	2级	21.75			6000	300	0	0	6300	630	504	4.98	
10	0051	王林	采购部	采购员	2级	21.75			6000	400	0	0	6400	630	512	7.74	
11	0020	张海	业务部	业务经理	4级	21.75		1	10000	300	0	50	10250	1050	820	89.4	
12	0029	丁明	业务部	业务主管	3级	21.75	3		8000	200	1103.46	0	7096.54	840	567.72	20.66	
13	0043	朱顺	业务部	业务员	2级	21.75			6000	100	0	0	6100	630	488	0	
14	0049	张伟	业务部	业务员	1级	21.75			4000	100	0	0	4100	420	328	0	
15	0059	毛平	业务部	业务员	1级	21.75			4000	100	0	0	4100	420	328	0	
合计																	

图 5-1-24

步骤八：计算实发工资。实发工资＝应发工资－社保扣除－公积金扣除－个税。在 R4 单元格中输入公式"＝N4－O4－P4－Q4"，并将公式填充至 Q5:Q18 单元格区域，如图 5-1-25 所示。

R4 | =N4-O4-P4-Q4

员工工资明细表

2019年1月

序号	员工工号	姓名	部门	职位	职级	应出勤天数	事假	病假	基本工资	工龄工资	事假扣款	病假扣款	应发工资	社保扣除	公积金扣除	个税	实发工资
1	0001	王大路	总经办	总经理	5级	21.75			12000	500	0	0	12500	1260	1000	157.2	10082.8
2	0005	王海	总经办	助理	3级	21.75			8000	500	0	0	8500	840	680	0	6980
3	0007	顾孟	人事行政部	部门经理	4级	21.75			10000	500	0	0	10500	1050	840	18.3	8591.7
4	0009	李明	人事行政部	专员	2级	21.75	2		6000	300	551.72	0	5748.28	630	459.86	0	4658.42
5	0015	孙婷婷	财务部	部门经理	4级	21.75			10000	500	0	0	10500	1050	840	78.3	8531.7
6	0060	赵飞	财务部	会计	3级	21.75			8000	500	0	0	8500	840	680	29.4	6950.6
7	0040	尤静	财务部	出纳	2级	21.75			6000	400	0	0	6400	630	512	7.74	5250.26
8	0031	王兵	采购部	部门经理	4级	21.75		3	10000	100	0	150	9950	1050	796	93.12	8010.88
9	0045	孙明	采购部	采购员	2级	21.75			6000	300	0	0	6300	630	504	4.98	5161.02
10	0051	王林	采购部	采购员	2级	21.75			6000	400	0	0	6400	630	512	7.74	5250.26
11	0020	张海	业务部	业务经理	4级	21.75		1	10000	300	0	50	10250	1050	820	89.4	8290.6
12	0029	丁明	业务部	业务主管	3级	21.75	3		8000	200	1103.46	0	7096.54	840	567.72	20.66	5668.16
13	0043	朱顺	业务部	业务员	2级	21.75			6000	100	0	0	6100	630	488	0	4982
14	0049	张伟	业务部	业务员	1级	21.75			4000	100	0	0	4100	420	328	0	3352
15	0059	毛平	业务部	业务员	1级	21.75			4000	100	0	0	4100	420	328	0	3352
合计																	

图 5-1-25

步骤九：计算各工资项目合计金额。在 J19 单元格中输入公式"＝SUM(J4:J18)"，并将公式填充至 K19:R19 单元格，如图 5-1-26 所示。

J19 =SUM(J4:J18)

员工工资明细表

2019年1月

序号	员工工号	姓名	部门	职位	职级	应出勤天数	事假	病假	基本工资	工龄工资	事假扣款	病假扣款	应发工资	社保扣除	公积金扣除	个税	实发工资
1	0001	王大路	总经办	总经理	5级	21.75			12000	500	0	0	12500	1260	1000	157.2	10082.8
2	0005	王海	总经办	助理	3级	21.75			8000	500	0	0	8500	840	680	0	6980
3	0007	顾孟	人事行政部	部门经理	4级	21.75			10000	500	0	0	10500	1050	840	18.3	8591.7
4	0009	李明	人事行政部	专员	2级	21.75	2		6000	300	551.72	0	5748.28	630	459.86	0	4658.42
5	0015	孙婷婷	财务部	部门经理	4级	21.75			10000	500	0	0	10500	1050	840	78.3	8531.7
6	0060	赵飞	财务部	会计	3级	21.75			8000	500	0	0	8500	840	680	29.4	6950.6
7	0040	尤静	财务部	出纳	2级	21.75			6000	400	0	0	6400	630	512	7.74	5250.26
8	0031	王兵	采购部	部门经理	4级	21.75		3	10000	100	0	150	9950	1050	796	93.12	8010.88
9	0045	孙明	采购部	采购员	2级	21.75			6000	300	0	0	6300	630	504	4.98	5161.02
10	0051	王林	采购部	采购员	2级	21.75			6000	400	0	0	6400	630	512	7.74	5250.26
11	0020	张海	业务部	业务经理	4级	21.75		1	10000	300	0	50	10250	1050	820	89.4	8290.6
12	0029	丁明	业务部	业务主管	3级	21.75	3		8000	200	1103.46	0	7096.54	840	567.72	20.66	5668.16
13	0043	朱顺	业务部	业务员	2级	21.75			6000	100	0	0	6100	630	488	0	4982
14	0049	张伟	业务部	业务员	1级	21.75			4000	100	0	0	4100	420	328	0	3352
15	0059	毛平	业务部	业务员	1级	21.75			4000	100	0	0	4100	420	328	0	3352
合计									114000	4800	1655.18	200	116944.8	11970	9355.58	506.84	95112.4

图 5-1-26

5. 个税计算表

根据2019年个税新政策，个税采用全年累积预扣预缴法进行计算，计算公式如下：

本期应预扣预缴税额=(累计预扣预缴应纳税所得额×预扣率−速算扣除数)−累计减免税额−累计已预扣预缴税额

累计预扣预缴应纳税所得额=累计收入−累计免税收入−累计减除费用−累计专项扣除−累计专项附加扣除−累计依法确定的其他扣除

根据计算公式来设计个税计算表字段，如图5-1-27所示。

个税计算表

2019年1月

序号	员工工号	姓名	累计工资薪金所得额	累计社保扣除	累计公积金扣除	累计专项附加扣除	累计减除费用	累计预缴应纳税所得额	累计应预扣预缴个税	累计已预扣预缴个税	本月应预扣预缴个税
合计											

（图中标注：序号、员工工号、姓名——引用员工信息表数；其余各列——公式计算）

图 5-1-27

步骤一：直接引用员工工资明细表中的数据。前三个字段与员工工资明细表中的字段排序一致。选中A4单元格，输入公式"=工资明细表！A4"，按"Enter"键，显示结果后，将公式填充到A4：C18单元格，前三个字段的数值即会自动生成，如图5-1-28所示。

A4 =工资明细表!A4

个税计算表

2019年1月

序号	员工工号	姓名	累计工资薪金所得额	累计社保扣除	累计公积金扣除	累计专项附加扣除	累计减除费用	累计预缴应纳税所得额	累计应预扣预缴个税	累计已预扣预缴个税	本月应预扣预缴个税
1	0001	王大路									
2	0005	王海									
3	0007	顾孟									
4	0009	李明									
5	0015	孙婷婷									
6	0060	赵飞									
7	0040	尤静									
8	0031	王兵									
9	0045	孙明									
10	0051	王林									
11	0020	张海									
12	0029	丁明									
13	0043	朱顺									
14	0049	张伟									
15	0059	毛平									
合计											

图 5-1-28

步骤二：计算“累计工资薪金所得额”“累计社保扣除”“累计公积金扣除”。何为累计？顾名思义，就是截止到计算当月的所有月份的合计数，由于此处计算的是 1 月份的个税，因此无须累计，填写 1 月相关数据即可，其中“累计工资薪金所得额”是与工资明细表中“应发工资”相对应的。以第 4 行为例，数据可从工资明细表中获取，公式设置如下：

在 D4 单元格输入公式“=VLOOKUP(B4，工资明细表！$B$4：$P$18，13，FALSE)”。

在 E4 单元格输入公式“=VLOOKUP(B4，工资明细表！$B$4：$P$18，14，FALSE)”。

在 F4 单元格输入公式“=VLOOKUP(B4，工资明细表！$B$4：$P$18，15，FALSE)”。

输入公式并下拉到需取值的区域后，最终结果如图 5-1-29 所示。

D4 =VLOOKUP(B4,工资明细表!$B$4:$P$18,13,FALSE)

个税计算表

2019年1月

序号	员工工号	姓名	累计工资薪金所得额	累计社保扣除	累计公积金扣除	累计专项附加扣除	累计减除费用	累计预缴应纳税所得额	累计应预扣预缴个税	累计已预扣预缴个税	本月应预扣预缴个税
1	0001	王大路	12500	1260	1000						
2	0005	王海	8500	840	680						
3	0007	顾孟	10500	1050	840						
4	0009	李明	5748.28	630	459.86						
5	0015	孙婷婷	10500	1050	840						
6	0060	赵飞	8500	840	680						
7	0040	尤静	6400	630	512						
8	0031	王兵	9950	1050	796						
9	0045	孙明	6300	630	504						
10	0051	王林	6400	630	512						
11	0020	张海	10250	1050	820						
12	0029	丁明	7096.54	840	567.72						
13	0043	朱顺	6100	630	488						
14	0049	张伟	4100	420	328						
15	0059	毛平	4100	420	328						
合计											

图 5-1-29

步骤三：计算“累计专项附加扣除”。根据已申报成功的专项附加，直接填列，填写后的结果如图 5 - 1 - 30 所示。

个税计算表

2019年1月

序号	员工工号	姓名	累计工资薪金所得额	累计社保扣除	累计公积金扣除	累计专项附加扣除	累计减除费用	累计预缴应纳税所得额	累计应预扣预缴个税	累计已预扣预缴个税	本月应预扣预缴个税
1	0001	王大路	12500	1260	1000	0					
2	0005	王海	8500	840	680	2000					
3	0007	顾孟	10500	1050	840	3000					
4	0009	李明	5748.28	630	459.86	0					
5	0015	孙婷婷	10500	1050	840	1000					
6	0060	赵飞	8500	840	680	1000					
7	0040	尤静	6400	630	512	0					
8	0031	王兵	9950	1050	796	0					
9	0045	孙明	6300	630	504	0					
10	0051	王林	6400	630	512	0					
11	0020	张海	10250	1050	820	400					
12	0029	丁明	7096.54	840	567.72	0					
13	0043	朱顺	6100	630	488	0					
14	0049	张伟	4100	420	328	0					
15	0059	毛平	4100	420	328	0					
合计											

图 5 - 1 - 30

步骤四：计算“累计减除费用”。累计减除费用为每月 5 000 元，因此，累计减除费用=5 000×当月月份。在 H4 单元格输入公式“=5000 * MONTH（$A$2)”，并将公式填充至 G5：G18 单元格区域，如图 5 - 1 - 31 所示。

个税计算表

2019年1月

序号	员工工号	姓名	累计工资薪金所得额	累计社保扣除	累计公积金扣除	累计专项附加扣除	累计减除费用	累计预缴应纳税所得额	累计应预扣预缴个税	累计已预扣预缴个税	本月应预扣预缴个税
1	0001	王大路	12500	1260	1000	0	5000				
2	0005	王海	8500	840	680	2000	5000				
3	0007	顾孟	10500	1050	840	3000	5000				
4	0009	李明	5748.28	630	459.86	0	5000				
5	0015	孙婷婷	10500	1050	840	1000	5000				
6	0060	赵飞	8500	840	680	1000	5000				
7	0040	尤静	6400	630	512	0	5000				
8	0031	王兵	9950	1050	796	0	5000				
9	0045	孙明	6300	630	504	0	5000				
10	0051	王林	6400	630	512	0	5000				
11	0020	张海	10250	1050	820	400	5000				
12	0029	丁明	7096.54	840	567.72	0	5000				
13	0043	朱顺	6100	630	488	0	5000				
14	0049	张伟	4100	420	328	0	5000				
15	0059	毛平	4100	420	328	0	5000				
合计											

图 5 - 1 - 31

步骤五：计算“累计预缴应纳税所得额”。累计预缴应纳税所得额＝累计工资薪金所得额－累计社保扣除－累计公积金扣除－累计专项附加扣除。这里需要注意，当累计预缴应纳税所得额出现负数时，代表未超过起征点，无须缴纳个税，因此在设置公式时，可以使用 IF 函数。

在 I4 单元格中输入公式“=IF(D4－E4－F4－G4－H4>0,D4－E4－F4－G4－H4,0)”，并复制至 I5：I18 单元格区域，如图 5－1－32 所示。

I4 　=IF(D4-E4-F4-G4-H4>0,D4-E4-F4-G4-H4,0)

个税计算表

2019年1月

序号	员工工号	姓名	累计工资薪金所得额	累计社保扣除	累计公积金扣除	累计专项附加扣除	累计减除费用	累计预缴应纳税所得额	累计应预扣预缴个税	累计已预扣预缴个税	本月应预扣预缴个税
1	0001	王大路	12500	1260	1000	0	5000	5240			
2	0005	王海	8500	840	680	2000	5000	0			
3	0007	顾孟	10500	1050	840	3000	5000	610			
4	0009	李明	5748.28	630	459.86	0	5000	0			
5	0015	孙婷婷	10500	1050	840	1000	5000	2610			
6	0060	赵飞	8500	840	680	1000	5000	980			
7	0040	尤静	6400	630	512	0	5000	258			
8	0031	王兵	9950	1050	796	0	5000	3104			
9	0045	孙明	6300	630	504	0	5000	166			
10	0051	王林	6400	630	512	0	5000	258			
11	0020	张海	10250	1050	820	400	5000	2980			
12	0029	丁明	7096.54	840	567.72	0	5000	688.82			
13	0043	朱顺	6100	630	488	0	5000	0			
14	0049	张伟	4100	420	328	0	5000	0			
15	0059	毛平	4100	420	328	0	5000	0			
合计											

图 5－1－32

步骤六：计算“累计应预扣预缴个税”。累计应预扣预缴个税＝累计预扣预缴应纳税所得额×预扣率－速算扣除数。这里，可使用 MAX 函数来计算个税，在 J4 单元格输入公式“＝ROUND(MAX(I4 * {0.03;0.1;0.2;0.25;0.3;0.35;0.45}－{0;2520;16920;31920;52920;85920;181920}),2)”，并复制至 J5：J18 单元格区域，如图 5－1－33 所示。

J4 　=ROUND(MAX(I4*{0.03;0.1;0.2;0.25;0.3;0.35;0.45}-{0;2520;16920;31920;52920;85920;181920}),2)

个税计算表

2019年1月

序号	员工工号	姓名	累计工资薪金所得额	累计社保扣除	累计公积金扣除	累计专项附加扣除	累计减除费用	累计预缴应纳税所得额	累计应预扣预缴个税	累计已预扣预缴个税	本月应预扣预缴个税
1	0001	王大路	12500	1260	1000	0	5000	5240	157.2		
2	0005	王海	8500	840	680	2000	5000	0	0		
3	0007	顾孟	10500	1050	840	3000	5000	610	18.3		
4	0009	李明	5748.28	630	459.86	0	5000	0	0		
5	0015	孙婷婷	10500	1050	840	1000	5000	2610	78.3		
6	0060	赵飞	8500	840	680	1000	5000	980	29.4		
7	0040	尤静	6400	630	512	0	5000	258	7.74		
8	0031	王兵	9950	1050	796	0	5000	3104	93.12		
9	0045	孙明	6300	630	504	0	5000	166	4.98		
10	0051	王林	6400	630	512	0	5000	258	7.74		
11	0020	张海	10250	1050	820	400	5000	2980	89.4		
12	0029	丁明	7096.54	840	567.72	0	5000	688.82	20.66		
13	0043	朱顺	6100	630	488	0	5000	0	0		
14	0049	张伟	4100	420	328	0	5000	0	0		
15	0059	毛平	4100	420	328	0	5000	0	0		
合计											

图 5－1－33

案例中 J4 单元格为数值 157.2，计算步骤演示：

（1） I4 * {0.03;0.1;0.2;0.25;0.3;0.35;0.45}={157.2,524,1048,1310,1572,1834,2358}（应纳税所得额乘以 7 个等级税率）。

（2） I4 * {0.03;0.1;0.2;0.25;0.3;0.35;0.45}-{0;2520;16920;31920;52920;85920;181920}={157.2,-1996,-15872,-30610,-51348,-84086,-179562}（减去速算扣除数）。

（3） MAX(I4 * {0.03;0.1;0.2;0.25;0.3;0.35;0.45}-{0;2520;16920;31920;52920;85920;181920})=157.2（返回一组值中的最大值，第三步计算结果中 157.2 为最大值）。

（4） ROUND(MAX(I4 * {0.03;0.1;0.2;0.25;0.3;0.35;0.45}-{0;2520;16920;31920;52920;85920;181920}),2)=157.2（四舍五入）。

MAX 函数

说明： 传回一组数值中的最大值。

语法： MAX（number1，number2）。

参数： 数值、参照单元格、单元格范围等。

步骤七：填制“累计已预扣预缴个税”并计算“本月应预扣预缴个税”。“累计已预扣预缴个税”是指该年度本月之前已经预缴的个税合计数，本月是 2019 年 1 月，当年暂未预缴，因此在 K 列填制“0”即可。本月应预扣预缴个税=累计应预扣预缴个税-累计已预扣预缴个税。在 L4 单元格输入公式“=J4-K4”，并将公式填充至 L5：L18 单元格区域，如图 5-1-34 所示。

L4　fx　=J4-K4

	A	B	C	D	E	F	G	H	I	J	K	L
1	个税计算表											
2	2019年1月											
3	序号	员工工号	姓名	累计工资薪金所得额	累计社保扣除	累计公积金扣除	累计专项附加扣除	累计减除费用	累计预缴应纳税所得额	累计应预扣预缴个税	累计已预扣预缴个税	本月应预扣预缴个税
4	1	0001	王大路	12500	1260	1000	0	5000	5240	157.2	0	157.2
5	2	0005	王海	8500	840	680	2000	5000	0	0	0	0
6	3	0007	顾孟	10500	1050	840	3000	5000	610	18.3	0	18.3
7	4	0009	李明	5748.28	630	459.86	0	5000	0	0	0	0
8	5	0015	孙婷婷	10500	1050	840	1000	5000	2610	78.3	0	78.3
9	6	0060	赵飞	8500	840	680	1000	5000	980	29.4	0	29.4
10	7	0040	尤静	6400	630	512	0	5000	258	7.74	0	7.74
11	8	0031	王兵	9950	1050	796	0	5000	3104	93.12	0	93.12
12	9	0045	孙明	6300	630	504	0	5000	166	4.98	0	4.98
13	10	0051	王林	6400	630	512	0	5000	258	7.74	0	7.74
14	11	0020	张海	10250	1050	820	400	5000	2980	89.4	0	89.4
15	12	0029	丁明	7096.54	840	567.72	0	5000	688.82	20.66	0	20.66
16	13	0043	朱顺	6100	630	488	0	5000	0	0	0	0
17	14	0049	张伟	4100	420	328	0	5000	0	0	0	0
18	15	0059	毛平	4100	420	328	0	5000	0	0	0	0
19	合计											

图 5-1-34

步骤八：计算各列合计数。除了使用 SUM 函数进行求和以外，也可以使用快捷键“ALT+=”快速地对当前列的数据进行求和，操作方法：首先，选中 D19：L19 单元格区域，然后按下“ALT＋＝”快捷键，即可快速对当前区域的每一列数据进行求和。最后的结果如图 5－1－35 所示。

D19　=SUM(D4:D18)

	A	B	C	D	E	F	G	H	I	J	K	L
1	个税计算表											
2	2019年1月											
3	序号	员工工号	姓名	累计工资薪金所得额	累计社保扣除	累计公积金扣除	累计专项附加扣除	累计减除费用	累计预缴应纳税所得额	累计应预扣预缴个税	累计已预扣预缴个税	本月应预扣预缴个税
4	1	0001	王大路	12500	1260	1000	0	5000	5240	157.2	0	157.2
5	2	0005	王海	8500	840	680	2000	5000	0	0	0	0
6	3	0007	顾孟	10500	1050	840	3000	5000	610	18.3	0	18.3
7	4	0009	李明	5748.28	630	459.86	0	5000	0	0	0	0
8	5	0015	孙婷婷	10500	1050	840	1000	5000	2610	78.3	0	78.3
9	6	0060	赵飞	8500	840	680	1000	5000	980	29.4	0	29.4
10	7	0040	尤静	6400	630	512	0	5000	258	7.74	0	7.74
11	8	0031	王兵	9950	1050	796	0	5000	3104	93.12	0	93.12
12	9	0045	孙明	6300	630	504	0	5000	166	4.98	0	4.98
13	10	0051	王林	6400	630	512	0	5000	258	7.74	0	7.74
14	11	0020	张海	10250	1050	820	400	5000	2980	89.4	0	89.4
15	12	0029	丁明	7096.54	840	567.72	0	5000	688.82	20.66	0	20.66
16	13	0043	朱顺	6100	630	488	0	5000	0	0	0	0
17	14	0049	张伟	4100	420	328	0	5000	0	0	0	0
18	15	0059	毛平	4100	420	328	0	5000	0	0	0	0
19	合计			116944.8	11970	9355.58	7400	75000	16894.82	506.84	0	506.84

图 5－1－35

任务二　查询与汇总工资表

1. 工资速查

当员工较多时，很难快速在工资明细表中查询到相应的数据，此时可以利用 VLOOKUP 函数建立查询系统，当输入员工姓名后，相对应的工资明细自动生成。

步骤一：新建一张工作表，设计工资速查表，如图 5－2－1 所示。将工资表中字段“姓名”－“实发工资”复制至 A5：P5 单元格。C2 单元格输入员工姓名作为查询对象，查询结果中的工资明细字段通过设置公式进行数据查找。

	A	B	C	D	E	F	G	H	I	J	K	L	M	N	O	P
1	工资速查表															
2	请输入员工姓名															
3																
4	查询结果如下：															
5	姓名	部门	职位	职级	应出勤天数	事假	病假	基本工资	工龄工资	事假扣款	病假扣款	应发工资	社保扣除	公积金扣除	个税	实发工资
6																

图 5－2－1

步骤二：在 A6 单元格中输入公式“＝IF($C$2<>"", VLOOKUP($C$2，工资

明细表！$C$4:$R$18,1,0),"")”，如图 5－2－2 所示。

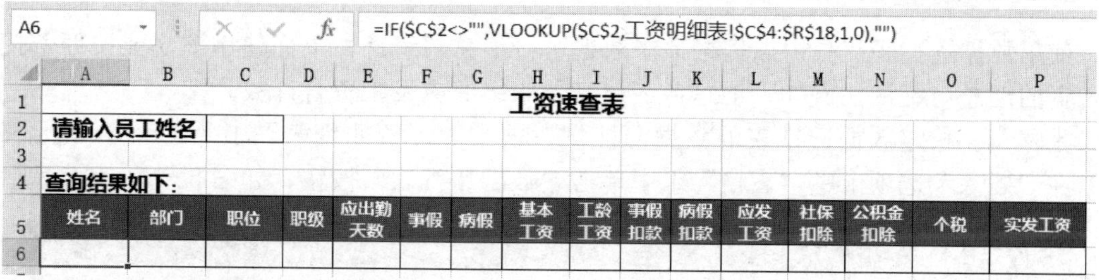

图 5－2－2

IF 函数

说明：一个判断式，可以根据条件判断的结果分别处理。假设单元格的值检验为 TRUE（真）时，执行条件成立时的命令；反之，单元格的值检验为 FALSE（假）时，则执行条件不成立时的命令。

语法：IF（条件，条件成立，条件不成立）。

参数：条件：使用比较运算符的逻辑式设定条件判断式；

条件成立：若符合条件时的处理方式或显示的值；

条件不成立：若不符合条件时的处理方式或显示的值。

步骤三：复制并修改公式。将 A6 单元格中的公式填充至 B6：P6 单元格，并对 B6：P6 单元格中的公式进行逐一修改。B6 单元格的 VLOOKUP 函数中的第 3 个参数修改为“2”，表示返回搜索区域中第 2 列中对应的数据，如图 5－2－3 所示。依此类推，逐一进行修改。

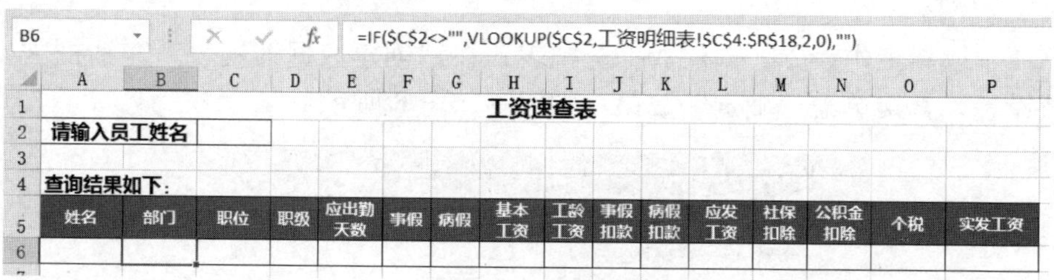

图 5－2－3

步骤四：此时，只需在 C2 单元格输入员工姓名，单击“Enter”键，其他数据即会自动生成。在 C2 单元格中输入姓名“王大路”，单击“Enter”键后，就能快速查询到王大路的工资明细，如图 5－2－4 所示。

图 5－2－4

2. 汇总统计工资数据

使用数据透视表工具可以轻松地对数据进行汇总与统计，下面使用该功能按照部门进行工资的汇总与统计。例如，汇总各部门、各职级的应发工资合计数。

步骤一：指定数据透视表的数据源区域。选中“工资明细表”中 A3：S18 单元格区域，在“插入”选项卡中“表格”组中单击“数据透视表”按钮，如图 5－2－5 所示。

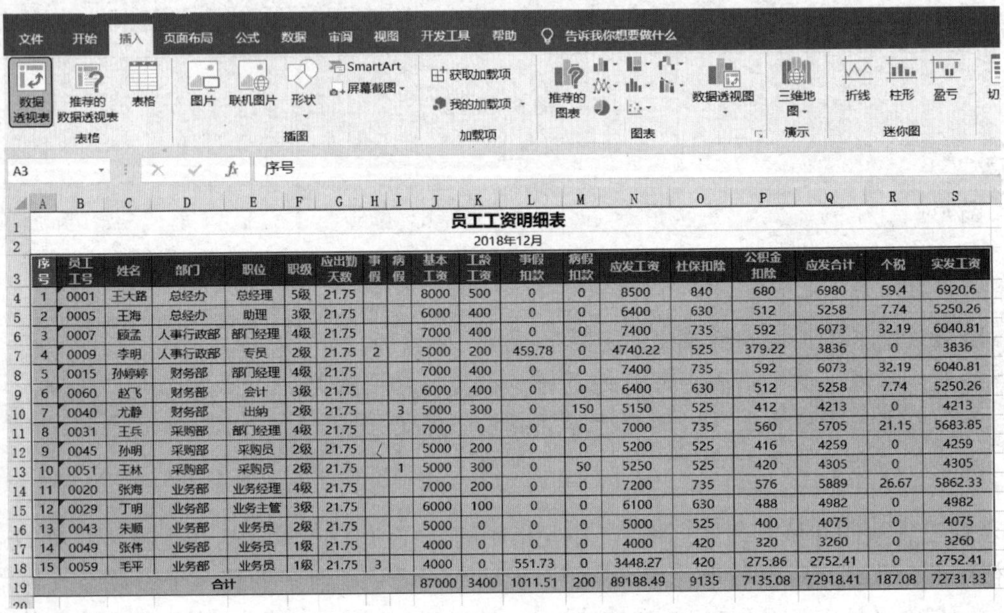

员工工资明细表

2018年12月

序号	员工工号	姓名	部门	职位	职级	应出勤天数	事假	病假	基本工资	工龄工资	事假扣款	病假扣款	应发工资	社保扣除	公积金扣除	应发合计	个税	实发工资
1	0001	王大路	总经办	总经理	5级	21.75			8000	500	0	0	8500	840	680	6980	59.4	6920.6
2	0005	王海	总经办	助理	3级	21.75			6000	400	0	0	6400	630	512	5258	7.74	5250.26
3	0007	顾孟	人事行政部	部门经理	4级	21.75			7000	400	0	0	7400	735	592	6073	32.19	6040.81
4	0009	李明	人事行政部	专员	2级	21.75	2		5000	200	459.78	0	4740.22	525	379.22	3836	0	3836
5	0015	孙婷婷	财务部	部门经理	4级	21.75			7000	400	0	0	7400	735	592	6073	32.19	6040.81
6	0060	赵飞	财务部	会计	3级	21.75			6000	400	0	0	6400	630	512	5258	7.74	5250.26
7	0040	尤静	财务部	出纳	2级	21.75		3	5000	300	0	150	5150	525	412	4213	0	4213
8	0031	王兵	采购部	部门经理	4级	21.75			7000	0	0	0	7000	735	560	5705	21.15	5683.85
9	0045	孙明	采购部	采购员	2级	21.75			5000	200	0	0	5200	525	416	4259	0	4259
10	0051	王林	采购部	采购员	2级	21.75		1	5000	300	0	50	5250	525	420	4305	0	4305
11	0020	张海	业务部	业务经理	4级	21.75			7000	200	0	0	7200	735	576	5889	26.67	5862.33
12	0029	丁明	业务部	业务主管	3级	21.75			6000	100	0	0	6100	630	488	4982	0	4982
13	0043	朱顺	业务部	业务员	2级	21.75			5000	0	0	0	5000	525	400	4075	0	4075
14	0049	张伟	业务部	业务员	1级	21.75			4000	0	0	0	4000	420	320	3260	0	3260
15	0059	毛平	业务部	业务员	1级	21.75	3		4000	0	551.73	0	3448.27	420	275.86	2752.41	0	2752.41
合计									87000	3400	1011.51	200	89188.49	9135	7135.08	72918.41	187.08	72731.33

图 5－2－5

步骤二：以新工作表方式创建数据透视表。在“创建数据透视表”对话框中，默认其中的参数设置，直接单击“确定”按钮，如图 5－2－6 所示。

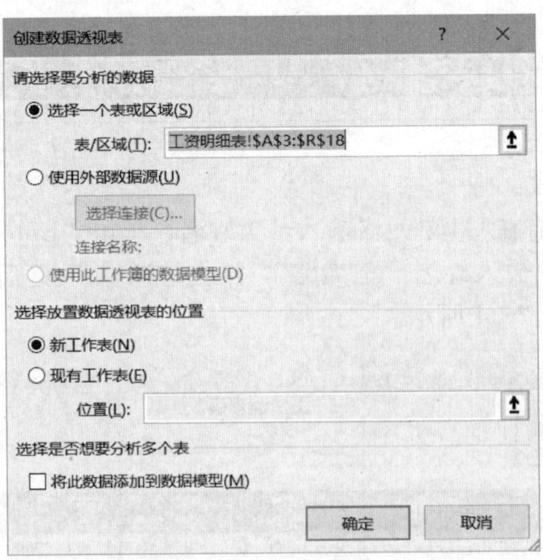

图 5－2－6

步骤三：添加字段。将字段“部门”拖动至“行”，将字段“职级”拖动至“列”，将字段“应发工资”拖动至“值”，此时便可查看各部门、各职级的应发工资的合计情况，如图 5-2-7 所示。

求和项:应发工资	列标签					
行标签	1级	2级	3级	4级	5级	总计
总经办			8500		12500	21000
业务部	8200	6100	7096.54	10250		31646.54
财务部		6400	8500	10500		25400
采购部		12700		9950		22650
人事行政部		5748.28		10500		16248.28
总计	8200	30948.28	24096.54	41200	12500	116944.82

图 5-2-7

任务三　制作工资条

在员工发放工资时，为了让员工确认工资数据，需要发放员工的工资条。工资条中包括工资项目和员工数据，一行工资项目对应一行员工数据。制作工资条，可以通过公式进行设置，也可以通过辅助列进行设置。将“员工工资明细表”调整格式为工资条形式，员工工资明细表如图 5-3-1 所示。

员工工资明细表

2019年1月

序号	员工工号	姓名	部门	职位	职级	应出勤天数	事假	病假	基本工资	工龄工资	事假扣款	病假扣款	应发工资	社保扣除	公积金扣除	个税	实发工资
1	0001	王大路	总经办	总经理	5级	21.75			12000	500	0	0	12500	1260	1000	157.2	10082.8
2	0005	王海	总经办	助理	3级	21.75			8000	500	0	0	8500	840	680	0	6980
3	0007	顾孟	人事行政部	部门经理	4级	21.75			10000	500	0	0	10500	1050	840	18.3	8591.7
4	0009	李明	人事行政部	专员	2级	21.75	2		6000	300	551.72	0	5748.28	630	459.86	0	4658.42
5	0015	孙婷婷	财务部	部门经理	4级	21.75			10000	500	0	0	10500	1050	840	78.3	8531.7
6	0060	赵飞	财务部	会计	3级	21.75			8000	500	0	0	8500	840	680	29.4	6950.6
7	0040	尤静	财务部	出纳	2级	21.75			6000	400	0	0	6400	630	512	7.74	5250.26
8	0031	王兵	采购部	部门经理	4级	21.75		3	10000	100	0	150	9950	1050	796	93.12	8010.88
9	0045	孙明	采购部	采购员	2级	21.75			6000	300	0	0	6300	630	504	4.98	5161.02
10	0051	王林	采购部	采购员	2级	21.75			6000	400	0	0	6400	630	512	7.74	5250.26
11	0020	张海	业务部	业务经理	4级	21.75		1	10000	300	0	50	10250	1050	820	89.4	8290.6
12	0029	丁明	业务部	业务主管	3级	21.75	3		8000	200	1103.46	0	7096.54	840	567.72	20.66	5668.16
13	0043	朱顺	业务部	业务员	2级	21.75			6000	100	0	0	6100	630	488	0	4982
14	0049	张伟	业务部	业务员	1级	21.75			4000	100	0	0	4100	420	328	0	3352
15	0059	毛平	业务部	业务员	1级	21.75			4000	100	0	0	4100	420	328	0	3352
合计									114000	4800	1655.18	200	116944.8	11970	9355.58	506.84	95112.4

图 5-3-1

方法一：通过公式进行设置。

步骤一：新建一张工作表，命名为“工资条（公式设置）”。在 A1 单元格中输入公式“=IF(MOD(ROW(),3)=0,"",IF(MOD(ROW(),3)=1，工资明细表！A$3，INDEX(工资明细表！$A：$S，(ROW()+4)/3+2,COLUMN())))”，单击“Enter”键。

该公式的主要结构为两个 IF 函数，其中一个 IF 函数为另一个 IF 函数的假值参数。公式计算步骤演示：

①IF(MOD(ROW(),3)=0,"")，表示如果当前公式所在行的行号除以 3 的余数为 0，则返回空值。

②IF(MOD(ROW(),3)=1，工资明细表！A$3)，表示如果当前公式所在行的行号除以 3 的余数为 1，则返回“工资明细表”中 A3 单元格的数值，其中行方向绝对引用。

③INDEX(工资明细表！$A:$S,(ROW()+4)/3+2,COLUMN())，表示如果当前公式所在行的行号除以 3 的余数为 2（既不为 0 也不为 1，只能为 2），则返回“工资明细表”中第“(ROW()+4)/3+2”行和第“COLUMN()”列的数值。

如图 5-3-2 所示，A1 单元格是第 1 行第 1 列，代入公式来看结果，MOD（ROW()，3)，即 MOD(1，3)=1，则返回“工资明细表！A$3”，即“工资明细表”工作表中的 A3 单元格数据“序号”。

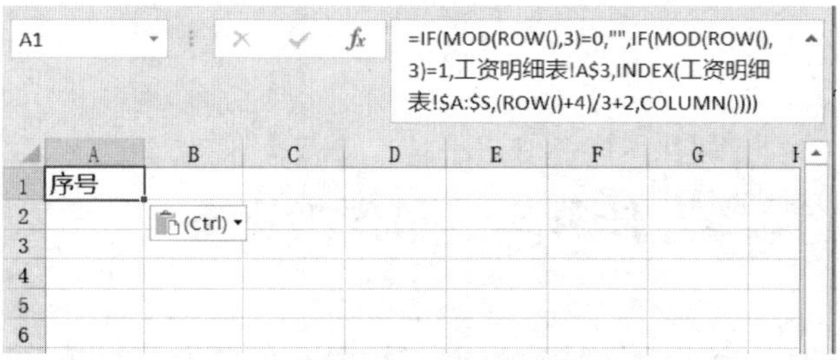

图 5-3-2

MOD 函数

说明：求进行除法运算后的余数。

语法：MOD（被除数，除数）。

参数：第 1 个参数是被除数，第 2 个参数为除数。

ROW 函数和 COLUMN 函数

说明：ROW 函数返回行号，COLUMN 函数返回列号。

语法：ROW（单元格），COLUMN（单元格）。

参数：单元格：指定要取得行号或列号的单元格，若省略输入时，则会返回函数当前所在单元格的行号或列号。

INDEX 函数

说明：返回指定行、列交会的单元格数值。

语法：INDEX（范围，行号，列号）。

参数：范围：指定参照的范围。

行号：用编号指定要返回的是从范围上方数来第几行的值。

列号：用编号指定要返回的是从范围左方数来第几列的值。

步骤二：复制公式。以拖动填充柄的方式，将公式填充拖动至与引用工资表所在数据相同的列位置，继续向下拖动当前填充柄，直至显示所有员工工资条，如图 5－3－3 所示。

A1　=IF(MOD(ROW(),3)=0,"",IF(MOD(ROW(),3)=1,工资明细表!A$3,INDEX(工资明细表!$A:$S,(ROW()+4)/3+2,COLUMN())))

	A	B	C	D	E	F	G	H	I	J	K	L	M	N	O	P	Q	R
1	序号	员工 工	姓名	部门	职位	职级	应出勤天数	事假	病假	基本 工	工龄 工	事假	病假 扣	应发工资	社保扣除	公积金	个税	实发工资
2	1	0001	王大路	总经办	总经理	5级	21.75	0	0	12000	500	0	0	12500	1260	1000	157.2	10082.8
3																		
4	序号	员工 工	姓名	部门	职位	职级	应出勤天数	事假	病假	基本 工	工龄 工	事假	病假 扣	应发工资	社保扣除	公积金	个税	实发工资
5	2	0005	王海	总经办	助理	3级	21.75	0	0	8000	500	0	0	8500	840	680	0	6980
6																		
7	序号	员工 工	姓名	部门	职位	职级	应出勤天数	事假	病假	基本 工	工龄 工	事假	病假 扣	应发工资	社保扣除	公积金	个税	实发工资
8	3	0007	顾孟	人事行政部	部门经理	4级	21.75	0	0	10000	500	0	0	10500	1050	840	18.3	8591.7
9																		
10	序号	员工 工	姓名	部门	职位	职级	应出勤天数	事假	病假	基本 工	工龄 工	事假	病假 扣	应发工资	社保扣除	公积金	个税	实发工资
11	4	0009	李明	人事行政部	专员	2级	21.75	2	0	6000	300	551.72	0	5748.28	630	459.86	0	4658.42
12																		
13	序号	员工 工	姓名	部门	职位	职级	应出勤天数	事假	病假	基本 工	工龄 工	事假	病假 扣	应发工资	社保扣除	公积金	个税	实发工资
14	5	0015	孙婷婷	财务部	部门经理	4级	21.75	0	0	10000	500	0	0	10500	1050	840	78.3	8531.7
15																		
16	序号	员工 工	姓名	部门	职位	职级	应出勤天数	事假	病假	基本 工	工龄 工	事假	病假 扣	应发工资	社保扣除	公积金	个税	实发工资
17	6	0060	赵飞	财务部	会计	3级	21.75	0	0	8000	500	0	0	8500	840	680	29.4	6950.6

图 5－3－3

步骤三：边框设置。添加边框时，工资条之间的空行无须增加边框，逐行去添加边框较为繁琐，这时候就可以使用“条件格式”功能，通过设置条件来添加边框。具体操作步骤如下：

①选中 A1 到最右下方的数据单元格这个范围的单元格区域，单击“开始”选项卡中的“条件格式”—“新建规则”选项。

②在弹出的“新建格式规则”对话框中，选择“使用公式确定要设置格式的单元格”，在编辑规则说明中，“为符合此公式的值设置格式”中输入公式“＝A1<>""”，表示单元格不为空就添加边框。单击“格式”，添加边框，设置完成后，单击“确定”，如图 5－3－4 所示。

图 5－3－4

③返回工作表，此时边框添加完成，最终效果如图 5－3－5 所示。

	A	B	C	D	E	F	G	H	I	J	K	L	M	N	O	P	Q	R
1	序号	员工 工	姓名	部门	职位	职级	应出勤天	事假	病假	基本 工	工龄 工	事假	病假 扣	应发工资	社保扣除	公积金	个税	实发工资
2	1	0001	王大路	总经办	总经理	5级	21.75	0	0	12000	500	0	0	12500	1260	1000	157.2	10082.8
3																		
4	序号	员工 工	姓名	部门	职位	职级	应出勤天	事假	病假	基本 工	工龄 工	事假	病假 扣	应发工资	社保扣除	公积金	个税	实发工资
5	2	0005	王海	总经办	助理	3级	21.75	0	0	8000	500	0	0	8500	840	680	0	6980
6																		
7	序号	员工 工	姓名	部门	职位	职级	应出勤天	事假	病假	基本 工	工龄 工	事假	病假 扣	应发工资	社保扣除	公积金	个税	实发工资
8	3	0007	顾孟	人事行政部	部门经理	4级	21.75	0	0	10000	500	0	0	10500	1050	840	18.3	8591.7
9																		
10	序号	员工 工	姓名	部门	职位	职级	应出勤天	事假	病假	基本 工	工龄 工	事假	病假 扣	应发工资	社保扣除	公积金	个税	实发工资
11	4	0009	李明	人事行政部	专员	2级	21.75	2	0	6000	300	551.72	0	5748.28	630	459.86	0	4658.42
12																		
13	序号	员工 工	姓名	部门	职位	职级	应出勤天	事假	病假	基本 工	工龄 工	事假	病假 扣	应发工资	社保扣除	公积金	个税	实发工资
14	5	0015	孙婷婷	财务部	部门经理	4级	21.75	0	0	10000	500	0	0	10500	1050	840	78.3	8531.7

图 5－3－5

步骤四：根据需求自行调整间距、字体等格式，最终效果如图 5－3－6 所示。

	A	B	C	D	E	F	G	H	I	J	K	L	M	N	O	P	Q	R
1	序号	员工工号	姓名	部门	职位	职级	应出勤天数	事假	病假	基本工资	工龄工资	事假扣款	病假扣款	应发工资	社保扣除	公积金扣除	个税	实发工资
2	1	0001	王大路	总经办	总经理	5级	21.75	0	0	12000	500	0	0	12500	1260	1000	157.2	10082.8
3																		
4	序号	员工工号	姓名	部门	职位	职级	应出勤天数	事假	病假	基本工资	工龄工资	事假扣款	病假扣款	应发工资	社保扣除	公积金扣除	个税	实发工资
5	2	0005	王海	总经办	助理	3级	21.75	0	0	8000	500	0	0	8500	840	680	0	6980
6																		
7	序号	员工工号	姓名	部门	职位	职级	应出勤天数	事假	病假	基本工资	工龄工资	事假扣款	病假扣款	应发工资	社保扣除	公积金扣除	个税	实发工资
8	3	0007	顾孟	人事行政部	部门经理	4级	21.75	0	0	10000	500	0	0	10500	1050	840	18.3	8591.7
9																		
10	序号	员工工号	姓名	部门	职位	职级	应出勤天数	事假	病假	基本工资	工龄工资	事假扣款	病假扣款	应发工资	社保扣除	公积金扣除	个税	实发工资
11	4	0009	李明	人事行政部	专员	2级	21.75	2	0	6000	300	551.72	0	5748.28	630	459.86	0	4658.42
12																		
13	序号	员工工号	姓名	部门	职位	职级	应出勤天数	事假	病假	基本工资	工龄工资	事假扣款	病假扣款	应发工资	社保扣除	公积金扣除	个税	实发工资
14	5	0015	孙婷婷	财务部	部门经理	4级	21.75	0	0	10000	500	0	0	10500	1050	840	78.3	8531.7

图 5－3－6

方法二：通过辅助列进行设置。

步骤一：复制“工资明细表”工作表至一张新的工作表，命名为“工资条（辅助列）”。保留项目标题与员工工资数据，其他表头行和合计行如图 5－3－7 所示。

	A	B	C	D	E	F	G	H	I	J	K	L	M	N	O	P	Q	R
1	序号	员工工号	姓名	部门	职位	职级	应出勤天数	事假	病假	基本工资	工龄工资	事假扣款	病假扣款	应发工资	社保扣除	公积金扣除	个税	实发工资
2	1	0001	王大路	总经办	总经理	5级	21.75			12000	500	0	0	12500	1260	1000	157.2	10082.8
3	2	0005	王海	总经办	助理	3级	21.75			8000	500	0	0	8500	840	680	0	6980
4	3	0007	顾孟	人事行政部	部门经理	4级	21.75			10000	500	0	0	10500	1050	840	18.3	8591.7
5	4	0009	李明	人事行政部	专员	2级	21.75	2		6000	300	551.72	0	5748.28	630	459.86	0	4658.42
6	5	0015	孙婷婷	财务部	部门经理	4级	21.75			10000	500	0	0	10500	1050	840	78.3	8531.7
7	6	0060	赵飞	财务部	会计	3级	21.75			8000	500	0	0	8500	840	680	29.4	6950.6
8	7	0040	尤静	财务部	出纳	2级	21.75			6000	400	0	0	6400	630	512	7.74	5250.26
9	8	0031	王兵	采购部	部门经理	4级	21.75		3	10000	100	0	150	9950	1050	796	93.12	8010.88
10	9	0045	孙明	采购部	采购员	2级	21.75			6000	300	0	0	6300	630	504	4.98	5161.02
11	10	0051	王林	采购部	采购员	2级	21.75			6000	400	0	0	6400	630	512	7.74	5250.26
12	11	0020	张海	业务部	业务经理	4级	21.75		1	10000	300	0	50	10250	1050	820	89.4	8290.6
13	12	0029	丁明	业务部	业务主管	3级	21.75	3		8000	200	1103.46	0	7096.54	840	567.72	20.66	5668.16
14	13	0043	朱顺	业务部	业务员	2级	21.75			6000	100	0	0	6100	630	488	0	4982
15	14	0049	张伟	业务部	业务员	1级	21.75			4000	100	0	0	4100	420	328	0	3352
16	15	0059	毛平	业务部	业务员	1级	21.75			4000	100	0	0	4100	420	328	0	3352

… | 个税计算 | 工资速查表 | 工资分类汇总 | 工资条（公式设置） | 工资条（辅助列）

图 5－3－7

步骤二：插入并复制标题。在第一行下插入 14 行，并将标题复制至第 2～15 行，如图 5－3－8 所示。

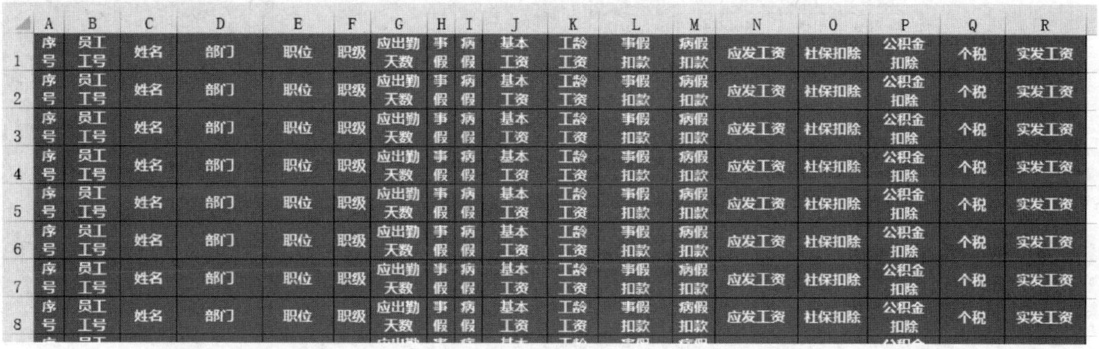

图 5－3－8

步骤三：增加辅助列 S 列。在 S1：S15 单元格区域内填充 1～43，等差为 3 的等差数列。快捷录入方法：分别在 S1：S3 单元格输入“1、4、7”，如图 5－3－9 所示；选中 S1：S3 单元格，拖动填充柄至 S15 单元格，如图 5－3－10 所示。

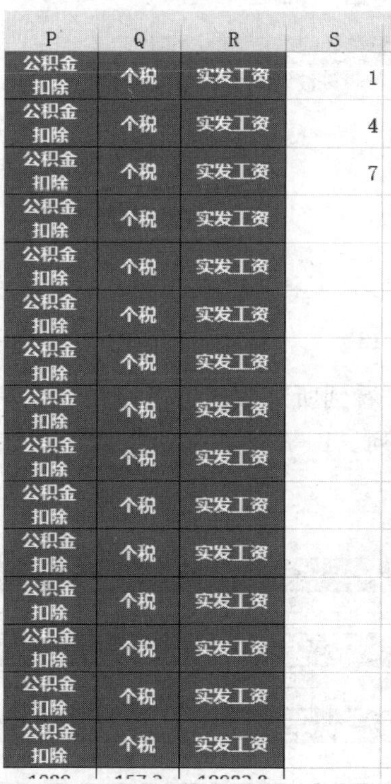

图 5－3－9

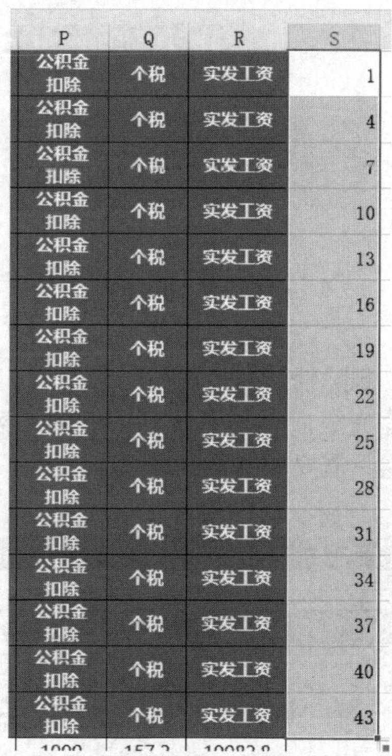

图 5－3－10

步骤四：用同样的方式添加辅助列其他的数据。在 S16：S30 单元格区域内填充 2～44 之间，等差为 3 的等差数列，如图 5－3－11 所示。在 S31：S45 单元格区域内填充 3～45 之间，等差为 3 的等差数列，如图 5－3－12 所示。

P	Q	R	S
1000	157.2	10082.8	2
680	0	6980	5
840	18.3	8591.7	8
459.86	0	4658.42	11
840	78.3	8531.7	14
680	29.4	6950.6	17
512	7.74	5250.26	20
796	93.12	8010.88	23
504	4.98	5161.02	26
512	7.74	5250.26	29
820	89.4	8290.6	32
567.72	20.66	5668.16	35
488	0	4982	38
328	0	3352	41
328	0	3352	44

图 5-3-11

P	Q	R	S
			3
			6
			9
			12
			15
			18
			21
			24
			27
			30
			33
			36
			39
			42
			45

图 5-3-12

步骤五：执行排序命令。选中 A1：S45 单元格区域，单击“数据”选项卡中的“排序和筛选”功能组中的“排序”按钮，弹出“排序”对话框；“主要关键字”下拉列表中选择“列 S”选项，“排序依据”下拉列表中选择“单元格值”选项，“次序”下拉列表中选择“升序”选项，如图 5-3-13 所示，最后单击“确定”。

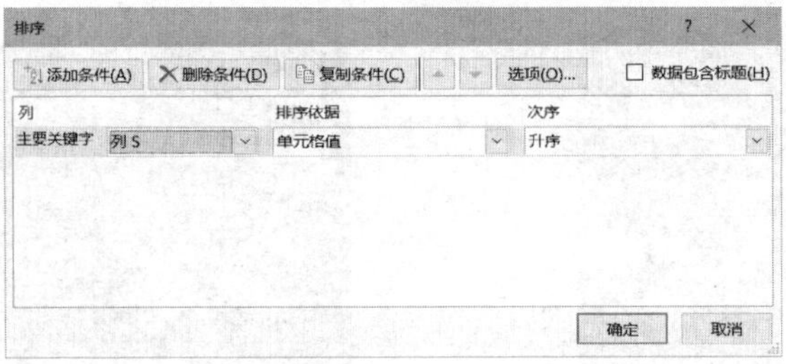

图 5-3-13

步骤六：删除辅助列。返回工作表后，即可看到所有数据按 S 列的数值进行升序排序的结果。排序完成后，选中 S 列，删除 S 列整列。工资条就制作完成了，如图 5-3-14 所示。根据实际需要调整格式即可。

	A	B	C	D	E	F	G	H	I	J	K	L	M	N	O	P	Q	R
1	序号	员工工号	姓名	部门	职位	职级	应出勤天数	事假	病假	基本工资	工龄工资	事假扣款	病假扣款	应发工资	社保扣除	公积金扣除	个税	实发工资
2	1	0001	王大路	总经办	总经理	5级	21.75			12000	500	0	0	12500	1260	1000	157.2	10082.8
3																		
4	序号	员工工号	姓名	部门	职位	职级	应出勤天数	事假	病假	基本工资	工龄工资	事假扣款	病假扣款	应发工资	社保扣除	公积金扣除	个税	实发工资
5	2	0005	王海	总经办	助理	3级	21.75			8000	500	0	0	8500	840	680	0	6980
6																		
7	序号	员工工号	姓名	部门	职位	职级	应出勤天数	事假	病假	基本工资	工龄工资	事假扣款	病假扣款	应发工资	社保扣除	公积金扣除	个税	实发工资
8	3	0007	顾孟	人事行政部	部门经理	4级	21.75			10000	500	0	0	10500	1050	840	18.3	8591.7
9																		
10	序号	员工工号	姓名	部门	职位	职级	应出勤天数	事假	病假	基本工资	工龄工资	事假扣款	病假扣款	应发工资	社保扣除	公积金扣除	个税	实发工资
11	4	0009	李明	人事行政部	专员	2级	21.75	2		6000	300	551.72	0	5748.28	630	459.86	0	4658.42
12																		
13	序号	员工工号	姓名	部门	职位	职级	应出勤天数	事假	病假	基本工资	工龄工资	事假扣款	病假扣款	应发工资	社保扣除	公积金扣除	个税	实发工资
14	5	0015	孙婷婷	财务部	部门经理	4级	21.75			10000	500	0	0	10500	1050	840	78.3	8531.7

图 5-3-14

项目六
Excel 与固定资产管理

固定资产是指企业为生产产品、提供劳务、出租或者经营管理而持有的、使用时间超过 12 个月的、价值达到一定标准的非货币性资产，包括房屋、建筑物、机器、机械、运输工具以及其他与生产经营活动有关的设备、器具、工具等。

每个企业都拥有一定的固定资产，它是企业进行生产经营活动的物质基础，在企业资产中一般都占有很大的比例，对于企业具有非常重要的意义，因此，必须严格有效地管理固定资产。

使用 Excel 编制固定资产卡片，通过固定资产卡片记录固定资产明细，管理固定资产的增加和减少。通过 Excel 的功能，结合常用的固定资产折旧办法，计提固定资产折旧。

任务概况

大路有限责任公司固定资产相关基本信息如下：

(1) 固定资产分类及编码规则：

生产设备——A＋序列号（如 A001/A002/A003）；

办公设备——B＋序列号；

电子设备——C＋序列号；

运输设备——D＋序列号；

(2) 各类固定资产的预计折旧年限、残值率，如表 6－0－1 所示。

表 6－0－1　各类固定资产的预计折旧年限及残值率

类别	折旧年限（年）	残值率（%）
生产设备	5	5
办公设备	3	5
电子设备	3	5
运输设备	4	5

（3）公司日常使用的固定资产共有 10 项，详细信息如表 6-0-2 所示。

表 6-0-2　固定资产明细表

资产编码	名称	类别	部门	开始使用日期	折旧方法	预计使用期限	资产原值（元）
A001	锻造机床	生产设备	铸造车间	2017/12/1	平均年限法	60	1 500 000.00
A002	冲压机床	生产设备	铸造车间	2017/12/1	平均年限法	60	300 000.00
A003	升降维修机台	生产设备	机修车间	2017/12/1	平均年限法	60	300 000.00
A004	电动维修工具套装	生产设备	机修车间	2017/12/1	平均年限法	60	100 000.00
A005	配电设备	生产设备	配电车间	2017/12/1	平均年限法	60	200 000.00
A006	智能监控配电系统	生产设备	配电车间	2007/6/15	平均年限法	60	100 000.00
B001	总经理室组合家具	办公设备	总经办	2017/12/1	平均年限法	36	40 000.00
B002	展览陈列室设备	办公设备	销售部	2017/12/1	平均年限法	36	70 000.00
C001	电脑	电子设备	行政部	2017/12/1	平均年限法	36	7 000.00
D001	轿车	运输工具	行政部	2018/5/1	平均年限法	48	132 000.00

（4）各类固定资产对应科目设置，如图 6-0-3 所示。

表 6-0-3　固定资产对应科目设置

资产类别	固定资产科目
生产设备	固定资产——生产设备
电子设备	固定资产——电子设备
办公设备	固定资产——办公设备
运输工具	固定资产——运输设备

（5）各部门折旧费用分摊科目设置规定，如图 6-0-4 所示。

表 6-0-4　折旧费用分摊科目设置

部门	折旧费用分摊科目
总经办	管理费用——折旧费
行政部	管理费用——折旧费
销售部	销售费用——折旧费
铸造车间	制造费用——折旧费
机修车间	生产成本——辅助生产成本——机修车间——折旧费
配电车间	生产成本——辅助生产成本——配电车间——折旧费

知识点

- 固定资产台账
- 固定资产汇总
- 设置查询功能
- 固定资产折旧计算方法

任务一 固定资产台账

固定资产台账是记录企业固定资产详细情况的原始资料。记录资产台账需要统计好企业的固定资产的使用时间、使用年限、价值等数据。

1. 参数表

参数表，就是用于存放参数的工作表。其功能类似于系统的配置参数，供其他数据表格调用匹配数据。

根据各类固定资产对应科目、各部门折旧费用分摊科目设置的相关规定，设计参数表。注意，参数表中的数据以垂直列进行填制，表格的填写区域无特别的要求，相关参数表放在同一张工作表中的任意位置都可以。

新建一张工作表命名为“参数对照表”，表格内容如图 6－1－1 所示。

	A	B	C	D	E
1	资产类别	固定资产科目		部门	折旧费用分摊科目
2	生产设备	固定资产－生产设备		总经办	管理费用－折旧费
3	电子设备	固定资产－电子设备		行政部	管理费用－折旧费
4	办公设备	固定资产－办公设备		销售部	销售费用－折旧费
5	运输工具	固定资产－运输设备		铸造车间	制造费用－折旧费
6				机修车间	生产成本－辅助生产成本－机修车间－折旧费
7				配电车间	生产成本－辅助生产成本－配电车间－折旧费

图 6－1－1

2. 固定资产台账

固定资产台账是企业记录固定资产情况的表格。具体格式企业可以根据自身的特点自行进行设置。

根据大路有限责任公司关于固定资产的相关规定，新建一张工作表命名为“固定资产台账”，设计字段如图 6－1－2、图 6－1－3 所示。

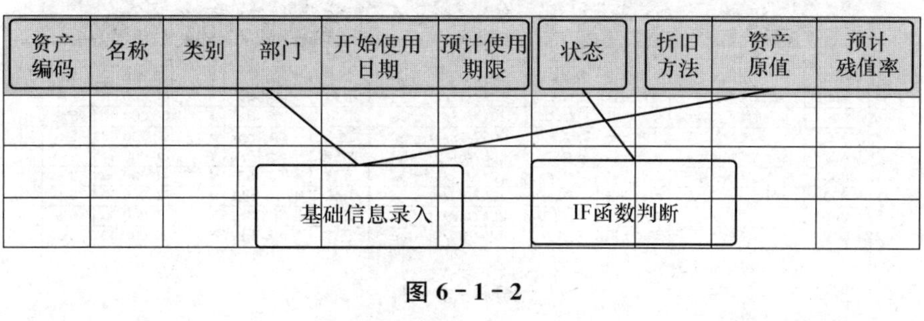

图 6－1－2

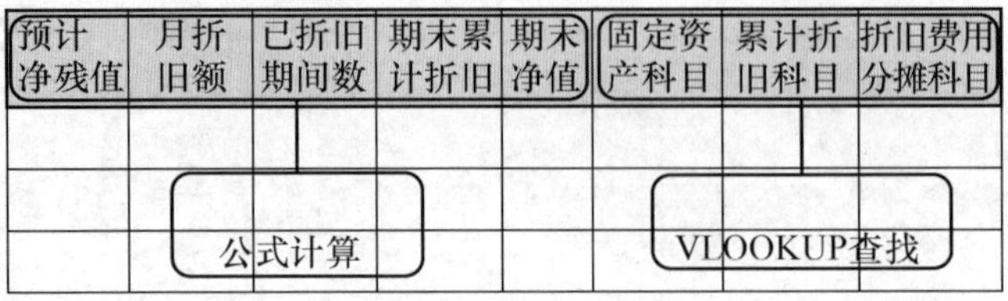

图 6-1-3

步骤一：设计表格，录入表头和字段，如图 6-1-4 所示。“折旧日期”应为当前日期，此日期用于计算“已折旧期间数”。设置格式、字体等不做详细介绍，可自行进行设计。

	A	B	C	D	E	F	G	H	I	J	K	L	M	N	O	P	Q	R
1	固定资产台账																	
2	折旧日期	2019年3月28日																
3	资产编码	名称	类别	部门	开始使用日期	预计使用期限	状态	折旧方法	资产原值	预计残值率	预计净残值	月折旧	已折旧期间数	期末累计折旧	期末净值	固定资产科目	累计折旧科目	折旧费用分摊科目
4																		
5																		
6																		

图 6-1-4

步骤二：根据“固定资产明细表”录入基础信息。在录入基础数据时，要根据字段特点设置公式或格式，具体要求如下：

①通过设置公式自动生成数据，从而提高数据准确性。如根据公司规定，“资产编码”的首字母是根据“类别”设置的。因此，字段“类别”的数值可根据录入的“资产编码”通过设置 IF 函数自动生成。以 C4 单元格为例，录入公式“=IF(LEFT(A4,1)="A","生产设备",IF(LEFT(A4,1)="B","办公设备",IF(LEFT(A4,1)="C","电子设备",IF(LEFT(A4,1)="D","运输工具",“”))))”，此时，即为根据 A4 单元格值中的第一个字符判断 C4 单元格中的值。

②根据字段特点设置单元格格式，如“开始使用日期”，设置日期格式；“资产原值”设置会计专用格式；“预计残值率”设置百分比格式。

③为了规范录入的内容，进行数据有效性设置。如“部门”可根据公司规定，设置数据有效性，从而规范数据录入。

④状态：根据使用期限，判断当月所属期该固定资产是否处于使用期限内。可通过设置 IF 函数进行判断，以 G4 单元为例，输入公式“=IF((DAYS360(E4,$C$2)/365*12)<F4,"正常","非正常")”，返回的结果以“正常”或“非正常”作为判断结果。

最终录入基础数据如图 6-1-5 所示。

	A	B	C	D	E	F	G	H	I	J
1										
2		折旧日期	2019年3月28日							
3	资产编码	名称	类别	部门	开始使用日期	预计使用期限	状态	折旧方法	资产原值	预计残值率
4	A001	锻造机床	生产设备	铸造车间	2017/12/1	60	正常	平均年限法	¥ 1,500,000.00	5%
5	A002	冲压机床	生产设备	铸造车间	2017/12/1	60	正常	平均年限法	¥ 300,000.00	5%
6	A003	升降维修机台	生产设备	机修车间	2017/12/1	60	正常	平均年限法	¥ 300,000.00	5%
7	A004	电动维修工具套装	生产设备	机修车间	2017/12/1	60	正常	平均年限法	¥ 100,000.00	5%
8	A005	配电设备	生产设备	配电车间	2017/12/1	60	正常	平均年限法	¥ 200,000.00	5%
9	A006	智能监控配电系统	生产设备	配电车间	2007/6/15	60	非正常	平均年限法	¥ 100,000.00	5%
10	B001	总经理室组合家具	办公设备	总经办	2017/12/1	36	正常	平均年限法	¥ 40,000.00	5%
11	B002	展览陈列室设备	办公设备	销售部	2017/12/1	36	正常	平均年限法	¥ 70,000.00	5%
12	C001	电脑	电子设备	行政部	2017/12/1	36	正常	平均年限法	¥ 7,000.00	5%
13	D001	轿车	运输工具	行政部	2018/5/1	48	正常	平均年限法	¥ 132,000.00	5%

图 6-1-5

LEFT 函数

说明：从字符串的左端取得指定字数的字符。

语法：LEFT（字符串，字数）。

参数：

字符串：指定要取得的字符串或包含字符串的单元格；

字数：字符串中指定要取得的字数，必须大于或等于 0。如大于字符串的长度，则返回所有字符；如省略则默认值为 1。

DAYS360 函数

说明：按照一年 360 天的算法（每个月以 30 天计，一年共计 12 个月），返回两日期间相差的天数。

语法：DAYS360（起始日期，结束日期）。

参数：如果起始日期发生在结束日期之后，则 DAYS360 会传回负数值。

步骤三：通过公式设置，进行计算。以第 4 行为例，依次设置 K4：O4 单元格的公式。

①预计净残值＝资产原值×预计残值率。K4 单元格设置公式为“＝I4＊J4”。

②月折旧额＝(资产原值－净残值)/预计使用期限。L4 单元格设置公式为“＝SLN（I4，K4，F4)”。

③已折旧期间数，指固定资产自开始使用日期起至制表当月，已计提折旧的月份。如已超过预计使用期限，状态是“非正常”，也无需再进行折旧，以符号“－”予以标注即可。M4 单元格设置公式为“＝IF(G4＝"正常",DATEDIF(E4,$C$2,"m"),"－")”。

④期末累计折旧＝月折旧额×已折旧期间数。N4 单元格设置公式为“＝L4＊M4”。

⑤期末净值＝资产原值－期末累计折旧。O4 单元格设置公式为“＝I4－N4”。

最终计算取得的数据如图 6－1－6 所示。

	F	G	H	I	J	K	L	M	N	O
1	固定资产台账									
2										
3	预计使用期限	状态	折旧方法	资产原值	预计残值率	预计净残值	月折旧	已折旧期间数	期末累计折旧	期末净值
4	60	正常	平均年限法	¥ 1,500,000.00	5%	¥ 75,000.00	¥ 23,750.00	15	¥ 356,250.00	¥ 1,143,750.00
5	60	正常	平均年限法	¥ 300,000.00	5%	¥ 15,000.00	¥ 4,750.00	15	¥ 71,250.00	¥ 228,750.00
6	60	正常	平均年限法	¥ 300,000.00	5%	¥ 15,000.00	¥ 4,750.00	15	¥ 71,250.00	¥ 228,750.00
7	60	正常	平均年限法	¥ 100,000.00	5%	¥ 5,000.00	¥ 1,583.33	15	¥ 23,750.00	¥ 76,250.00
8	60	正常	平均年限法	¥ 200,000.00	5%	¥ 10,000.00	¥ 3,166.67	15	¥ 47,500.00	¥ 152,500.00
9	60	非正常	平均年限法	¥ 100,000.00	5%	¥ 5,000.00	¥ 1,583.33	-	#VALUE!	#VALUE!
10	36	正常	平均年限法	¥ 40,000.00	5%	¥ 2,000.00	¥ 1,055.56	15	¥ 15,833.33	¥ 24,166.67
11	36	正常	平均年限法	¥ 70,000.00	5%	¥ 3,500.00	¥ 1,847.22	15	¥ 27,708.33	¥ 42,291.67
12	36	正常	平均年限法	¥ 7,000.00	5%	¥ 350.00	¥ 184.72	15	¥ 2,770.83	¥ 4,229.17
13	48	正常	平均年限法	¥ 132,000.00	5%	¥ 6,600.00	¥ 2,612.50	10	¥ 26,125.00	¥ 105,875.00

图 6－1－6

SLN 函数

说明：基于平均年限法计算固定资产的折旧额。

语法：SLN(资产原值,预计净残值,预计使用期限)。

参数：预计使用期限如以年为单位，返回的则是年折旧额；如以月为单位，返回的则是月折旧额。

DATEDIF 函数

说明：求两个日期之间的天数、月数或年数。

语法：DATEDIF（起始日期,结束日期,单位)。

参数：

起始日期：代表期间的开始日期；

结束日期：代表期间的结束日期；

单位：显示的数据类型，Y（完整年数)、M（完整月数)、D（完整天数)、YM（未满一年的月数)、YD（未满一年的天数)、MD（未满一月的天数)。

步骤四：通过 VLOOKUP 函数查找对应值。以第 4 行为例，依次设置 P4：R4 单元格的公式。

①根据“资产类别”查找“固定资产科目”。P4 单元格设置公式为“＝VLOOKUP(C4,参数对照表!A:B,2,0)”。

②“累计折旧科目”都计入到“累计折旧”，无须设置，直接录入即可。

③根据“部门”查找“折旧费用分摊科目”。R4 单元格设置公式为“＝VLOOKUP(D4,参数对照表!D:E,2,0)”。

最终录入的基础数据，如图 6－1－7 所示。

	P	Q	R
1			
2			
3	固定资产科目	累计折旧科目	折旧费用分摊科目
4	固定资产 - 生产设备	累计折旧	制造费用 - 折旧费
5	固定资产 - 生产设备	累计折旧	制造费用 - 折旧费
6	固定资产 - 生产设备	累计折旧	生产成本 - 辅助生产成本 - 机修车间 - 折旧费
7	固定资产 - 生产设备	累计折旧	生产成本 - 辅助生产成本 - 机修车间 - 折旧费
8	固定资产 - 生产设备	累计折旧	生产成本 - 辅助生产成本 - 配电车间 - 折旧费
9	固定资产 - 生产设备	累计折旧	生产成本 - 辅助生产成本 - 配电车间 - 折旧费
10	固定资产 - 办公设备	累计折旧	管理费用 - 折旧费
11	固定资产 - 办公设备	累计折旧	销售费用 - 折旧费
12	固定资产 - 电子设备	累计折旧	管理费用 - 折旧费
13	固定资产 - 运输设备	累计折旧	管理费用 - 折旧费
14			

图 6－1－7

任务二 固定资产的查询与数据汇总

1. 固定资产的查询

当企业的固定资产较多时，如果逐一寻找起来会十分不方便。这时候，就可以利用筛选功能进行快速查找。

（1）按类别查找固定资产。

例如，查找类别为“生产设备”的固定资产的相关信息。可通过“筛选”功能实现查询。

步骤一：选中C3及以下的所有单元格，单击“数据”选项卡下的“筛选”按钮，如图6-2-1所示。可以看到，“类别”项里会多出一个下拉框。

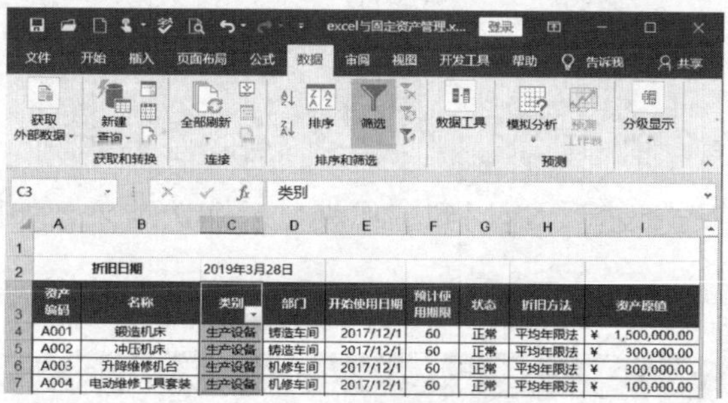

图6-2-1

步骤二：单击“数据”下拉框，在下拉框中只选择“生产设备”复选框，单击“确定”按钮，如图6-2-2所示。这时，就会筛选出所有生产设备类固定资产，如图6-2-3所示。

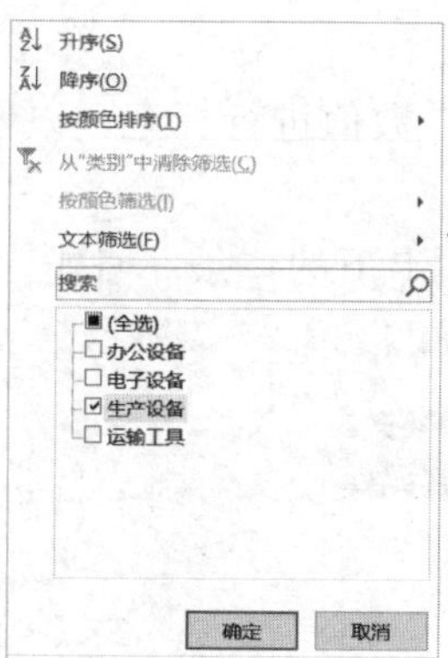

图6-2-2

图6-2-3

（2）按价值段查找固定资产。

例如，想查询价值为10～50万元的固定资产。同样可通过“筛选”功能实现查询。

步骤一：选中单元格I3及以下的所有单元格，单击“数据”选项卡下的“筛选”按钮。可以看到，“资产原值”项里会多出一个下拉框。

步骤二：单击“资产原值”下拉框，在下拉框中选择“数字筛选”选项，然后点击“介于”选项，如图 6－2－4 所示。

步骤三：在弹出的“自定义自动筛选方式”对话框中，“大于或等于”后输入“100000”，“小于或等于”后输入“500000”，然后单击“确认”，如图 6－2－5 所示。

图 6－2－4

图 6－2－5

步骤四：此时完成筛选设置，返回到工作表显示筛选结果，如图 6－2－6 所示。

	A	B	C	D	E	F	G	H	I
1									
2		折旧日期	2019年3月28日						
3	资产编码	名称	类别	部门	开始使用日期	预计使用期限	状态	折旧方法	资产原值
5	A002	冲压机床	生产设备	铸造车间	2017/12/1	60	正常	平均年限法	¥ 300,000.00
6	A003	升降维修机台	生产设备	机修车间	2017/12/1	60	正常	平均年限法	¥ 300,000.00
7	A004	电动维修工具套装	生产设备	机修车间	2017/12/1	60	正常	平均年限法	¥ 100,000.00
8	A005	配电设备	生产设备	配电车间	2017/12/1	60	正常	平均年限法	¥ 200,000.00
9	A006	智能监控配电系统	生产设备	配电车间	2007/6/15	60	非正常	平均年限法	¥ 100,000.00
13	D001	轿车	运输工具	行政部	2018/5/1	48	正常	平均年限法	¥ 132,000.00
14									

图 6－2－6

（3）标记固定资产数据项。

在固定资产管理过程中，有时需要将某个范围内的固定资产数值进行标记，以便更快地识别到数据。例如，将“非正常”状态的固定资产进行标记。

步骤一：选中 G3 及以下的所有单元格，单击“开始”选项卡下的“条件格式”按钮，选择“突出显示单元格规则”选项，然后选择“等于”选项，如图 6－2－7 所示。

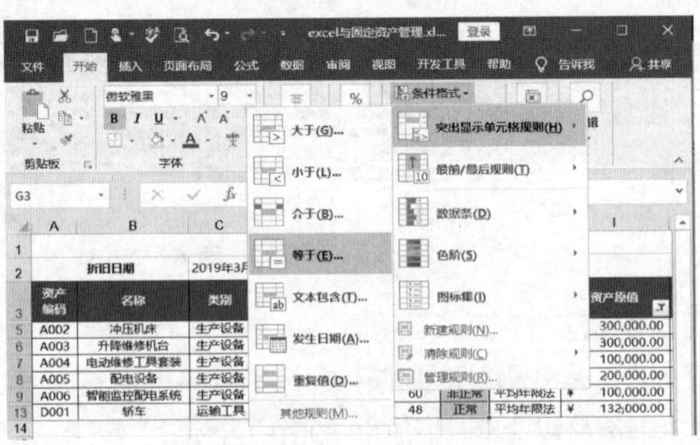

图 6－2－7

步骤二：在弹出的“等于”对话框中，将等于值设置为“非正常”，并将效果设置为“浅红填充色深红色文本”格式，然后单击“确定”按钮，如图 6－2－8 所示。

步骤三：此时完成设置，返回到工作表显示结果，状态为“非正常”的单元格格式已发生变化，如图 6－2－9 所示。

图 6－2－8

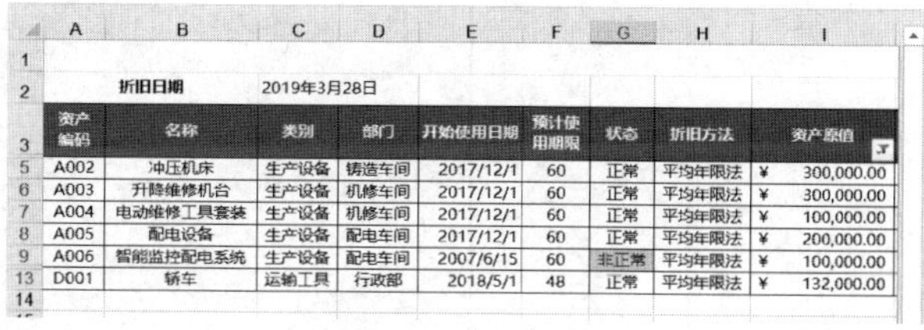

资产编码	名称	类别	部门	开始使用日期	预计使用期限	状态	折旧方法	资产原值
A002	冲压机床	生产设备	铸造车间	2017/12/1	60	正常	平均年限法	¥ 300,000.00
A003	升降维修机台	生产设备	机修车间	2017/12/1	60	正常	平均年限法	¥ 300,000.00
A004	电动维修工具套装	生产设备	机修车间	2017/12/1	60	正常	平均年限法	¥ 100,000.00
A005	配电设备	生产设备	配电车间	2017/12/1	60	正常	平均年限法	¥ 200,000.00
A006	智能监控配电系统	生产设备	配电车间	2007/6/15	60	非正常	平均年限法	¥ 100,000.00
D001	轿车	运输工具	行政部	2018/5/1	48	正常	平均年限法	¥ 132,000.00

图 6－2－9

2. 固定资产的数据汇总

每月月末计提折旧时，需要根据不同部门分别计提折旧，计入到相对应的科目中。此时，可以通过数据透视表进行数据的分类汇总。

例如，2019 年 3 月 28 日，按折旧费用分摊科目汇总当月计提本月折旧合计金额。

步骤一：选中“固定资产台账”工作表中 A3：R13 单元格区域，选择“插入”选项卡下的“数据透视表”，在弹出的“创建数据透视表”对话框中，“选择一个表或区域”会默认引用当前已有数据区域；在“选择放置数据透视表的位置”下选择“现有工作表”复选框，并在位置中选择 B17 单元格，然后单击“确定”按钮，如图 6－2－10 所示。

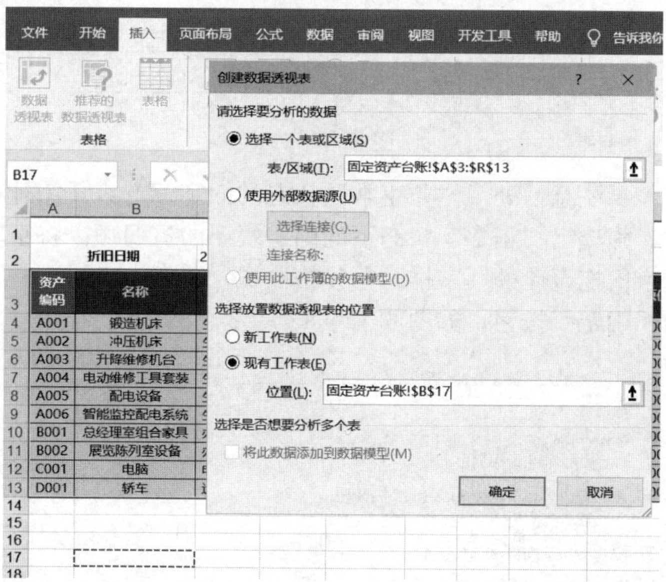

图 6－2－10

步骤二：此时，工作表中选定的位置即会出现“数据透视表”的向导空表，最为便捷直观的方式，就是将对应的字段拖动至对应位置，数据就会自动生成，如图 6－2－11 所示。

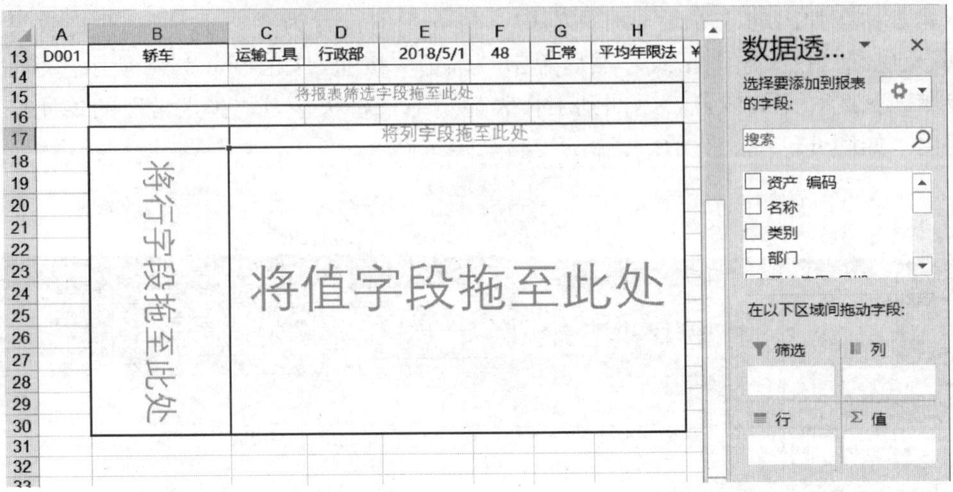

图 6－2－11

步骤三：将字段“折旧费用分摊科目”选中拖动至“将行字段拖至此处”字样的单元格区域，同理，将字段“部门”选中拖动至“将列字段拖至此处”字样的单元格区域，将字段“月折旧额”选中拖动至“将值字段拖至此处”字样的单元格区域。此时，“数据透视表”即会自动生成相关数据，如图 6－2－12 所示。

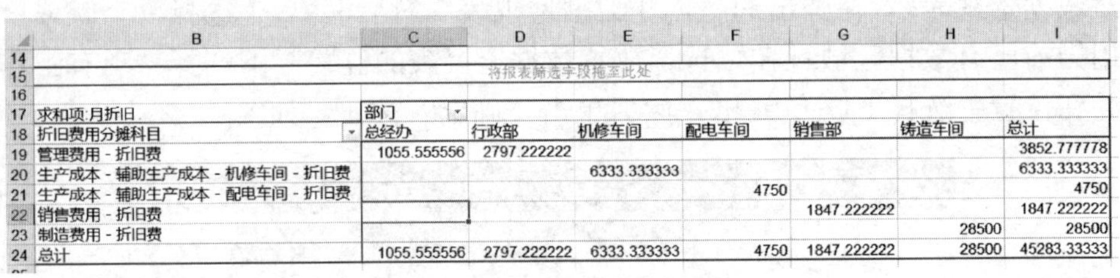

求和项:月折旧	部门						
折旧费用分摊科目	总经办	行政部	机修车间	配电车间	销售部	铸造车间	总计
管理费用－折旧费	1055.555556	2797.222222					3852.777778
生产成本－辅助生产成本－机修车间－折旧费			6333.333333				6333.333333
生产成本－辅助生产成本－配电车间－折旧费				4750			4750
销售费用－折旧费					1847.222222		1847.222222
制造费用－折旧费						28500	28500
总计	1055.555556	2797.222222	6333.333333	4750	1847.222222	28500	45283.33333

图 6－2－12

步骤四：此处需要注意，处于“非正常”状态的固定资产，无需计提折旧，因此需要通过设置筛选条件，筛选出“正常”状态下的固定资产的折旧额。将字段“状态”选中拖动至“将报表筛选字段拖至此处”字样的单元格区域，单击 C15 单元格下拉框按钮，选中“正常”，然后单击“确定”按钮，如图 6－2－13 所示。

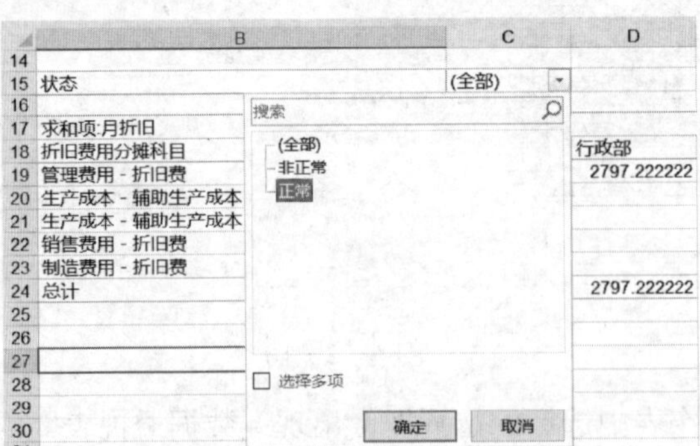

图 6－2－13

步骤五：此时，返回工作表，即会生成固定资产在“正常”使用状态下的汇总数据，如图 6－2－14 所示。

	B	C	D	E	F	G	H	I
14								
15	状态	正常						
16								
17	求和项:月折旧	部门						
18	折旧费用分摊科目	总经办	行政部	机修车间	配电车间	销售部	铸造车间	总计
19	管理费用 - 折旧费	1055.555556	2797.222222					3852.777778
20	生产成本 - 辅助生产成本 - 机修车间 - 折旧费			6333.333333				6333.333333
21	生产成本 - 辅助生产成本 - 配电车间 - 折旧费				3166.666667			3166.666667
22	销售费用 - 折旧费					1847.222222		1847.222222
23	制造费用 - 折旧费						28500	28500
24	总计	1055.555556	2797.222222	6333.333333	3166.666667	1847.222222	28500	43700
25								

图 6－2－14

任务三　计算固定资产折旧值

企业应当在固定资产的使用寿命内，按照确定的方法对应计折旧额进行系统分摊。注意：固定资产的折旧方法、使用寿命、预计净残值一经确定，就不得随意变更。

在会计实务中，计提固定资产折旧一般是按月计提折旧的，当月增加的固定资产当月不计提折旧，从下月开始计提折旧；当月减少的固定资产当月照常计提折旧，从下月起不再计提折旧；固定资产提足折旧后，无论能否继续使用，均不再计提折旧；提前报废的固定资产也不需要计提折旧。

企业应当根据与固定资产有关的经济利益的预期实现方式，合理选择固定资产折旧方法。可选用的折旧方法包括平均年限法（又称直线法）、双倍余额递减法和年数总和法。

1. 平均年限法

平均年限法，是根据固定资产的原值、预计净残值和预计使用年限来计算折旧额的一种方法，采用这种方法计算的每期折旧额是相等的。

年折旧额＝(原值－净残值)÷使用年限

账面价值＝原值－累计折旧

例如，2018 年 5 月 1 日，企业购入生产设备一台，原值 100 000 元，预计使用年限为 5 年，预计净残值率 5%，预计净残值 5 000 元，折旧方法采用平均年限法。根据要求计算各年份的折旧额、累计折旧和账面余额。具体步骤如下所示。

步骤一：根据要求设计表格。新建工作表命名为“平均年限法”，A1：D2 单元格用于录入基础数据，A5：D10 单元格用于计算相关数据，如图 6－3－1 所示。

步骤二：根据要求录入基础数据，直接录入即可，其中预计净残值可进行公式设置，在 C2 单元格中输入公式“＝A2＊B2”，结果如图 6－3－2 所示。

原值	预计残值率	预计净残值	预计使用年限
平均年限法计算折旧			
年限	年折旧额	累计折旧	账面价值
1			
2			
3			
4			
5			

图 6-3-1

C2 =A2*B2

原值	预计残值率	预计净残值	预计使用年限
¥100,000.00	5%	¥5,000.00	5
平均年限法计算折旧			
年限	年折旧额	累计折旧	账面价值
1			
2			
3			
4			
5			

图 6-3-2

步骤三：计算年折旧额。使用 SLN() 函数计算。以 B6 单元格为例，输入公式“=SLN($A$2,$C$2,$D$2)”，并将公式填充至 B7：B10 单元格，如图 6-3-3 所示。

B6 =SLN($A$2,$C$2,$D$2)

原值	预计残值率	预计净残值	预计使用年限
¥100,000.00	5%	¥5,000.00	5
平均年限法计算折旧			
年限	年折旧额	累计折旧	账面价值
1	¥19,000.00		
2	¥19,000.00		
3	¥19,000.00		
4	¥19,000.00		
5	¥19,000.00		

图 6-3-3

步骤四：计算累计折旧。在 C6 单元格中输入公式“=SUM($B$6:B6)”即可，然后将公式填充至 C7：C10 单元格，如图 6-3-4 所示。

C6 =SUM($B$6:B6)

原值	预计残值率	预计净残值	预计使用年限
¥100,000.00	5%	¥5,000.00	5
平均年限法计算折旧			
年限	年折旧额	累计折旧	账面价值
1	¥19,000.00	¥19,000.00	
2	¥19,000.00	¥38,000.00	
3	¥19,000.00	¥57,000.00	
4	¥19,000.00	¥76,000.00	
5	¥19,000.00	¥95,000.00	

图 6-3-4

步骤五：计算账面价值。在 D6 单元格中输入公式“=$A$2−C6”，并将公式填充至 D7：D10 单元格，如图 6-3-5 所示。

D6 =$A$2-C6

	A	B	C	D
1	原值	预计残值率	预计净残值	预计使用年限
2	¥100,000.00	5%	¥5,000.00	5
3				
4	平均年限法计算折旧			
5	年限	年折旧额	累计折旧	账面价值
6	1	¥19,000.00	¥19,000.00	¥81,000.00
7	2	¥19,000.00	¥38,000.00	¥62,000.00
8	3	¥19,000.00	¥57,000.00	¥43,000.00
9	4	¥19,000.00	¥76,000.00	¥24,000.00
10	5	¥19,000.00	¥95,000.00	¥5,000.00

图 6-3-5

2. 双倍余额递减法

双倍余额递减法是指在不考虑固定资产预计净残值的情况下，根据每期期初固定资产原值减去累计折旧后的余额和双倍的直线法折旧率计算固定资产折旧的一种方法。采用这种折旧方法，一般应在固定资产使用寿命到期前两年内，将固定资产账面净值扣除预计净残值后的余额平均摊销。

$$年折旧率=\frac{2}{预计的折旧年限}\times 100\%$$

$$年折旧额=每个折旧年度年初固定资产账面净值\times 年折旧率$$

例如，2018 年 5 月 1 日，企业购入生产设备一台，原值 100 000 元，预计使用年限为 5 年，预计净残值率 5%，预计净残值 5 000 元，折旧方法采用双倍余额递减法。根据要求计算各年份的折旧额、累计折旧和账面余额。具体步骤如下：

步骤一：根据要求设计表格。新建工作表命名为“双倍余额递减法”，A1：D2 单元格用于录入基础数据，A5：D10 单元格用于计算相关数据，如图 6-3-6 所示。

步骤二：根据要求录入基础数据，直接录入即可。其中预计净残值可进行公式设置，在 C2 单元格输入公式“=A2＊B2”，如图 6-3-7 所示。

	A	B	C	D
1	原值	预计残值率	预计净残值	预计使用年限
2				
3				
4	双倍余额递减法计算折旧			
5	年限	年折旧额	累计折旧	账面价值
6	1			
7	2			
8	3			
9	4			
10	5			

图 6-3-6

C2 =A2*B2

	A	B	C	D
1	原值	预计残值率	预计净残值	预计使用年限
2	¥100,000.00	5%	¥5,000.00	5
3				
4	双倍余额递减法计算折旧			
5	年限			
6	1			
7	2			
8	3			
9	4			
10	5			

图 6-3-7

步骤三：计算年折旧额。

$$年折旧率=\frac{2}{5}\times100\%=40\%$$

第 1 年应计提的折旧额＝100 000×40%＝40 000（元）

第 2 年应计提的折旧额＝（100 000－40 000）×40%＝24 000（元）

第 3 年应计提的折旧额＝（100 000－40 000－24 000）×40%＝14 400（元）

从第 4 年起改用平均年限法（直线法）计提折旧：

第 4 年和第 5 年的年折旧额＝[（100 000－40 000－24 000－14 400）－5 000]÷2
＝8 300（元）

①第 1～3 年的年折旧额。使用 DDB（）函数进行计算。在 B6 单元格中输入公式“＝DDB（$A$2，$C$2，$D$2，A6，2）”，并将公式填充至 B7：B8 单元格，如图 6－3－8 所示。

B6　=DDB($A$2,$C$2,$D$2,A6,2)

	A	B	C	D
1	原值	预计残值率	预计净残值	预计使用年限
2	¥100,000.00	5%	¥5,000.00	5
3				
4		双倍余额递减法计算折旧		
5	年限	年折旧额	累计折旧	账面价值
6	1	¥40,000.00		
7	2	¥24,000.00		
8	3	¥14,400.00		
9	4			
10	5			

图 6－3－8

②第 4～5 年的年折旧额。在 B9 单元格中输入公式“＝（$A$2－SUM（B6：B8）－$C$2）/2”，如图 6－3－9 所示。在 B10 单元格中输入公式“＝B9”，如图 6－3－10 所示。

B9　=($A$2-SUM(B6:B8)-$C$2)/2

	A	B	C	D
1	原值	预计残值率	预计净残值	预计使用年限
2	¥100,000.00	5%	¥5,000.00	5
3				
4		双倍余额递减法计算折旧		
5	年限	年折旧额	累计折旧	账面价值
6	1	¥40,000.00		
7	2	¥24,000.00		
8	3	¥14,400.00		
9	4	¥8,300.00		
10	5			

图 6－3－9

B10　=B9

	A	B	C	D
1	原值	预计残值率	预计净残值	预计使用年限
2	¥100,000.00	5%	¥5,000.00	5
3				
4		双倍余额递减法计算折旧		
5	年限	年折旧额	累计折旧	账面价值
6	1	¥40,000.00		
7	2	¥24,000.00		
8	3	¥14,400.00		
9	4	¥8,300.00		
10	5	¥8,300.00		

图 6－3－10

步骤四：计算累计折旧。方法与平均年限法相同。在 C6 单元格中输入公式“＝SUM（$B$6：B6）”即可，然后将公式填充至 C7：C10 单元格，如图 6－3－11 所示。

步骤五：计算账面价值。方法与平均年限法相同。在D6单元格中输入公式“＝$A$2−C6”，并将公式填充至D7：D10单元格，如图6－3－12所示。

C6　=SUM($B$6:B6)

	A	B	C	D
1	原值	预计残值率	预计净残值	预计使用年限
2	¥100,000.00	5%	¥5,000.00	5
3				
4	双倍余额递减法计算折旧			
5	年限	年折旧额	累计折旧	账面价值
6	1	¥40,000.00	¥40,000.00	
7	2	¥24,000.00	¥64,000.00	
8	3	¥14,400.00	¥78,400.00	
9	4	¥8,300.00	¥86,700.00	
10	5	¥8,300.00	¥95,000.00	

图6－3－11

D6　=$A$2-C6

	A	B	C	D
1	原值	预计残值率	预计净残值	预计使用年限
2	¥100,000.00	5%	¥5,000.00	5
3				
4	双倍余额递减法计算折旧			
5	年限	年折旧额	累计折旧	账面价值
6	1	¥40,000.00	¥40,000.00	¥60,000.00
7	2	¥24,000.00	¥64,000.00	¥36,000.00
8	3	¥14,400.00	¥78,400.00	¥21,600.00
9	4	¥8,300.00	¥86,700.00	¥13,300.00
10	5	¥8,300.00	¥95,000.00	¥5,000.00

图6－3－12

DDB函数

说明：基于双倍余额递减法计算固定资产的折旧额。

语法：DDB（资产原值，预计净残值，预计使用期限，需要计算折旧值的期间，余额递减速率）。

参数：这五个参数都必须为正数。

3. 年数总和法

年数总和法又称为年限合计法，是指将固定资产的原价减去预计净残值后的余额，乘以一个逐年递减的分数计算每年的折旧额，这个分数的分子代表固定资产尚可使用寿命，分母代表固定资产预计使用寿命逐年数字总和。

$$年折旧率=\frac{预计使用年限-已使用年限}{预计使用年限\times(预计使用年限+1)\div 2}\times 100\%$$

$$年折旧额=(固定资产原值-预计净残值)\times 年折旧率$$

例如，2018年5月1日，企业购入生产设备一台，原值100 000元，预计使用年限为5年，预计净残值率5%，预计净残值5 000元，折旧方法采用年数总和法。根据要求计算各年份的折旧额、累计折旧和账面余额。具体步骤如下：

步骤一：根据要求设计表格。新建工作表命名为“年数总和法”，A1：D2单元格用于录入基础数据，A5：D10单元格用于计算相关数据。根据要求录入基础数据，如图6－3－13所示。

步骤二：计算年折旧额。使用SYD（）函数计算。以B6单元格举例，输入公式“＝SYD（$A$2，$C$2，$D$2，A6）”，并将公式填充至B7：B10单元格，如图6－3－14所示。

	A	B	C	D
1	原值	预计残值率	预计净残值	预计使用年限
2	¥100,000.00	5%	¥5,000.00	5
3				
4		年数总和法计算折旧		
5	年限	年折旧额	累计折旧	账面价值
6	1			
7	2			
8	3			
9	4			
10	5			

图 6-3-13

B6 =SYD($A$2,$C$2,$D$2,A6)

	A	B	C	D
1	原值	预计残值率	预计净残值	预计使用年限
2	¥100,000.00	5%	¥5,000.00	5
3				
4		年数总和法计算折旧		
5	年限	年折旧额	累计折旧	账面价值
6	1	¥31,666.67		
7	2	¥25,333.33		
8	3	¥19,000.00		
9	4	¥12,666.67		
10	5	¥6,333.33		

图 6-3-14

步骤三：计算累计折旧。方法与平均年限法相同。在 C6 单元格中输入公式"=SUM($B$6:B6)"即可，然后将公式填充至 C7：C10 单元格，如图 6-3-15 所示。

步骤四：计算账面价值。方法与平均年限法相同。在 D6 单元格中输入公式"=$A$2-C6"，并将公式填充至 D7：D10 单元格，如图 6-3-16 所示。

C6 =SUM($B$6:B6)

	A	B	C	D
1	原值	预计残值率	预计净残值	预计使用年限
2	¥100,000.00	5%	¥5,000.00	5
3				
4		年数总和法计算折旧		
5	年限	年折旧额	累计折旧	账面价值
6	1	¥31,666.67	¥31,666.67	
7	2	¥25,333.33	¥57,000.00	
8	3	¥19,000.00	¥76,000.00	
9	4	¥12,666.67	¥88,666.67	
10	5	¥6,333.33	¥95,000.00	

图 6-3-15

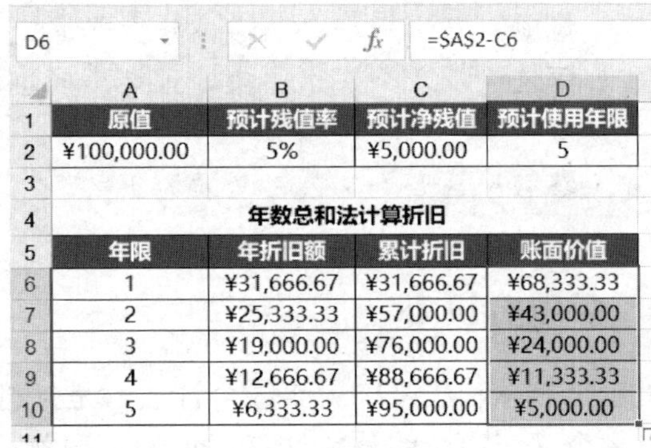

D6 =$A$2-C6

	A	B	C	D
1	原值	预计残值率	预计净残值	预计使用年限
2	¥100,000.00	5%	¥5,000.00	5
3				
4		年数总和法计算折旧		
5	年限	年折旧额	累计折旧	账面价值
6	1	¥31,666.67	¥31,666.67	¥68,333.33
7	2	¥25,333.33	¥57,000.00	¥43,000.00
8	3	¥19,000.00	¥76,000.00	¥24,000.00
9	4	¥12,666.67	¥88,666.67	¥11,333.33
10	5	¥6,333.33	¥95,000.00	¥5,000.00

图 6-3-16

SYD 函数

说明： 基于年数总和法计算固定资产的折旧额。

语法： SYD（资产原值，预计净残值，预计使用期限，需要计算折旧值的期间）。

参数： 这四个参数都必须为正数。

项目七 Excel 与应收账款管理

应收账款是指企业应当收取但尚未收到的款项。应收账款过多，给企业带来的潜在危害是非常严重的，如果大量应收账款无法收回，将形成许多呆账、坏账，企业的资金链可能因此而断裂，更为严重的可能导致企业无法正常运营甚至倒闭。因此，必须加强对应收账款的管理。通过数据分析和管理，有效地控制应收账款的账龄，及时催讨款项，使企业的流动资金得以正常运行。

任务概况

大路有限责任公司应收账款基本信息：

(1) 会计根据企业已有的资料整理出了一份应收账款明细表，如表 7-0-1 所示。

表 7-0-1　应收账款明细表

当前日期：2018/12/28

日期	客户代码	客户名称	应收账款	已收账款	结余金额	付款期限（天）
2018/8/3	C10201	客户 A	135 000.00	0.00	135 000.00	30
2018/9/5	C10202	客户 B	24 350.00	0.00	24 350.00	30
2018/9/9	C10203	客户 C	67 500.00	67 500.00	0.00	30
2018/9/15	C10204	客户 D	76 000.00	0.00	76 000.00	30
2018/10/9	C10205	客户 E	60 000.00	50 000.00	10 000.00	30
2018/10/27	C10201	客户 A	40 000.00	38 000.00	2 000.00	30
2018/11/15	C10202	客户 B	68 000.00	0.00	68 000.00	30
2018/11/20	C10203	客户 C	27 000.00	20 000.00	7 000.00	30
2018/12/10	C10204	客户 D	36 570.00	0.00	36 570.00	30
2018/12/15	C10205	客户 E	36 900.00	0.00	36 900.00	30

（2）每个客户都有专属的业务员负责，主要负责客户维护、订单跟进、账款回收等工作。各个客户对应的业务员如表 7－0－2 所示。

表 7－0－2　客户对应业务专列表

客户代码	客户名称	业务员
C10201	客户 A	张三
C10202	客户 B	张三
C10203	客户 C	李四
C10204	客户 D	李四
C10205	客户 E	王五

（3）根据财务规定，坏账准备计提方法为余额百分比法，计提比率如表 7－0－3 所示。

表 7－0－3　坏账计提比率

账龄	计提比率
0～30 天	0%
30～60 天	1%
60～90 天	2%
90 天以上	5%

知识点

- 应收账款统计表
- 应收账款账龄分析表
- 使用数据透视表进行账龄分析
- 制作简易的催款单
- 坏账准备计提表

任务一　应收账款统计表

应收账款统计表主要用于实现对应收账款的各种数据的统计工作，企业可以根据自身情况和需求来设计字段。

应收账款统计表可以统计出每笔应收账款的到期日期、是否超期等数据，这些数据有助于提高企业对应收账款的有效管理，还可以责任到人，了解每一位责任人的回款情况，更好地做到管理与监督。

应收账款统计表字段设计如表 7－1－1 所示。

表 7－1－1　应收账款统计表

当前日期：

日期	客户代码	客户名称	业务员	应收账款	已收账款	结余金额	付款期限（天）	到期日期	是否到期

明细表中的数据　　设置公式

1. 参数表

在输入客户名称时，需要注意，同一客户的名称必须统一，以便对数据进行分类汇总。通过设置参数表的方法，既可以统一字段，又能够提高数据录入速度。

新建一张工作表，命名为“参数表”，录入参数信息，如图 7－1－1 所示。

	A	B	C
1	客户代码	客户名称	业务员
2	C10201	客户A	张三
3	C10202	客户B	张三
4	C10203	客户C	李四
5	C10204	客户D	李四
6	C10205	客户E	王五

图 7－1－1

2. 应收账款统计表

这里将要制作的应收账款统计表将重点统计两个对象——到期日期和是否到期。到期日期，即某笔应收账款的最后还款期限。是否到期，即到期日期与当前日期进行比对，来判断是否到期，及时监控。

新建一张工作表，命名为“应收账款统计表”，录入表头和相关字段，如图 7－1－2 所示。假设当前日期为 2018 年 12 月 28 日。

	A	B	C	D	E	F	G	H	I	J
1	应收账款统计表									
2	当前日期：	2018/12/28								
3	日期	客户代码	客户名称	业务员	应收账款	已收账款	结余金额	付款期限（天）	到期日期	是否到期
4										
5										
6										

图 7－1－2

数据输入的具体步骤如下：

步骤一：根据“应收账款明细表”录入基础数据，并设置相对应的单元格格式。

①日期：应收账款产生的日期，单元格格式设置为日期相关格式即可。

②客户代码：根据客户名称录入相对应的客户代码，代码具有唯一性；单元格格式为常规格式。

③应收账款：应收账款的初始入账价值，设置为会计专用格式。注意：单元格设置为“会计专用”格式的，当输入金额为“0”时，单元格将会显示为“￥ —”。

④已收账款：应收账款已收回部分的金额，设置为会计专用格式。

⑤付款期限（天）：签订购销合同中约定的期限，单元格格式为常规格式。

最终录入基础数据，如图 7－1－3 所示。

	A	B	C	D	E	F	G	H	I	J
1	应收账款统计表									
2	当前日期:	2018/12/28								
3	日期	客户代码	客户名称	业务员	应收账款	已收账款	结余金额	付款期限(天)	到期日期	是否到期
4	2018/8/3	C10201			¥ 135,000.00	¥ -		30		
5	2018/9/5	C10202			¥ 24,350.00	¥ -		30		
6	2018/9/9	C10203			¥ 67,500.00	¥ 67,500.00		30		
7	2018/9/15	C10204			¥ 76,000.00	¥ -		30		
8	2018/10/9	C10205			¥ 60,000.00	¥ 50,000.00		30		
9	2018/10/27	C10201			¥ 40,000.00	¥ 38,000.00		30		
10	2018/11/15	C10202			¥ 68,000.00	¥ -		30		
11	2018/11/20	C10203			¥ 27,000.00	¥ 20,000.00		30		
12	2018/12/10	C10204			¥ 36,570.00	¥ -		30		
13	2018/12/15	C10205			¥ 36,900.00			30		

图 7－1－3

步骤二：设置公式自动生成“客户名称”和“业务员”数据。以第 4 行为例，在 C4 单元格中输入公式“＝VLOOKUP(B4,参数表！＄A＄1：＄C＄6,2,0)”；在 D4 单元格中输入公式“＝VLOOKUP(B4,参数表！＄A＄1：＄C＄6,3,0)”。然后将公式填充至 C5：D13 单元格。最为快捷的方式是选中 C4：D4 单元格，将鼠标移动至 D4 单元格右下角，当箭头变成“＋”时双击，公式即会自动复制至 C5：D13 单元格。录入数据，如图 7－1－4 所示。

	A	B	C	D	E	F	G	H	I	J
1	应收账款统计表									
2	当前日期:	2018/12/28								
3	日期	客户代码	客户名称	业务员	应收账款	已收账款	结余金额	付款期限(天)	到期日期	是否到期
4	2018/8/3	C10201	客户A	张三	¥ 135,000.00	¥ -		30		
5	2018/9/5	C10202	客户B	张三	¥ 24,350.00	¥ -		30		
6	2018/9/9	C10203	客户C	李四	¥ 67,500.00	¥ 67,500.00		30		
7	2018/9/15	C10204	客户D	李四	¥ 76,000.00	¥ -		30		
8	2018/10/9	C10205	客户E	王五	¥ 60,000.00	¥ 50,000.00		30		
9	2018/10/27	C10201	客户A	张三	¥ 40,000.00	¥ 38,000.00		30		
10	2018/11/15	C10202	客户B	张三	¥ 68,000.00	¥ -		30		
11	2018/11/20	C10203	客户C	李四	¥ 27,000.00	¥ 20,000.00		30		
12	2018/12/10	C10204	客户D	李四	¥ 36,570.00	¥ -		30		
13	2018/12/15	C10205	客户E	王五	¥ 36,900.00	¥ -		30		

图 7－1－4

步骤三：计算结余金额。结余金额＝应收账款－已收账款。单元格设置为会计专用格式。在G4单元格中输入公式“＝E4－F4”，并将公式填充至G5：G13单元格。录入数据，如图7－1－5所示。

	A	B	C	D	E	F	G	H	I	J
1	应收账款统计表									
2	当前日期：	2018/12/28								
3	日期	客户代码	客户名称	业务员	应收账款	已收账款	结余金额	付款期限(天)	到期日期	是否到期
4	2018/8/3	C10201	客户A	张三	¥ 135,000.00	¥ -	¥ 135,000.00	30		
5	2018/9/5	C10202	客户B	张三	¥ 24,350.00	¥ -	¥ 24,350.00	30		
6	2018/9/9	C10203	客户C	李四	¥ 67,500.00	¥ 67,500.00	¥ -	30		
7	2018/9/15	C10204	客户D	李四	¥ 76,000.00	¥ -	¥ 76,000.00	30		
8	2018/10/9	C10205	客户E	王五	¥ 60,000.00	¥ 50,000.00	¥ 10,000.00	30		
9	2018/10/27	C10201	客户A	张三	¥ 40,000.00	¥ 38,000.00	¥ 2,000.00	30		
10	2018/11/15	C10202	客户B	张三	¥ 68,000.00	¥ -	¥ 68,000.00	30		
11	2018/11/20	C10203	客户C	李四	¥ 27,000.00	¥ 20,000.00	¥ 7,000.00	30		
12	2018/12/10	C10204	客户D	李四	¥ 36,570.00	¥ -	¥ 36,570.00	30		
13	2018/12/15	C10205	客户E	王五	¥ 36,900.00	¥ -	¥ 36,900.00	30		

图7－1－5

步骤四：计算到期日期。到期日期＝业务发生日期＋付款期限（天）。先将I4：I13单元格设置为“日期”格式，在I4单元格输入公式“＝A4＋H4”，并将公式填充至I5：I13单元格。录入数据，如图7－1－6所示。

	A	B	C	D	E	F	G	H	I	J
1	应收账款统计表									
2	当前日期：	2018/12/28								
3	日期	客户代码	客户名称	业务员	应收账款	已收账款	结余金额	付款期限(天)	到期日期	是否到期
4	2018/8/3	C10201	客户A	张三	¥ 135,000.00	¥ -	¥ 135,000.00	30	2018/9/2	
5	2018/9/5	C10202	客户B	张三	¥ 24,350.00	¥ -	¥ 24,350.00	30	2018/10/5	
6	2018/9/9	C10203	客户C	李四	¥ 67,500.00	¥ 67,500.00	¥ -	30	2018/10/9	
7	2018/9/15	C10204	客户D	李四	¥ 76,000.00	¥ -	¥ 76,000.00	30	2018/10/15	
8	2018/10/9	C10205	客户E	王五	¥ 60,000.00	¥ 50,000.00	¥ 10,000.00	30	2018/11/8	
9	2018/10/27	C10201	客户A	张三	¥ 40,000.00	¥ 38,000.00	¥ 2,000.00	30	2018/11/26	
10	2018/11/15	C10202	客户B	张三	¥ 68,000.00	¥ -	¥ 68,000.00	30	2018/12/15	
11	2018/11/20	C10203	客户C	李四	¥ 27,000.00	¥ 20,000.00	¥ 7,000.00	30	2018/12/20	
12	2018/12/10	C10204	客户D	李四	¥ 36,570.00	¥ -	¥ 36,570.00	30	2019/1/9	
13	2018/12/15	C10205	客户E	王五	¥ 36,900.00	¥ -	¥ 36,900.00	30	2019/1/14	

图7－1－6

步骤五：根据到期日期判断是否到期。当还有结余金额时，判断应收账款是否超期。若超期，显示“超期”；若未超期，显示“未到期”；若款项已结清，显示“－”。在J4单元格输入公式“＝IF(G4＞0，IF(I4＜＄B＄2，"超期"，"未到期")，"－")”，并将公式填充至J5：J13单元格。录入数据，如图7－1－7所示。

	A	B	C	D	E	F	G	H	I	J
1	应收账款统计表									
2	当前日期:	2018/12/28								
3	日期	客户代码	客户名称	业务员	应收账款	已收账款	结余金额	付款期限(天)	到期日期	是否到期
4	2018/8/3	C10201	客户A	张三	¥ 135,000.00	¥ -	¥ 135,000.00	30	2018/9/2	超期
5	2018/9/5	C10202	客户B	张三	¥ 24,350.00	¥ -	¥ 24,350.00	30	2018/10/5	超期
6	2018/9/9	C10203	客户C	李四	¥ 67,500.00	¥ 67,500.00	¥ -	30	2018/10/9	-
7	2018/9/15	C10204	客户D	李四	¥ 76,000.00	¥ -	¥ 76,000.00	30	2018/10/15	超期
8	2018/10/9	C10205	客户E	王五	¥ 60,000.00	¥ 50,000.00	¥ 10,000.00	30	2018/11/8	超期
9	2018/10/27	C10201	客户A	张三	¥ 40,000.00	¥ 38,000.00	¥ 2,000.00	30	2018/11/26	超期
10	2018/11/15	C10202	客户B	张三	¥ 68,000.00	¥ -	¥ 68,000.00	30	2018/12/15	超期
11	2018/11/20	C10203	客户C	李四	¥ 27,000.00	¥ 20,000.00	¥ 7,000.00	30	2018/12/20	超期
12	2018/12/10	C10204	客户D	李四	¥ 36,570.00	¥ -	¥ 36,570.00	30	2019/1/9	未到期
13	2018/12/15	C10205	客户E	王五	¥ 36,900.00	¥ -	¥ 36,900.00	30	2019/1/14	未到期

图 7-1-7

步骤六：对于超期的，单元格进行红色标注，加以提醒。选中 J4：J13 单元格区域，在“开始”选项卡的“样式”组中选择“条件格式”/“突出显示单元格规则”/“等于”，如图 7-1-8 所示。在弹出的“等于”对话框中，输入“超期”，颜色设置为“浅红填充色深红色文本”，然后单击“确定”，此时，单元格值为“超期”的即会予以标注，查看更为明显，如图 7-1-9 所示。

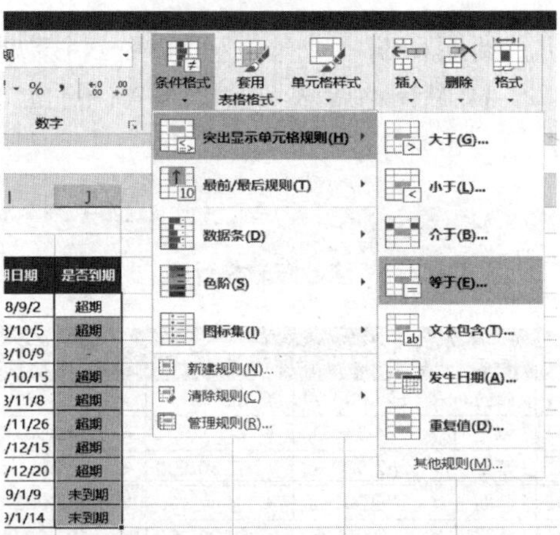

图 7-1-8

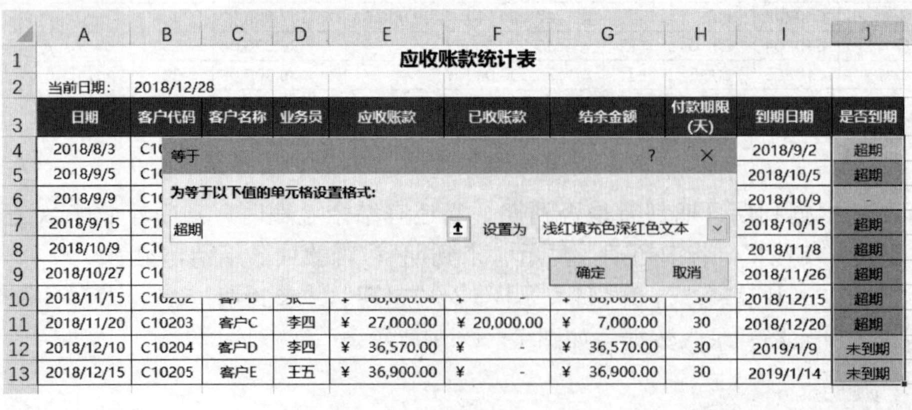

图 7-1-9

任务二　应收账款账龄分析表

应收账款账龄分析表可以汇总每笔应收账款的账龄情况，是统计并分析账龄的有效工具。

对于应收账款账龄分析而言，每个企业的设置都是大同小异的。将逾期账款的逾期阶段设置为 0～30 天、30～60 天、60～90 天、90 天以上四种情况，以便可以根据需要对不同阶段的应收账款执行不同的催款方式。

在应收账款统计表的基础上，增加账龄分析相关字段，如图 7－2－1 所示。

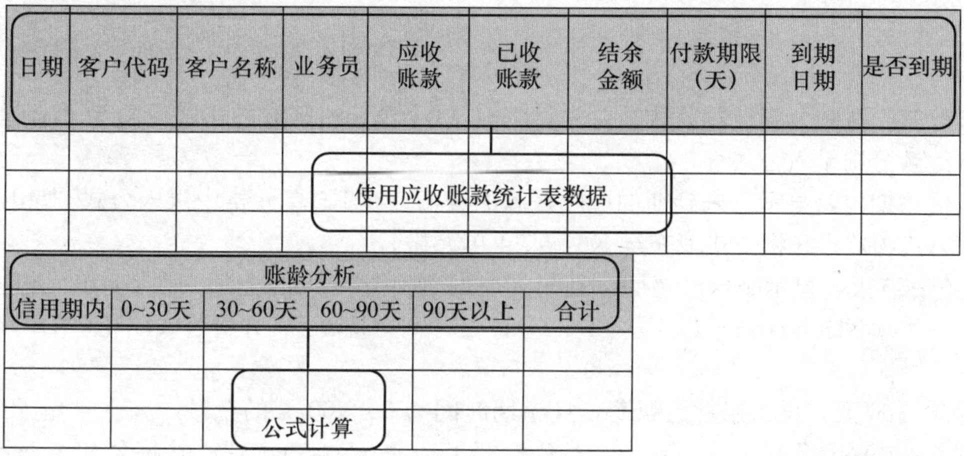

图 7－2－1

新建一张工作表，命名为“应收账款账龄分析表”。录入表头和相关字段，如图 7－2－2 所示。假设当前日期为 2018 年 12 月 28 日。

	A	B	C	D	E	F	G	H	I	J	K	L	M	N	O	P
1	应收账款账龄分析表															
2	当前日期:	2018/12/28														
3	日期	客户代码	客户名称	业务员	应收账款	已收账款	结余金额	付款期限（天）	到期日期	是否到期	账龄分析					
4											信用期内	0-30天	30-60天	60-90天	90天以上	合计
5																
6																
7																
8		合计														

图 7－2－2

数据输入的具体步骤如下所示。

步骤一：A：J 列中的字段与“应收账款统计表”中的字段一致，采用与“应收账款统计表”同样的方式，录入 A：J 列的基础数据，或者批量复制粘贴“应收账款统计表”中的数据即可，如图 7－2－3 所示。

	A	B	C	D	E	F	G	H	I	J
1							应收账款账龄分析表			
2	当前日期：	2018/12/28								
3-4	日期	客户代码	客户名称	业务员	应收账款	已收账款	结余金额	付款期限(天)	到期日期	是否到期
5	2018/8/3	C10201	客户A	张三	¥ 135,000.00	¥ -	¥ 135,000.00	30	2018/9/2	
6	2018/9/5	C10202	客户B	张三	¥ 24,350.00	¥ -	¥ 24,350.00	30	2018/10/5	超期
7	2018/9/9	C10203	客户C	李四	¥ 67,500.00	¥ 67,500.00	¥ -	30	2018/10/9	-
8	2018/9/15	C10204	客户D	李四	¥ 76,000.00	¥ -	¥ 76,000.00	30	2018/10/15	超期
9	2018/10/9	C10205	客户E	王五	¥ 60,000.00	¥ 50,000.00	¥ 10,000.00	30	2018/11/8	超期
10	2018/10/27	C10201	客户A	张三	¥ 40,000.00	¥ 38,000.00	¥ 2,000.00	30	2018/11/26	超期
11	2018/11/15	C10202	客户B	张三	¥ 68,000.00	¥ -	¥ 68,000.00	30	2018/12/15	超期
12	2018/11/20	C10203	客户C	李四	¥ 27,000.00	¥ 20,000.00	¥ 7,000.00	30	2018/12/20	超期
13	2018/12/10	C10204	客户D	李四	¥ 36,570.00	¥ -	¥ 36,570.00	30	2019/1/9	未到期
14	2018/12/15	C10205	客户E	王五	¥ 36,900.00		¥ 36,900.00	30	2019/1/14	未到期
15		合计								

图 7-2-3

步骤二：账龄分析设置公式。首先将 K5：O14 单元格区域的格式设置为“会计专用”格式，然后分别录入公式。

①信用期内，显示还未到期的应收账款的金额。在 K5 单元格中录入公式“=IF(I5>$B$2,G5,0)”，并将公式填充至 K6：K14 单元格。

②0～30 天，显示账款已超期，且超期时间为 0～30 天的金额。在 L5 单元格中录入公式“=IF(AND($B$2-I5>0,$B$2-I5<=30),G5,0)”，并将公式填充至 L6：L14 单元格。

③30～60 天，显示账款已超期，且超期时间为 30～60 天的金额。在 M5 单元格录入公式“=IF(AND($B$2-I5>30,$B$2-I5<=60),G5,0)”，并将公式填充至 M6：M14 单元格。

④60～90 天，显示账款已超期，且超期时间为 60～90 天的金额。在 N5 单元格录入公式“=IF(AND($B$2-I5>60,$B$2-I5<=90),G5,0)”，并将公式填充至 N6：N14 单元格。

⑤90 天以上，显示账款已超期，且超期时间超过 90 天的金额。在 O5 单元格录入公式“=IF($B$2-I5>90,G5,0)”，并将公式填充至 O6：O14 单元格。

公式录入后数据显示结果，如图 7-2-4 所示。

	K	L	M	N	O
1					
2					
3	账龄分析				
4	信用期内	0-30天	30-60天	60-90天	90天以上
5	¥ -	¥ -	¥ -	¥ -	¥ 135,000.00
6	¥ -	¥ -	¥ -	¥ 24,350.00	¥ -
7	¥ -	¥ -	¥ -	¥ -	¥ -
8	¥ -	¥ -	¥ -	¥ 76,000.00	¥ -
9	¥ -	¥ -	¥ 10,000.00	¥ -	¥ -
10	¥ -	¥ -	¥ 2,000.00	¥ -	¥ -
11	¥ -	¥ 68,000.00	¥ -	¥ -	¥ -
12	¥ -	¥ 7,000.00	¥ -	¥ -	¥ -
13	¥ 36,570.00	¥ -	¥ -	¥ -	¥ -
14	¥ 36,900.00	¥ -	¥ -	¥ -	¥ -

图 7-2-4

步骤三：汇总每笔应收账款的逾期账款。首先将 K5：P15 单元格区域的格式设置为“会计专用”格式。在 P5 单元格录入公式“=SUM(K5：O5)”，并将公式填充至 P6：P14 单元格。公式录入后数据显示结果，如图 7-2-5 所示。

账龄分析				
0-30天	30-60天	60-90天	90天以上	合计
¥ -	¥ -	¥ -	¥ 135,000.00	¥ 135,000.00
¥ -	¥ -	¥ 24,350.00	¥ -	¥ 24,350.00
¥ -	¥ -	¥ -	¥ -	¥ -
¥ -	¥ -	¥ 76,000.00	¥ -	¥ 76,000.00
¥ -	¥ 10,000.00	¥ -	¥ -	¥ 10,000.00
¥ -	¥ 2,000.00	¥ -	¥ -	¥ 2,000.00
¥ 68,000.00	¥ -	¥ -	¥ -	¥ 68,000.00
¥ 7,000.00	¥ -	¥ -	¥ -	¥ 7,000.00
¥ -	¥ -	¥ -	¥ -	¥ 36,570.00
¥ -	¥ -	¥ -	¥ -	¥ 36,900.00

图 7-2-5

提示：“账龄分析”项目下的“合计”列实际上并没有起到合计的作用，这样做是为了便于后面对每笔逾期账款所占总逾期账款比例的计算。

步骤四：合计汇总。对于单元格为金额的列进行数据汇总。在 E15 单元格录入公式“=SUM(E4：E14)”，并将公式填充至 F15：P15 单元格。此时，会发现 H15：J15 无须进行汇总，选中 H15：J15 单元格区域后，按“Delete”键删除其中的汇总数据即可。公式录入后数据显示结果，如图 7-2-6 所示。

应收账款账龄分析表

当前日期：2018/12/28

日期	客户代码	客户名称	业务员	应收账款	已收账款	结余金额	付款期限(天)	到期日期	是否到期	账龄分析					
										信用期内	0-30天	30-60天	60-90天	90天以上	合计
2018/8/3	C10201	客户A	张三	¥ 135,000.00	¥ -	¥ 135,000.00	30	2018/9/2		¥ -	¥ -	¥ -	¥ -	¥ 135,000.00	¥ 135,000.00
2018/9/5	C10202	客户B	张三	¥ 24,350.00	¥ -	¥ 24,350.00	30	2018/10/5	超期	¥ -	¥ -	¥ -	¥ 24,350.00	¥ -	¥ 24,350.00
2018/9/9	C10203	客户C	李四	¥ 67,500.00	¥ 67,500.00	¥ -	30	2018/10/9	-	¥ -	¥ -	¥ -	¥ -	¥ -	¥ -
2018/9/15	C10204	客户D	李四	¥ 76,000.00	¥ -	¥ 76,000.00	30	2018/10/15	超期	¥ -	¥ -	¥ -	¥ 76,000.00	¥ -	¥ 76,000.00
2018/10/9	C10205	客户E	王五	¥ 60,000.00	¥ 50,000.00	¥ 10,000.00	30	2018/11/8	超期	¥ -	¥ -	¥ 10,000.00	¥ -	¥ -	¥ 10,000.00
2018/10/27	C10201	客户A	张三	¥ 40,000.00	¥ 38,000.00	¥ 2,000.00	30	2018/11/26	超期	¥ -	¥ -	¥ 2,000.00	¥ -	¥ -	¥ 2,000.00
2018/11/15	C10202	客户B	张三	¥ 68,000.00	¥ -	¥ 68,000.00	30	2018/12/15	超期	¥ -	¥ 68,000.00	¥ -	¥ -	¥ -	¥ 68,000.00
2018/11/20	C10203	客户C	李四	¥ 27,000.00	¥ 20,000.00	¥ 7,000.00	30	2018/12/20	超期	¥ -	¥ 7,000.00	¥ -	¥ -	¥ -	¥ 7,000.00
2018/12/10	C10204	客户D	李四	¥ 36,570.00	¥ -	¥ 36,570.00	30	2019/1/9	未到期	¥ 36,570.00	¥ -	¥ -	¥ -	¥ -	¥ 36,570.00
2018/12/15	C10205	客户E	王五	¥ 36,900.00		¥ 36,900.00	30	2019/1/14	未到期	¥ 36,900.00	¥ -	¥ -	¥ -	¥ -	¥ 36,900.00
合计				¥ 571,320.00	¥ 175,500.00	¥ 395,820.00				¥ 73,470.00	¥ 75,000.00	¥ 12,000.00	¥ 100,350.00	¥ 135,000.00	¥ 395,820.00

图 7-2-6

任务三 使用数据透视表进行账龄分析

使用 Excel 的数据透视表可以轻松地汇总和分析应收账款账龄等相关数据。根据需求提取关键字段，即可生成不同形式的数据透视表。

这里需要注意，创建数据透视表时，必须是连续的单元格区域，并且在选中区域内不得存在合并的单元格。因此，在创建数据透视表之前，“应收账款账龄分析表”需要先取消单元格合并。

步骤一：选中 A3：P4 单元格区域，在“开始”选项卡下的“对齐方式”组中单击“合并后居中”按钮，取消单元格的合并状态，如图 7-3-1 所示。

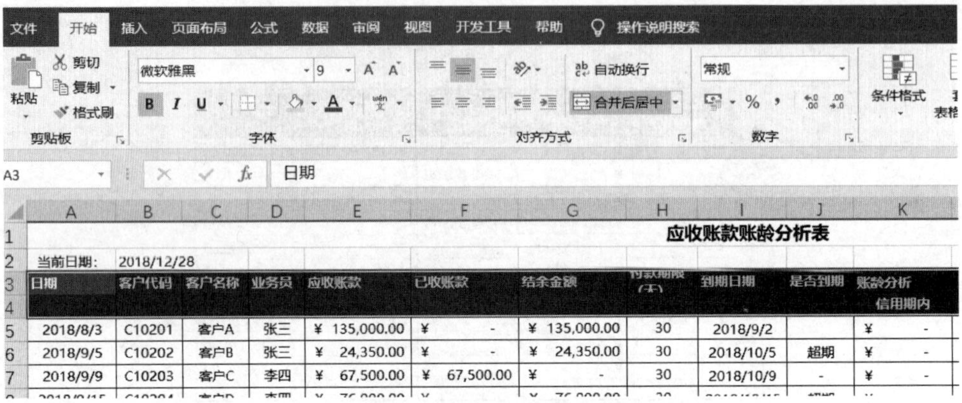

图 7-3-1

步骤二：将取消合并后的 A3：J3 单元格区域的数据移动至 A4：J4。可通过剪切的方式进行移动，最便捷的方式就是使用快捷键“Ctrl+X”“Ctrl+V”，如图 7-3-2 所示。

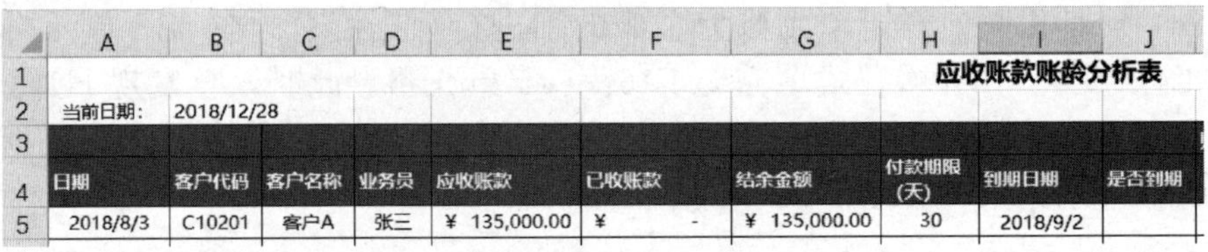

图 7-3-2

步骤三：删除第 3 行的数据即可，如图 7-3-3 所示。

应收账款账龄分析表

当前日期: 2018/12/28

日期	客户代码	客户名称	业务员	应收账款	已收账款	结余金额	付款期限(天)	到期日期	是否到期	信用期内	0-30天	30-60天	60-90天	90天以上	合计
2018/8/3	C10201	客户A	张三	¥ 135,000.00	¥ -	¥ 135,000.00	30	2018/9/2		¥ -	¥ -	¥ -	¥ -	¥ 135,000.00	¥ 135,000.00
2018/9/5	C10202	客户B	张三	¥ 24,350.00	¥ -	¥ 24,350.00	30	2018/10/5	超期	¥ -	¥ -	¥ -	¥ 24,350.00	¥ -	¥ 24,350.00
2018/9/9	C10203	客户C	李四	¥ 67,500.00	¥ 67,500.00	¥ -	30	2018/10/9	-	¥ -	¥ -	¥ -	¥ -	¥ -	¥ -
2018/9/15	C10204	客户D	李四	¥ 76,000.00	¥ -	¥ 76,000.00	30	2018/10/15	超期	¥ -	¥ -	¥ -	¥ 76,000.00	¥ -	¥ 76,000.00
2018/10/9	C10205	客户E	王五	¥ 60,000.00	¥ 50,000.00	¥ 10,000.00	30	2018/11/8	超期	¥ -	¥ -	¥ 10,000.00	¥ -	¥ -	¥ 10,000.00
2018/10/27	C10201	客户A	张三	¥ 40,000.00	¥ 38,000.00	¥ 2,000.00	30	2018/11/26	超期	¥ -	¥ -	¥ 2,000.00	¥ -	¥ -	¥ 2,000.00
2018/11/15	C10202	客户B	张三	¥ 68,000.00	¥ -	¥ 68,000.00	30	2018/12/15	超期	¥ -	¥ 68,000.00	¥ -	¥ -	¥ -	¥ 68,000.00
2018/11/20	C10203	客户C	李四	¥ 27,000.00	¥ 20,000.00	¥ 7,000.00	30	2018/12/20	超期	¥ -	¥ 7,000.00	¥ -	¥ -	¥ -	¥ 7,000.00
2018/12/10	C10204	客户D	李四	¥ 36,570.00	¥ -	¥ 36,570.00	30	2019/1/9	未到期	¥ 36,570.00	¥ -	¥ -	¥ -	¥ -	¥ 36,570.00
2018/12/15	C10205	客户E	王五	¥ 36,900.00		¥ 36,900.00	30	2019/1/14	未到期	¥ 36,900.00	¥ -	¥ -	¥ -	¥ -	¥ 36,900.00
合计				¥ 571,320.00	¥ 175,500.00	¥ 395,820.00				¥ 73,470.00	¥ 75,000.00	¥ 12,000.00	¥ 100,350.00	¥ 135,000.00	¥ 395,820.00

图 7-3-3

1. 分析各客户的应收账款账龄

设计数据透视表，从该表中，可以查看不同客户在不同时间范围的应收账款和应收账款的合计金额。通过设置，还可以查看合计金额的百分比。该表格可分析各客户的应收账款的逾期情况，是对客户进行信用登记分类的依据。

步骤一：插入数据透视表。选中 A3：P13 单元格区域，在“插入”选项卡下的“表格”组中单击“数据透视表”按钮，打开“数据透视表”对话框，在新工作表中插入一张数据透视表。

步骤二：将“客户名称”字段添加到“行”标签中，将 5 个不同时间范围的字段和“合计”字段添加至“值”标签，此时数据透视表的数据即自动生成，从表格中，可以查看不同客户每个时间范围的应收账款金额以及合计金额，如图 7-3-4 所示。

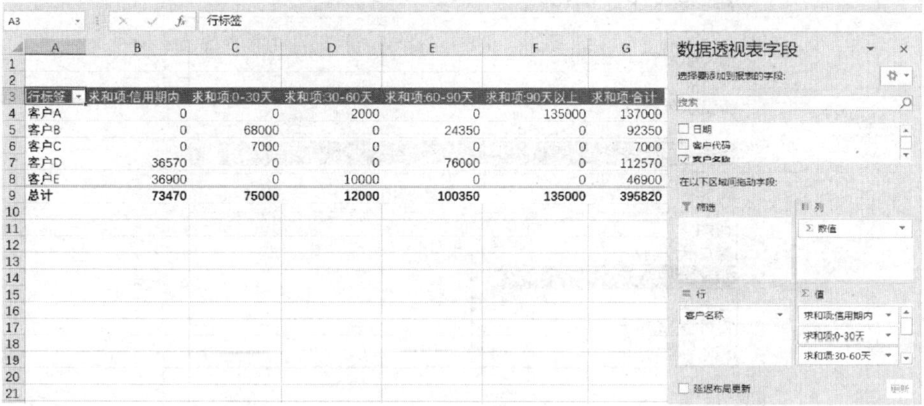

图 7-3-4

步骤三：设置合计金额的百分比。

①再次拖动“合计”字段至“值”列表中，显示为“求和项：合计 2”，如图 7-3-5 所示。

②单击“求和项：合计 2”字段，在弹出的快捷菜单中选择“值字段设置”命令，如图 7-3-6 所示。

图 7-3-5

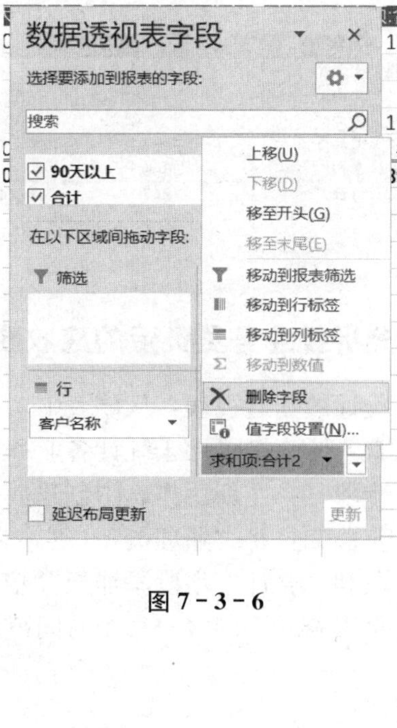

图 7-3-6

③在弹出的“值字段设置”对话框中，将“自定义名称”设置为“百分比”；单击“值显示方式”，在“值显示方式”下拉列表中选择“总计的百分比”选项卡；单击“确定”按钮，如图 7-3-7 所示。

图 7-3-7

④返回工作表中，此时数据透视表中的“求和项：合计 2”即会自动更名为“百分比”，数据即显示为合计的百分比，如图 7-3-8 所示。

行标签	求和项:信用期内	求和项:0-30天	求和项:60-90天	求和项:30-60天	求和项:90天以上	求和项:合计	百分比
客户A	0	0	0	2000	135000	137000	34.61%
客户B	0	68000	24350	0	0	92350	23.33%
客户C	0	7000	0	0	0	7000	1.77%
客户D	36570	0	76000	0	0	112570	28.44%
客户E	36900	0	0	10000	0	46900	11.85%
总计	**73470**	**75000**	**100350**	**12000**	**135000**	**395820**	**100.00%**

图 7-3-8

2. 分析各业务员负责的应收账款账龄

设计数据透视表，从该表中，可以查看各个业务员所负责的客户在不同时间范围的应收账款。该表格可用于统计各业务员的回款情况，可与绩效挂钩。

步骤一：在新工作表中创建数据透视表，方法同上。

步骤二：将“业务员”“客户名称”字段添加到“行”标签中，将 5 个不同时间范围的字段和“合计”字段添加至“值”标签，此时数据透视表的数据即自动生成，从表格中，可以查看不同客户每个时间范围的应收账款金额以及合计金额，如图 7-3-9 所示。

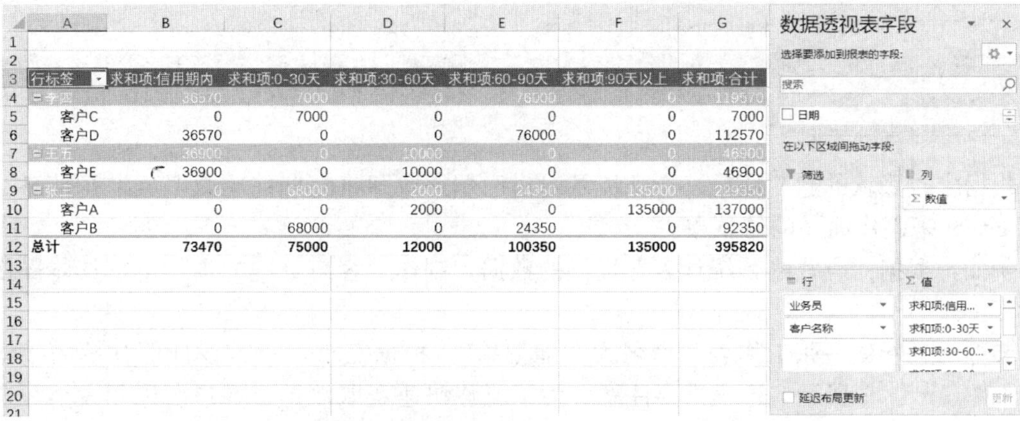

图 7-3-9

步骤三：调整报表布局。可在“设计”菜单栏中，对报表的布局、样式等进行调整。如报表布局，系统默认的是“以压缩形式显示”，可选择“以表格形式显示”，如图 7-3-10 所示。此时，报表的布局就会发生变化，如图 7-3-11 所示。根据各自的需求，自行设置即可。

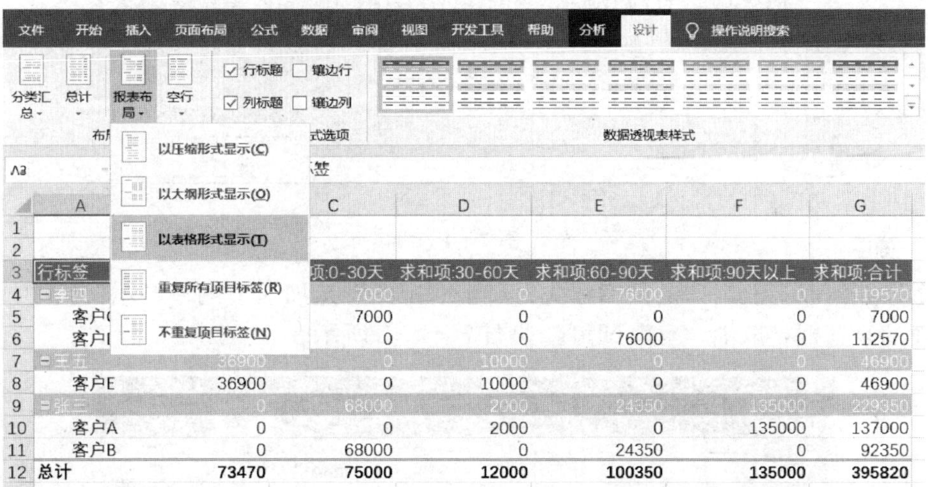

图 7-3-10

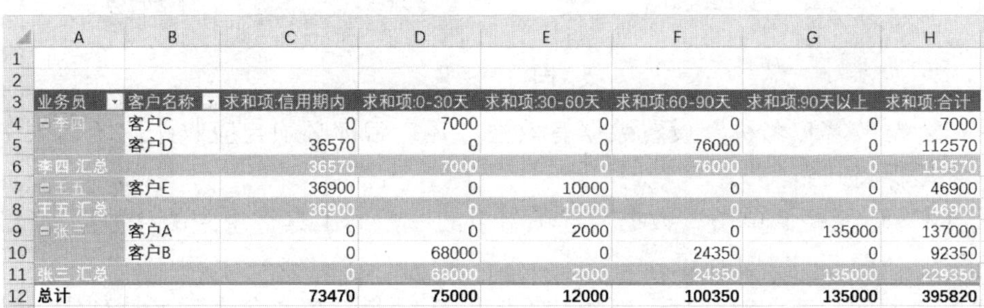

图 7-3-11

任务四 制作简易的催款单

根据应收账款的逾期情况，企业应及时对已超期或即将超期的应收账款进行催缴。可使用 Excel 来制作简易的催款单。

例如，根据“应收账款统计表”提供的数据，制作“客户 A”的催款单，具体操作方法如下。

步骤一：新建一张工作表，命名为“催款单”。根据需求，自行设计催款单的基本格式，如图 7－4－1 所示。这里需要注意，为了能够快速获取数据，客户名称和大小写金额部分单独占用单元格，以便进行单元格设置和公式录入。

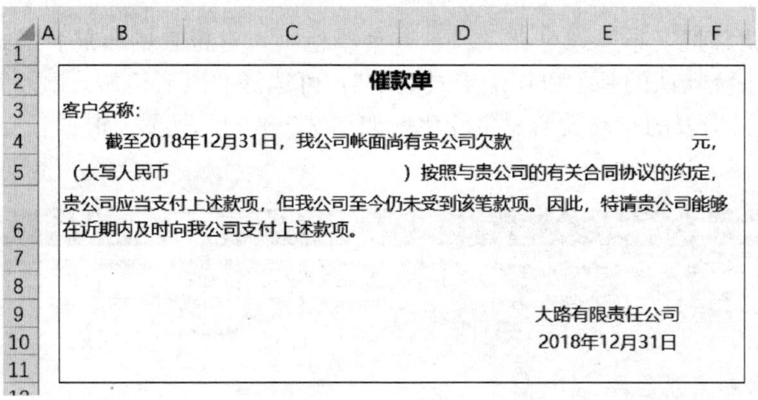

图 7－4－1

提示：如何取消表格中的网格线呢？单击“视图”选项卡下的“显示”组中的“网格线”前面的复选框，取消“√”即可，如图 7－4－2 所示。

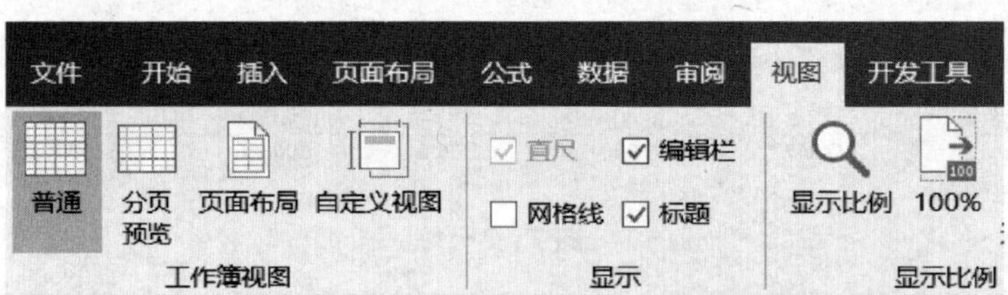

图 7－4－2

步骤二：对“客户名称”设置数据有效性。客户名称必须与应收账款统计表中的“客户名称”字段保持一致。

①选择 C3 单元格，单击“数据”选项卡下的“数据工具”组中的“数据验证”，选择“数据验证”，如图 7－4－3 所示。

②弹出“数据验证”对话框，选择“设置”选项卡，在“允许”下拉列表中选择“序列”选项；在“来源”文本框右侧单击“⬆”折叠按钮，如图 7－4－4 所示。

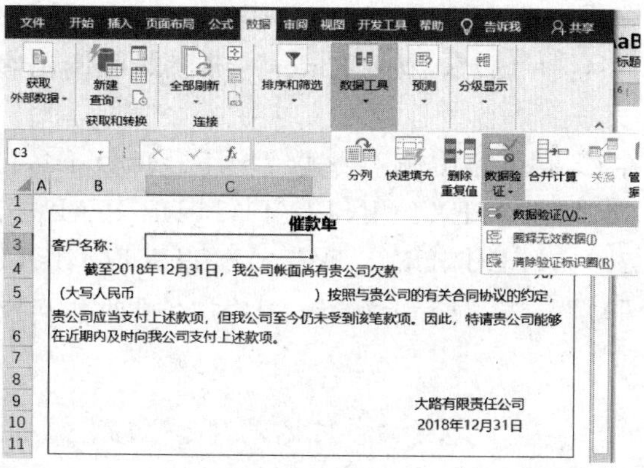

图 7-4-3

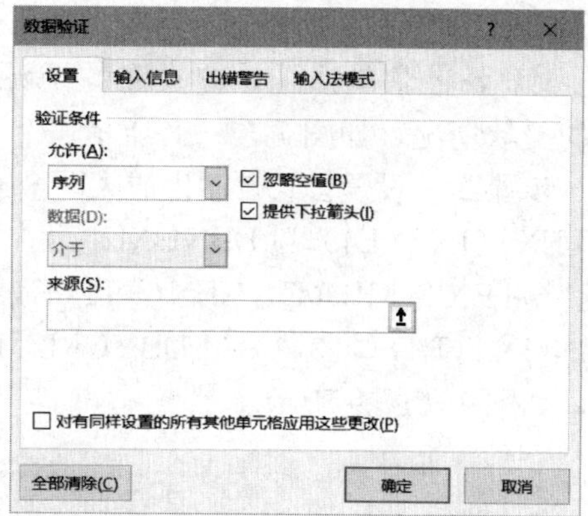

图 7-4-4

③选择“参数表”，在该表中拖动鼠标选中B2：B6单元格区域，然后单击“▣”展开按钮，如图7-4-5所示。

④返回“数据验证”对话框，单击“确定”按钮，如图7-4-6所示。

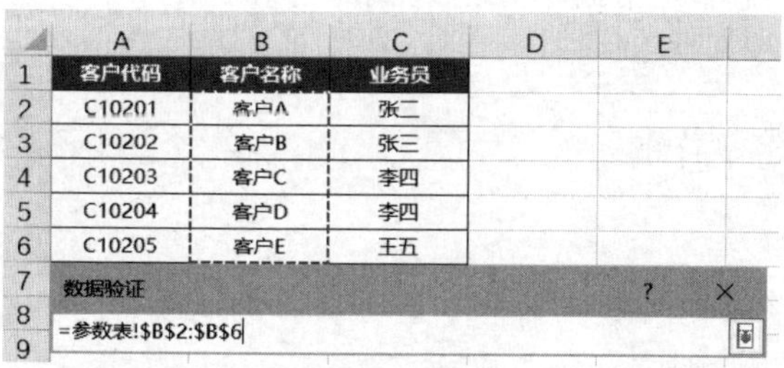

图 7-4-5

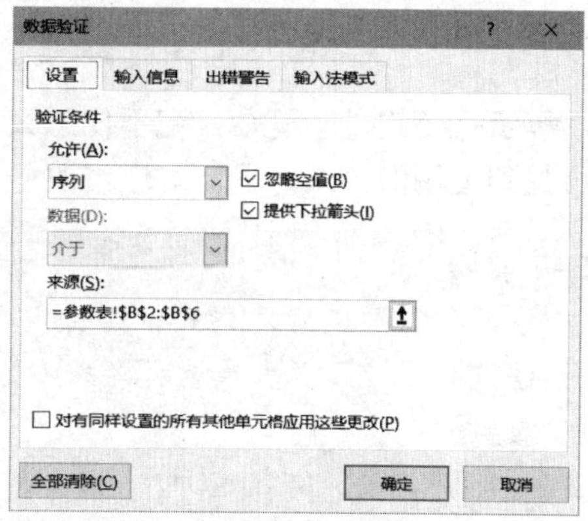

图 7-4-6

⑤此时，C3单元格右侧会出现一个下拉按钮，单击下拉按钮，选择“客户A”选项，如图7-4-7所示。

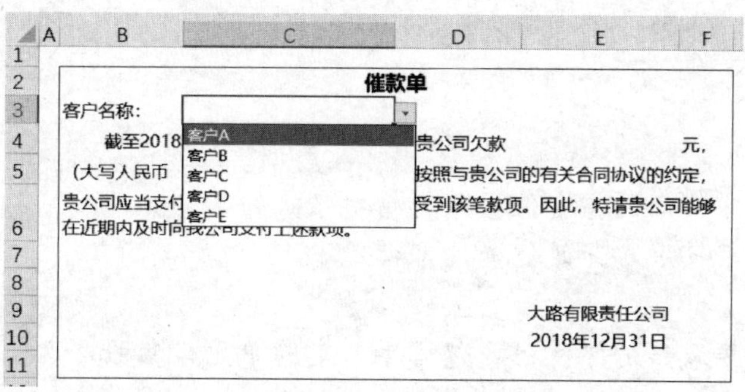

图 7-4-7

步骤三：计算欠款合计金额。在 E4 单元格中输入公式“＝SUMIF(应收账款统计表! C4：C13，催款单! C3，应收账款统计表! G4：G13)”，按“Enter”键，即可调出客户 A 的欠款情况，如图 7－4－8 所示。

步骤四：设置公式自动生成大写金额。在 C5 单元格中输入公式“＝IF(MOD(E4,1)＝0,TEXT(INT(E4),"[DBNUM2]")&"元"&"整",TEXT(INT(E4),"[DBNUM2]")&"元"&TEXT(MID(E4,LEN(INT(E4))＋2,1),"[DBNUM2]D 角")&TEXT(MID(E4,LEN(INT(E4))＋3,1),"[DBNUM2]D 分"))”，按“Enter”键，大写金额即会自动生成，如图 7－4－9 所示。

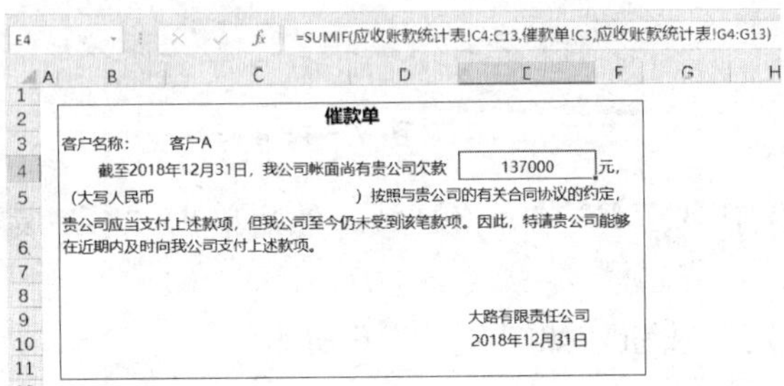

图 7－4－8

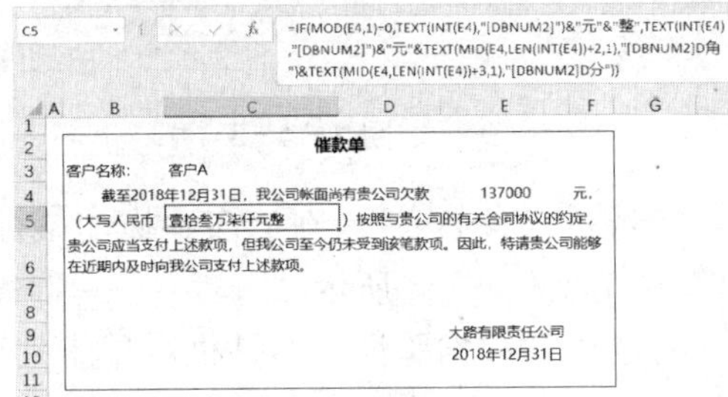

图 7－4－9

提示：公式过于复杂，记不住怎么办？其实，现在网络非常发达，搜索引擎搜索一下即可找到适用的公式，只需对应修改一下匹配单元格或单元格区域即可。

TEXT 函数

说明：按照特定的格式将值转换成文字字符串。

语法：TEXT（值，显示格式）。

参数：

值：数值或含有数值的单元格。

显示格式：前后用引号""括住指定值的显示格式。其中，[DBNUM2] 是“中文大写数字”格式。

INT 函数

说明：求整数，小数点以下的位数均舍去。

语法：INT（数值）。

MID 函数

说明：从文字字符串的指定位置取得指定字数的字符。

语法：MID（字符串，开始位置，字数）。

参数：

字符串：指定要取得的字符串或包含字符串的单元格参照。

开始位置：从字符串中取得第一个字符的位置。

字数：字符串中指定要取得的字数。

LEN 函数

说明：求得字符的个数。

语法：LEN（字符串）。

任务五　坏账准备计提表

如果企业预计无法收回应收账款时，就应当提取坏账准备金。计提坏账准备可以降低坏账损失带来的风险，从而维持企业的正常运营。

结合应收账款账龄分析表中的数据，根据客户账龄长短，可以分别按照不同的坏账率预估坏账损失，计提坏账准备。

应收账款的坏账准备计提方法有很多种，如“余额百分比法”“账龄分析法”“销货百分比法”等。

根据大路有限责任公司的相关规定，设置表格字段，如表 7－5－1 所示。

表 7－5－1　坏账准备计提表表格字段

账龄时段	应收账款	计提比例	坏账准备金额
合计			

新建一张工作表，命名为“坏账准备计提表”。录入表头和相关字段，如图 7－5－1 所示。假设当前日期为 2018 年 12 月 28 日。

	A	B	C	D
1	坏账准备计提表			
2	当前日期:	2018/12/28		
3	账龄时段	应收账款	计提比例	坏账准备金额
4				
5				
6				
7				
8	合计			

图 7－5－1

数据输入的具体步骤如下：

步骤一：输入“账龄时段”，此处可以复制“应收账款账龄分析表”中的数据。但是“应收账款账龄分析表”中的数据排列是横向的，而“坏账准备计提表”中是纵向的，这里就需要用到选择性粘贴中的“转置”功能。

①选中“应收账款账龄分析表”中的 L4：O4 单元格区域进行复制，按快捷键“Ctrl+C”，如图 7-5-2 所示。

②返回“坏账准备计提表”，选中 A4 单元格，右击鼠标，在快捷菜单中选择“选择性粘贴”，如图 7-5-3 所示。

图 7-5-2

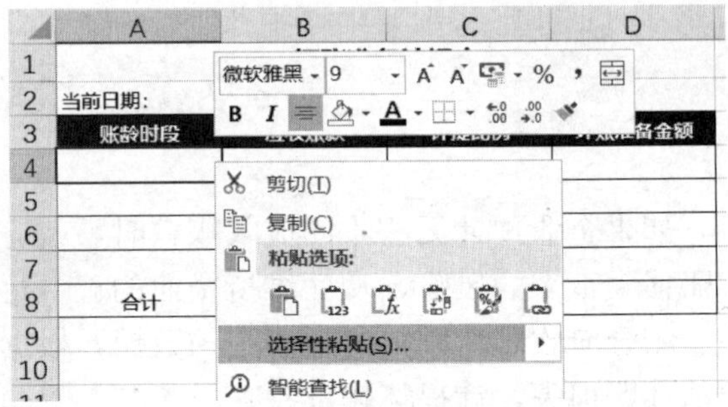

图 7-5-3

③弹出“选择性粘贴”对话框，单击“转置”前的复选框，然后单击“确定”按钮，如图 7-5-4 所示。

④返回表格，复制完成，自行设置单元格格式即可，如图 7-5-5 所示。

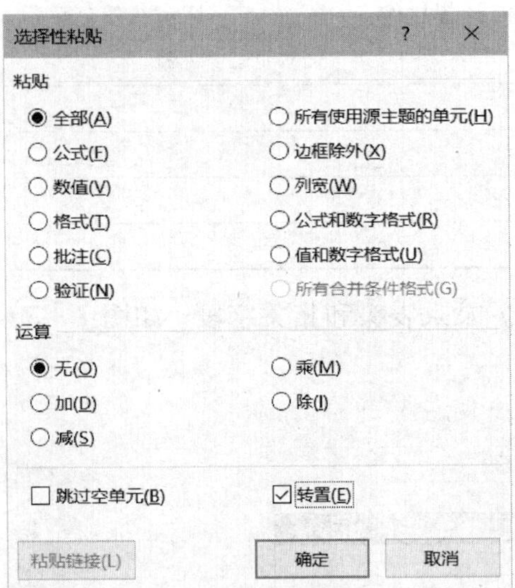

图 7-5-4

图 7-5-5

步骤二：输入“应收账款”，用同样的方法复制“应收账款账龄分析表”中的数据。需要注意的是，“应收账款账龄分析表”中各时段账龄的合计数值是公式，在复制的过程中需要将公式转换成数值。

①复制“应收账款账龄分析表”中的 L15：O15 单元格数值，如图 7-5-6 所示。

②返回“坏账准备计提表”，选中 B4 单元格，右击鼠标，在快捷菜单中选择“选择性粘贴”，弹出“选择性粘贴”对话框，粘贴方式选择“数值”，同时选择“转置”前的复选框，然后单击“确定”，如图 7-5-7 所示。

账龄分析				
0-30天	30-60天	60-90天	90天以上	合计
¥ -	¥ -	¥ -	¥ 135,000.00	¥ 135,000.00
¥ -	¥ -	¥ 24,350.00	¥ -	¥ 24,350.00
¥ -	¥ -	¥ -	¥ -	¥ -
¥ -	¥ -	¥ 76,000.00	¥ -	¥ 76,000.00
¥ -	¥ 10,000.00	¥ -	¥ -	¥ 10,000.00
¥ -	¥ 2,000.00	¥ -	¥ -	¥ 2,000.00
¥ 68,000.00	¥ -	¥ -	¥ -	¥ 68,000.00
¥ 7,000.00	¥ -	¥ -	¥ -	¥ 7,000.00
¥ -	¥ -	¥ -	¥ -	¥ 36,570.00
¥ -	¥ -	¥ -	¥ -	¥ 36,900.00
¥ 75,000.00	¥ 12,000.00	¥ 100,350.00	¥ 135,000.00	¥ 395,820.00

图 7-5-6

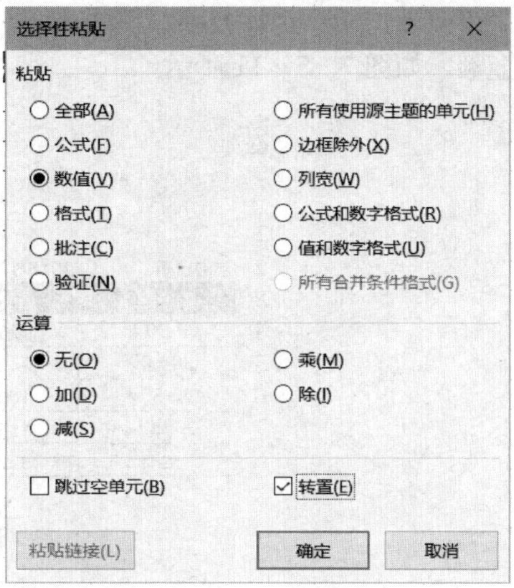

图 7-5-7

③返回表格，数据复制成功。此时单元格中的数据表现为“数值”形式，而不是公式，如图 7-5-8 所示。

B4　75000

坏账准备计提表			
当前日期:	2018/12/28		
账龄时段	应收账款	计提比例	坏账准备金额
0-30天	¥ 75,000.00		
30-60天	¥ 12,000.00		
60-90天	¥ 100,350.00		
90天以上	¥ 135,000.00		
合计			

图 7-5-8

步骤三：输入计提比例。将单元格设置为“百分比”格式，直接录入即可，如图 7-5-9 所示。

步骤四：计算坏账准备金额。先将 D 列数值填写区域格式设置为“会计专用”格式。在 D4 单元格输入公式“=B4＊C4”，并将公式填充至 D5：D7 单元格，如图 7-5-10 所示。

坏账准备计提表			
当前日期:	2018/12/28		
账龄时段	应收账款	计提比例	坏账准备金额
0-30天	¥ 75,000.00	0%	
30-60天	¥ 12,000.00	1%	
60-90天	¥ 100,350.00	2%	
90天以上	¥ 135,000.00	5%	
合计			

图 7-5-9

坏账准备计提表			
当前日期:	2018/12/28		
账龄时段	应收账款	计提比例	坏账准备金额
0-30天	¥ 75,000.00	0%	¥ -
30-60天	¥ 12,000.00	1%	¥ 120.00
60-90天	¥ 100,350.00	2%	¥ 2,007.00
90天以上	¥ 135,000.00	5%	¥ 6,750.00
合计			

图 7-5-10

步骤五：计算合计金额。使用 SUM 公式计算“应收账款”和“坏账准备金额”的合计金额，如图 7－5－11 所示。

图 7－5－11

项目八
Excel 与进销存管理

采购、销售和库存是进销存管理的三个重要环节。进销存管理能够有效地辅助企业解决业务管理、销售管理、存货管理等方面的问题，是实现企业内部有效管理的重要环节。采购就是将企业新购进的原材料、商品等入库，并登记备查；销售就是记录销售情况，汇总销售数据，然后对销售数据进行处理和分析；存货是企业会计核算和管理中的一个非常重要的环节，存货管理的好坏与信息提供的准确与否，会直接影响到企业的采购、生产和销售业务的进行。

正是因为进销存管理的重要性，很多企业都使用了进销存软件，软件的各项功能都已非常完善，但是正版软件都需付费。Excel 软件同样能够实现进销存数据的管理，这可以为企业节省一笔开支。

任务概况

大路集团有限公司库存商品资料如表 8-0-1 所示。

表 8-0-1 库存商品资料

编码	产品名称	单位
1001	产品 A	台
1002	产品 B	台
1003	产品 C	台
1004	产品 D	台
1005	产品 E	张
1006	产品 F	张
1007	产品 G	张
1008	产品 H	张

2018 年 11 月月底的库存明细如表 8-0-2 所示。

表 8-0-2　2018 年 11 月月底的库存明细表

编码	产品名称	期初数量	期初金额
1001	产品 A	35	1 960
1002	产品 B	60	1 740
1003	产品 C	92	3 588
1004	产品 D	56	3 864
1005	产品 E	65	6 630
1006	产品 F	103	3 708
1007	产品 G	106	8 268
1008	产品 H	98	4 802

根据财务制度的规定，存货的日常收发按实际成本法核算，发出存货采用月末一次加权平均法。

知识点

- 采购管理
- 库存管理
- 销售管理

任务一　采购管理

做好进销存的管理，首先要做好商品或材料的采购工作。采购管理一般由采购部门负责。采购流程为：当库管员发现原材料不足时，通知采购部门→采购员确认信息后，提交采购申请→审核通过后，与供应商沟通，签订采购合同→供应商送达货物后，实物入库→采购部门负责处理货物款项、索取发票等事宜。

在处理采购业务时，采购部门需要登记“采购明细表”，用于数据的统计汇总。财务部门根据“采购明细表”，统计汇总与供应商之间的应付账款。应付账款的管理表格与应收账款的类似，此处不再做详细讲解。

采购明细表主要包括采购日期、采购合同编号、供应商信息、采购货物信息等。企业可结合实际情况设计字段。

采购明细表的设计如图 8-1-1 所示。

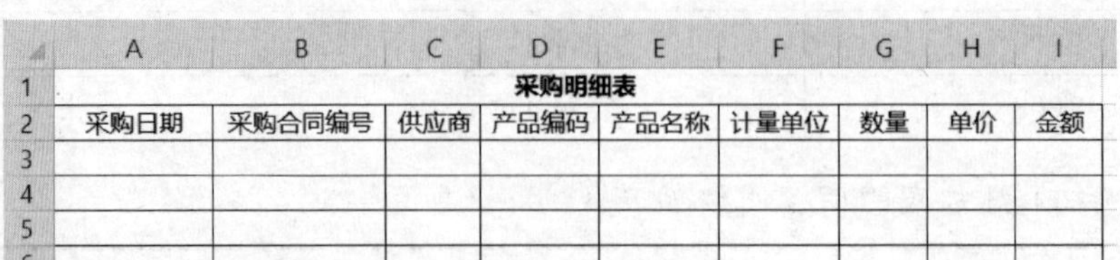

图 8-1-1

在登记“采购明细表”之前，先要规范基础信息，如产品基础信息。新建一张工作表，命名为“产品编码”，输入产品基础信息，如图 8-1-2 所示。

	A	B	C
1	产品编码	产品名称	计量单位
2	1001	产品A	台
3	1002	产品B	台
4	1003	产品C	台
5	1004	产品D	台
6	1005	产品E	张
7	1006	产品F	张
8	1007	产品G	张
9	1008	产品H	张

图 8-1-2

采购员根据每日的采购情况，逐行填写“采购明细表”即可。具体填写步骤如下：

(1)“采购日期”字段设置为“日期”格式，根据实际采购日期填列。

(2)“采购合同编号”。采购货物一般都需要签订采购合同，可根据公司的合同编码规则进行编号，以便于查询。

(3)“供应商”字段可设置数据有效性，在下拉菜单中选择供应商名称，而不是随意录入，以便于数据的分类汇总。

(4)“产品编码”，根据“产品编码”工作表中的编码填列。

(5)“产品名称”“计量单位”可通过设置 VLOOKUP 函数，根据录入的产品编码自动生成。以第 3 行举例，在 E3 单元格输入公式“=VLOOKUP（D3，产品编码！$A$1：$C$9，2，0）”，在 F3 单元格输入公式“=VLOOKUP（D3，产品编码！$A$1：$C$9，3，0）”。

(6)“单价”“数量”按实录入即可。

(7)“金额”=单价×数量，设置公式可自动生成，以第 3 行为例，在 I3 单元格输入公式“=G3 * H3”。

录入数据后最终生成的表格如图 8-1-3 所示。

	A	B	C	D	E	F	G	H	I
1	采购明细表								
2	采购日期	采购合同编号	供应商	产品编码	产品名称	计量单位	数量	单价	金额
3	2018/12/1	CG1201	公司1	1002	产品B	台	50	29	1450
4	2018/12/3	CG1202	公司1	1001	产品A	台	50	55	2750
5	2018/12/5	CG1203	公司3	1003	产品C	台	20	40	800
6	2018/12/9	CG1204	公司3	1004	产品D	台	40	69	2760
7	2018/12/10	CG1205	公司2	1008	产品H	张	50	50	2500
8	2018/12/10	CG1205	公司2	1006	产品F	张	60	36	2160
9	2018/12/12	CG1206	公司1	1001	产品A	台	30	55	1650
10	2018/12/13	CG1207	公司3	1003	产品C	台	50	40	2000
11	2018/12/15	CG1208	公司1	1002	产品B	台	40	29	1160
12	2018/12/20	CG1209	公司2	1008	产品H	张	30	50	1500

图 8-1-3

根据需要，可对采购明细表进行分类汇总，如查询某一产品的采购情况、查询某一供应商所有的采购情况等。关于如何分类汇总，之前的章节中已详细讲解，此处不再展开叙述。

任务二　销售管理

销售业务是企业实现经营利润的关键环节。一般情况下，销售数据都是以流水账的形式记录的。接下来创建“销售明细表”，通过销售明细表来管理销售数据，然后对销售数据进行分析和汇总。销售管理工作一般由销售部门负责。

销售明细表主要包括销售日期、销售合同编号、客户信息、销售货物信息等。企业可结合实际情况设计字段。

销售明细表的设计如图 8－2－1 所示。

	A	B	C	D	E	F	G	H	I
1	销售明细表								
2	销售日期	销售合同编号	客户名称	产品编码	产品名称	计量单位	出库数量	销售单价	销售金额
3									
4									
5									

图 8－2－1

在登记“销售明细表”之前，同样先要规范基础信息，如产品基础信息。为了便于统计，应确保产品基础信息与“采购明细表”一致。

销售人员根据每日的销售情况，逐行填写“销售明细表”。具体填写步骤与“采购明细表”类似，此处不再展开叙述。录入数据后最终生成的表格如图 8－2－2 所示。

	A	B	C	D	E	F	G	H	I
1	销售明细表								
2	销售日期	销售合同编号	客户名称	产品编码	产品名称	计量单位	出库数量	销售单价	销售金额
3	2018/12/2	XS1201	胜利公司	1008	产品H	张	50	99	4950
4	2018/12/3	XS1202	金牌公司	1007	产品G	张	80	149	11920
5	2018/12/3	XS1202	金牌公司	1006	产品F	张	65	78	5070
6	2018/12/7	XS1203	领先公司	1001	产品A	台	60	108	6480
7	2018/12/8	XS1204	胜利公司	1003	产品C	台	95	81	7695
8	2018/12/10	XS1205	金牌公司	1002	产品B	台	50	98	4900
9	2018/12/11	XS1206	领先公司	1004	产品D	台	40	92	3680
10	2018/12/12	XS1207	胜利公司	1002	产品B	台	30	98	2940
11	2018/12/12	XS1207	胜利公司	1006	产品F	张	50	78	3900
12	2018/12/12	XS1207	胜利公司	1008	产品H	张	40	99	3960
13	2018/12/18	XS1208	金牌公司	1001	产品A	台	40	108	4320
14	2018/12/20	XS1209	领先公司	1004	产品D	台	50	92	4600

图 8－2－2

有了数据源表，根据需求，同样可以对销售明细表进行分类汇总，如查询某一产品销售情况、查询某一客户所有的销售情况等。

任务三 库存管理

库存管理是企业进销存管理中非常重要的环节，与采购管理、销售管理是紧密相连的。无论是采购的原材料或者商品，还是自行生产的产品，都需要进行入库和出库的统计。

库存管理一般由仓库管理员负责。所有出入库都必须有对应的入库单和出库单，然后在库存管理表中对当月所有产品的出入库情况进行汇总。

仓库管理员需要实时关注产品存量，当产品存量不足时，及时提出采购申请，确保销售。

每月月底，仓库管理员需要根据库存结存数量进行盘点，确保数据正确，账实相符；财务部门则根据汇总生成的数据进行财务成本核算。

库存统计是对产品的出入库情况进行的综合统计，包括期初库存、本期入库、本期出库和期末库存等信息。

1. 产品编码表

产品编码表主要用于产品基础信息的填列，主要包括产品编码、产品名称、型号规格等主要字段。但凡新增产品，必须先新增产品编码，以确保数据的统一性，便于分类汇总数据。其他表格中全部引用“产品编码表”中的数据，输入“产品编码”后，产品的其他基础信息通过公式设置自动生成。

这里需要注意，基础数据设置的合理性，是数据分类汇总准确性的前提。产品编码的设置要确保唯一性，不得有重复编码；另外，同一产品严禁设置多个编码。否则，在进行数据筛选时，就会出现错误。

大路集团有限公司的产品编码表如图 8－3－1 所示。产品编码是以“1”开头的四位数序列号。如后期还需新增新的产品，按照编码规则继续添加即可。

	A	B	C
1	产品编码	产品名称	计量单位
2	1001	产品A	台
3	1002	产品B	台
4	1003	产品C	台
5	1004	产品D	台
6	1005	产品E	张
7	1006	产品F	张
8	1007	产品G	张
9	1008	产品H	张
10			

图 8－3－1

2. 期初库存表

期初库存表用于记录每月月初的库存数据，需要记录所有库存产品的数量及金额。这里要注意，期末库存的数据就是次月的期初库存数据，因此，每个月月初从上月的期末库存表中获取数据即可。

根据大路集团有限公司 2018 年 11 月月底的期末库存数据，填制 12 月份的期初库存表，如图 8－3－2 所示。

	A	B	C	D
1	期初库存表			
2				2018/12/1
3	产品编码	产品名称	期初数量	期初金额
4	1001	产品A	35	1960
5	1002	产品B	60	1740
6	1003	产品C	92	3588
7	1004	产品D	56	3864
8	1005	产品E	65	6630
9	1006	产品F	103	3708
10	1007	产品G	106	8268
11	1008	产品H	98	4802

图 8－3－2

3. 入库明细表

入库明细表用于记录本期入库的产品，以流水账的形式进行录入。这是需要注意，入库明细表有别于采购明细表，入库明细表中记录的数据以实际入库信息为准，已采购但还未到货入库的不可进行登记。

基本流程：产品入库必须办理入库手续，填写入库单后，根据入库单填写入库明细表。

企业可以根据需要设计字段，主要包括入库日期、入库单号、产品基本信息、入库数量、入库单价、入库金额等，其他字段可自行设置。大路集团有限公司的仓库管理员根据入库单填写的入库明细表，如图 8－3－3 所示。

	A	B	C	D	E	F	G
1	入库明细表						
2	入库日期	入库单号	产品编码	产品名称	入库数量	入库单价	入库金额
3	2018/12/1	RK0001	1002	产品B	50	29	1450
4	2018/12/3	RK0002	1001	产品A	50	55	2750
5	2018/12/5	RK0003	1003	产品C	20	40	800
6	2018/12/9	RK0004	1004	产品D	40	69	2760
7	2018/12/10	RK0005	1008	产品H	50	50	2500
8	2018/12/10	RK0005	1006	产品F	60	36	2160
9	2018/12/12	RK0006	1001	产品A	30	55	1650
10	2018/12/13	RK0007	1003	产品C	50	40	2000
11	2018/12/15	RK0008	1002	产品B	40	29	1160
12	2018/12/20	RK0009	1008	产品H	30	50	1500

图 8－3－3

入库明细表的编制及填写较为简单，表格填制有两个注意事项：

（1）产品编码根据产品编码表中的编码进行填制，产品名称设置公式自动生成。如有新产品入库，先到“产品编码表”新增产品编码后，再进行填制。

（2）入库金额＝入库数量×入库单价。以第3行为例，在G3单元格中输入公式“＝E3＊F3”即可。

4. 出库明细表

出库明细表用于记录本期出库的商品，以流水账的形式进行录入。这里同样需要注意，出库明细表有别于销售明细表，出库明细表中记录的数据以实际出库信息为准，销售但还未出库的不可进行登记。

基本流程：产品出库必须办理出库手续，填写出库单后，根据出库单填写出库明细表。

字段设计的原理与“入库明细表”是相似的，主要包括出库日期、出库单号、产品基本信息、出库数量、销售单价、销售金额等，其他字段可自行设置。大路集团有限公司的仓库管理员根据出库单填写的出库明细表，如图8－3－4所示。

	A	B	C	D	E	F	G
1	出库明细表						
2	出库日期	出库单号	产品编码	产品名称	出库数量	销售单价	销售金额
3	2018/12/2	CK001	1008	产品H	50	99	4950
4	2018/12/3	CK002	1007	产品G	80	149	11920
5	2018/12/3	CK002	1006	产品F	65	78	5070
6	2018/12/7	CK003	1001	产品A	60	108	6480
7	2018/12/8	CK004	1003	产品C	95	81	7695
8	2018/12/10	CK005	1002	产品B	50	98	4900
9	2018/12/11	CK006	1004	产品D	40	92	3680
10	2018/12/12	CK007	1002	产品B	30	98	2940
11	2018/12/12	CK007	1006	产品F	50	78	3900
12	2018/12/12	CK007	1008	产品H	40	99	3960
13	2018/12/18	CK008	1001	产品A	40	108	4320
14	2018/12/20	CK009	1004	产品D	50	92	4600

图8－3－4

5. 库存汇总表

库存汇总表主要是反映产品的出入库及结余情况，是“入库明细表”和“出库明细表”的汇总。通过汇总，计算出产品的期末结存数量及金额。

期末结存数量＝期初数量＋入库数量－出库数量

期末结存金额＝期初金额＋入库金额－出库金额

其中，出库金额指的是出库产品的成本金额，而不是销售金额。

出库金额＝出库数量×单位成本

那产品的单位成本是多少呢？取决于企业在财务核算制度中采用的计算方法。一般企业都是采用的月末一次加权平均法来计算单位成本的，因此：

单位成本＝(期初金额＋入库金额)/(期初数量＋入库数量)

综上所述，“库存汇总表”表格应当由期初结存、本月入库、本月出库、期末结存四部分组成。表格字段设计如表 8－3－1 所示。这里就体现出商品编码、商品名称字段统一的重要性了，只有字段统一，数据统计汇总才更准确。

表 8－3－1　库存汇总表表格字段

产品编码	产品名称	期初结存		本月入库		本月出库		期末结存		单位成本
		数量	金额	数量	金额	数量	金额	数量	金额	
合计										

表格的设计思路是，首先将期初、入库、出库三部分的数据进行汇总，然后根据汇总数据计算出期末数据。数据的汇总可以通过公式设置或使用数据透视表实现，接下来就分别用两种方法来汇总数据。

方法一：通过公式设置。

步骤一：新建一张工作表命名为“库存汇总表 1”，根据上述字段编制表格，如图 8－3－5 所示。

	A	B	C	D	E	F	G	H	I	J	K
1						库存汇总表					
2	日期:	2018年12月									
3	产品编码	产品名称	期初结存		本月入库		本月出库		期末结存		单位成本
4			数量	金额	数量	金额	数量	金额	数量	金额	
5											
6											
7											
8											
9											
10											
11											
12											
13		合计									

图 8－3－5

步骤二：复制粘贴商品编码中所有的“产品编码”和“产品名称”字段。注意，一定要复制完整，如有缺失，会影响数据的汇总。复制后如图 8－3－6 所示。

	A	B	C	D	E	F	G	H	I	J	K
1						库存汇总表					
2	日期:	2018年12月									
3	产品编码	产品名称	期初结存		本月入库		本月出库		期末结存		单位成本
4			数量	金额	数量	金额	数量	金额	数量	金额	
5	1001	产品A									
6	1002	产品B									
7	1003	产品C									
8	1004	产品D									
9	1005	产品E									
10	1006	产品F									
11	1007	产品G									
12	1008	产品H									
13		合计									

图 8－3－6

步骤三：从“期初库存表”中获取期初结存数据，可使用 VLOOKUP 函数，设置公式时，以“产品编码”为查找关键词。以第 5 行为例，在 C5 单元格中输入公式“=VLOOKUP(A5,期初库存表!$A$3:$D$11,3,FALSE)”；在 D5 单元格中输入公式“=VLOOKUP(A5,期初库存表!$A$3:$D$11,4,FALSE)”。然后将公式填充至 C 列和 D 列相应单元格区域即可。数据录入后如图 8-3-7 所示。

库存汇总表

日期：2018年12月

产品编码	产品名称	期初结存		本月入库		本月出库		期末结存		单位成本
		数量	金额	数量	金额	数量	金额	数量	金额	
1001	产品A	35	1960							
1002	产品B	60	1740							
1003	产品C	92	3588							
1004	产品D	56	3864							
1005	产品E	65	6630							
1006	产品F	103	3708							
1007	产品G	106	8268							
1008	产品H	98	4802							
合计										

图 8-3-7

步骤四：从“入库明细表”中汇总本期入库数据，可使用 SUMIF 函数，对同一产品的入库数据进行汇总。以第 5 行为例，在 E5 单元格中输入公式“=SUMIF(入库明细表!$C$3:$E$12,A5,入库明细表!$E$3:$E$12)”，在 F5 单元格中输入公式“=SUMIF(入库明细表!$C$3:$G$12,A5,入库明细表!$G$3:$G$12)”。然后将公式填充至 E 列和 F 列相应单元格区域即可。数据录入后如图 8-3-8 所示。

库存汇总表

日期：2018年12月

产品编码	产品名称	期初结存		本月入库		本月出库		期末结存		单位成本
		数量	金额	数量	金额	数量	金额	数量	金额	
1001	产品A	35	1960	80	4400					
1002	产品B	60	1740	90	2610					
1003	产品C	92	3588	70	2800					
1004	产品D	56	3864	40	2760					
1005	产品E	65	6630	0	0					
1006	产品F	103	3708	60	2160					
1007	产品G	106	8268	0	0					
1008	产品H	98	4802	80	4000					
合计										

图 8-3-8

步骤五：计算单位成本。单位成本=(期初金额+入库金额)/(期初数量+入库数量)。为了保证金额计算准确，应使用 ROUND 函数对数据进行四舍五入。以第 5 行为例，在 K5 单元格输入公式“=ROUND((D5+F5)/(C5+E5),2)”，并将公式填充至 K 列相应单元格区域。数据录入后如图 8-3-9 所示。

	A	B	C	D	E	F	G	H	I	J	K
1	库存汇总表										
2	日期:	2018年12月									
3	产品编码	产品名称	期初结存		本月入库		本月出库		期末结存		单位成本
4			数量	金额	数量	金额	数量	金额	数量	金额	
5	1001	产品A	35	1960	80	4400					55.3
6	1002	产品B	60	1740	90	2610					29
7	1003	产品C	92	3588	70	2800					39.43
8	1004	产品D	56	3864	40	2760					69
9	1005	产品E	65	6630	0	0					102
10	1006	产品F	103	3708	60	2160					36
11	1007	产品G	106	8268	0	0					78
12	1008	产品H	98	4802	80	4000					49.45
13		合计									

图 8-3-9

步骤六：填制“本月出库”的相关数据。从“出库明细表”中汇总本期出库数量，方法与步骤三相同。以第 5 行为例，在 G5 单元格输入公式“=SUMIF(出库明细表！\$C\$3：\$E\$14,A5,出库明细表！\$E\$3：\$E\$14)”，并将公式填充至 G 列相应单元格区域。然后计算出库金额，出库金额=出库数量×单位成本，以第 5 行为例，在 H5 单元格输入公式“=G5＊K5”，并将公式填充至 H 列相应单元格区域。数据录入后如图8-3-10 所示。

	A	B	C	D	E	F	G	H	I	J	K
1	库存汇总表										
2	日期:	2018年12月									
3	产品编码	产品名称	期初结存		本月入库		本月出库		期末结存		单位成本
4			数量	金额	数量	金额	数量	金额	数量	金额	
5	1001	产品A	35	1960	80	4400	100	5530			55.3
6	1002	产品B	60	1740	90	2610	80	2320			29
7	1003	产品C	92	3588	70	2800	95	3745.85			39.43
8	1004	产品D	56	3864	40	2760	90	6210			69
9	1005	产品E	65	6630	0	0	0	0			102
10	1006	产品F	103	3708	60	2160	115	4140			36
11	1007	产品G	106	8268	0	0	80	6240			78
12	1008	产品H	98	4802	80	4000	90	4450.5			49.45
13		合计									

图 8-3-10

步骤七：填制期末结存的相关数据。期末结存数量=期初数量+入库数量-出库数量，在 I5 单元格输入公式“=C5+E5-G5”；期末结存金额=期初金额+入库金额-出库金额，在 J5 单元格输入公式“=D5+F5-H5”；然后将公式填充至 I 列和 J 列相应单元格区域。数据录入后如图 8-3-11 所示。

步骤八：使用 SUM 函数，汇总各列数据。在 C13 单元格输入公式“=SUM(C5：C12)”，并将公式填充至 D13：J13 单元格区域。数据录入后如图 8-3-12 所示。

库存汇总表										
日期:	2018年12月									
产品编码	产品名称	期初结存		本月入库		本月出库		期末结存		单位成本
		数量	金额	数量	金额	数量	金额	数量	金额	
1001	产品A	35	1960	80	4400	100	5530	15	830	55.3
1002	产品B	60	1740	90	2610	80	2320	70	2030	29
1003	产品C	92	3588	70	2800	95	3745.85	67	2642.15	39.43
1004	产品D	56	3864	40	2760	90	6210	6	414	69
1005	产品E	65	6630	0	0	0	0	65	6630	102
1006	产品F	103	3708	60	2160	115	4140	48	1728	36
1007	产品G	106	8268	0	0	80	6240	26	2028	78
1008	产品H	98	4802	80	4000	90	4450.5	88	4351.5	49.45
	合计									

图 8-3-11

库存汇总表										
日期:	2018年12月									
产品编码	产品名称	期初结存		本月入库		本月出库		期末结存		单位成本
		数量	金额	数量	金额	数量	金额	数量	金额	
1001	产品A	35	1960	80	4400	100	5530	15	830	55.3
1002	产品B	60	1740	90	2610	80	2320	70	2030	29
1003	产品C	92	3588	70	2800	95	3745.85	67	2642.15	39.43
1004	产品D	56	3864	40	2760	90	6210	6	414	69
1005	产品E	65	6630	0	0	0	0	65	6630	102
1006	产品F	103	3708	60	2160	115	4140	48	1728	36
1007	产品G	106	8268	0	0	80	6240	26	2028	78
1008	产品H	98	4802	80	4000	90	4450.5	88	4351.5	49.45
	合计	615	34560	420	18730	650	32636.4	385	20653.65	

图 8-3-12

方法二：使用数据透视表。

在创建数据透视表之前，需要先调整一下“入库明细表”中字段的顺序，并且对需要汇总的字段进行编号，以便于在数据透视表中按照指定的顺序排列。复制“期初库存表”“入库明细表”“出库明细表”三张工作表并分别命名为“期初库存表 1”“入库明细表 1”“出库明细表 1”，调整数据后的表格如图 8-3-13 至图 8-3-15 所示。然后根据这 3 张表来创建数据透视表。

期初库存表			
			2018/12/1
产品编码	产品名称	1期初数量	2期初金额
1001	产品A	35	1960
1002	产品B	60	1740
1003	产品C	92	3588
1004	产品D	56	3864
1005	产品E	65	6630
1006	产品F	103	3708
1007	产品G	106	8268
1008	产品H	98	4802

图 8-3-13

入库明细表						
入库日期	入库单号	产品编码	产品名称	3入库数量	4入库金额	入库单价
2018/12/1	RK0001	1002	产品B	50	1450	29
2018/12/3	RK0002	1001	产品A	50	2750	55
2018/12/5	RK0003	1003	产品C	20	800	40
2018/12/9	RK0004	1004	产品D	40	2760	69
2018/12/10	RK0005	1008	产品H	50	2500	50
2018/12/10	RK0005	1006	产品F	60	2160	36
2018/12/12	RK0006	1001	产品A	30	1650	55
2018/12/13	RK0007	1003	产品C	50	2000	40
2018/12/15	RK0008	1002	产品B	40	1160	29
2018/12/20	RK0009	1008	产品H	30	1500	50

图 8-3-14

	A	B	C	D	E	F	G
1	出库明细表						
2	出库日期	出库单号	产品编码	产品名称	5出库数量	销售单价	销售金额
3	2018/12/2	CK001	1008	产品H	50	99	4950
4	2018/12/3	CK002	1007	产品G	80	149	11920
5	2018/12/3	CK002	1006	产品F	65	78	5070
6	2018/12/7	CK003	1001	产品A	60	108	6480
7	2018/12/8	CK004	1003	产品C	95	81	7695
8	2018/12/10	CK005	1002	产品B	50	98	4900
9	2018/12/11	CK006	1004	产品D	40	92	3680
10	2018/12/12	CK007	1002	产品B	30	98	2940
11	2018/12/12	CK007	1006	产品F	50	78	3900
12	2018/12/12	CK007	1008	产品H	40	99	3960
13	2018/12/18	CK008	1001	产品A	40	108	4320
14	2018/12/20	CK009	1004	产品D	50	92	4600

图 8－3－15

步骤一：新建一张工作表命名为“库存汇总表 2”，设置数据透视表向导功能。

之前的章节中介绍过如何选择一张工作表或区域创建数据透视表，但是根据“库存汇总表”的表格设计需求，我们需要选择多张工作表中的数据。Excel 2016 版本中创建数据透视表，在弹出的“创建数据透视表”对话中，我们并没有看到选择多个表或区域的相关字段，这个功能或许被 2016 版本隐藏了，当然我们依然能够把它找出来。

①在功能区上方的“自定义快速访问工具栏”下拉菜单中选择“其他命令”，如图 8－3－16 所示。

②在弹出的“Excel 选项”对话框中，“从下列位置选择命令”的下拉列表中选择“不在功能区中的命令”，从命令列表框中选择“数据透视表和数据透视图向导”命令，单击“添加”按钮，将其添加到快速访问工具栏，然后单击“确定”按钮，如图 8－3－17 所示。

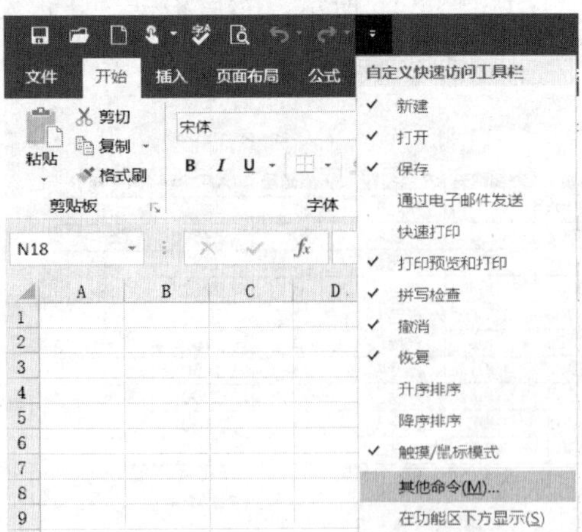

图 8－3－16

图 8－3－17

步骤二：回到工作表，然后单击快速访问工具栏中的“数据透视表和数据透视图向导”按钮，如图 8－3－18 所示，打开“数据透视表和数据透视图向导”对话框，按步骤进行设置，共分为 3 步。

图 8－3－18

①“步骤 1”对话框中，在“请指定待分析数据的数据源类型”中选择“多重合并计算数据区域”，“所需创建的报表类型”中选择“数据透视表”，然后单击“下一步”，如图 8－3－19 所示。

②“步骤 2a”对话框中，在“请指定所需的页字段数目”中选择“自定义页字段”，然后单击“下一步”，如图 8－3－20 所示。

图 8－3－19

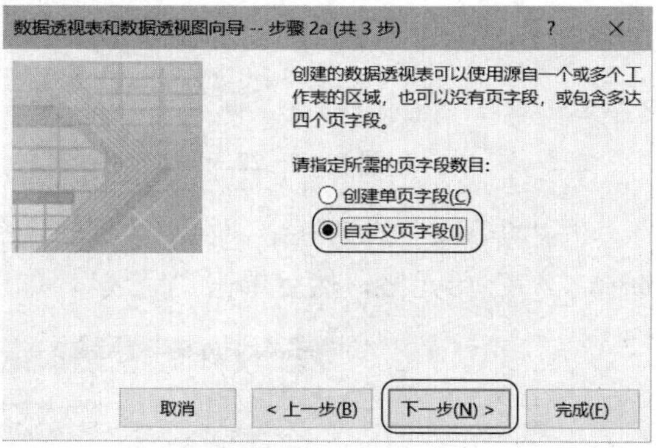

图 8－3－20

③“第 2b 步”对话框中，“选定区域”选择“期初库存表 1！ $B$3：$D$11”（可通过鼠标拖动选取数据），单击“添加”按钮，就会显示在“所有区域”框内；在“请先指定要建立在数据透视表中的页字段数目”中选择“1”的复选框，然后在“字段 1”中输入“期初结存”，如图 8－3－21 所示。

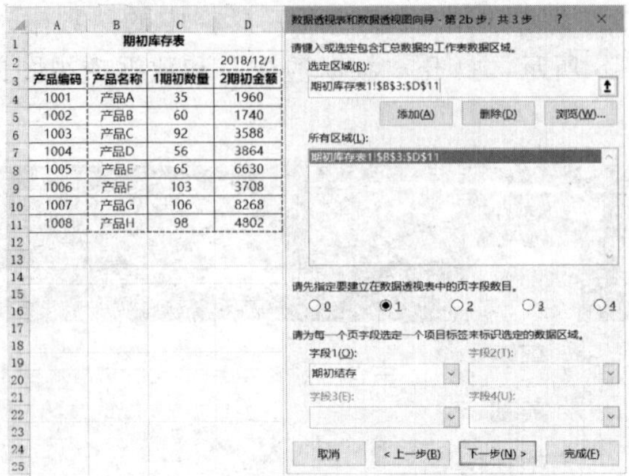

图 8-3-21

④用同样的方法选取其他两张工作表中的数据，如图 8-3-22 和图 8-3-23 所示。区域选定完成后，单击“下一步”。

图 8-3-22

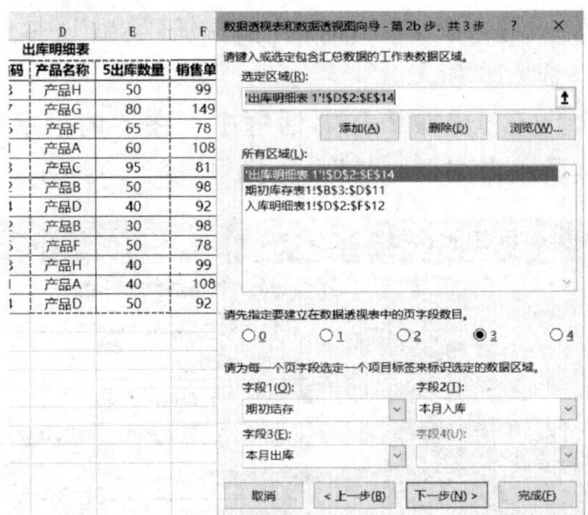

图 8-3-23

⑤“步骤 3”对话框中，在“数据透视表显示位置”中选择“现有工作表”，鼠标单击选择“A1”单元格，然后单击“完成”，如图 8-3-24 所示。

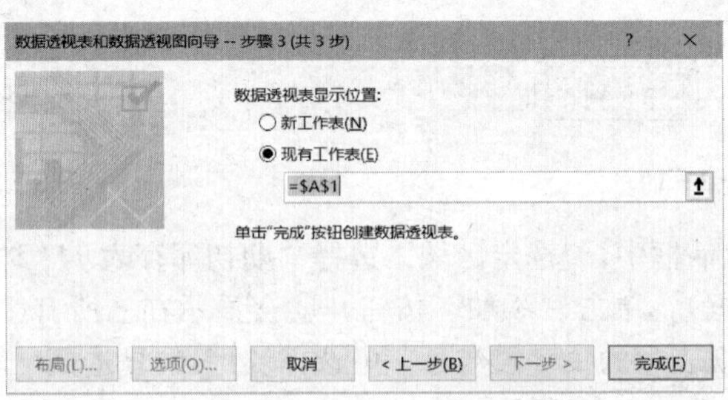

图 8-3-24

步骤三：返回工作表，数据透视表已自动生成，如图 8－3－25 所示。

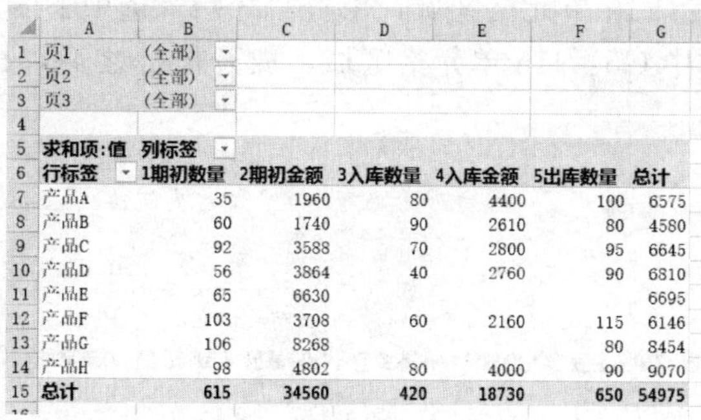

	A	B	C	D	E	F	G
1	页1	(全部)					
2	页2	(全部)					
3	页3	(全部)					
4							
5	求和项:值	列标签					
6	行标签	1期初数量	2期初金额	3入库数量	4入库金额	5出库数量	总计
7	产品A	35	1960	80	4400	100	6575
8	产品B	60	1740	90	2610	80	4580
9	产品C	92	3588	70	2800	95	6645
10	产品D	56	3864	40	2760	90	6810
11	产品E	65	6630				6695
12	产品F	103	3708	60	2160	115	6146
13	产品G	106	8268			80	8454
14	产品H	98	4802	80	4000	90	9070
15	总计	615	34560	420	18730	650	54975

图 8－3－25

步骤四：调整数据透视表的设计格式。

①此处无须对行进行汇总，单击“数据透视表工具”组中的“设计”下的“总计”，在下拉列表中选择“仅对列启用”，此时 G 列的“总计”就被删除了，如图 8－3－26 所示。

②在“报表布局”下拉列表中选择“以表格形式显示”，如图 8－3－27 所示。

图 8－3－26

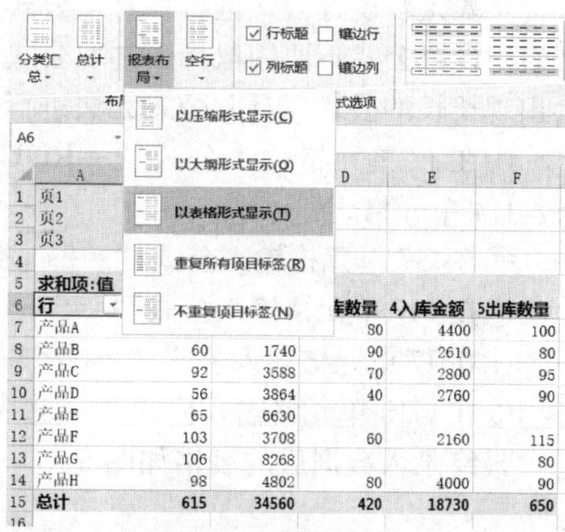

图 8－3－27

步骤五：新增字段，完善数据。根据库存汇总表字段要求，增加字段如图 8－3－28 所示。

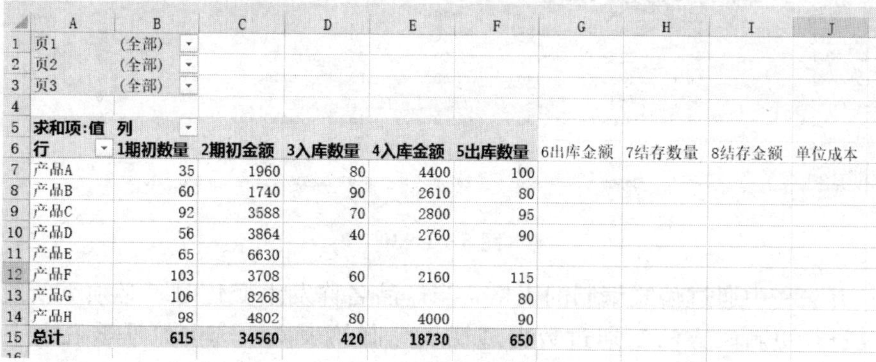

	A	B	C	D	E	F	G	H	I	J
1	页1	(全部)								
2	页2	(全部)								
3	页3	(全部)								
4										
5	求和项:值	列								
6	行	1期初数量	2期初金额	3入库数量	4入库金额	5出库数量	6出库金额	7结存数量	8结存金额	单位成本
7	产品A	35	1960	80	4400	100				
8	产品B	60	1740	90	2610	80				
9	产品C	92	3588	70	2800	95				
10	产品D	56	3864	40	2760	90				
11	产品E	65	6630							
12	产品F	103	3708	60	2160	115				
13	产品G	106	8268			80				
14	产品H	98	4802	80	4000	90				
15	总计	615	34560	420	18730	650				

图 8－3－28

此时，字段格式不一致，可以将前半部分的格式，使用“格式刷”功能将格式复制到新增字段区域。选中 F5：F15 单元格区域，单击“开始”选项下的“剪贴板”中的“格式刷”，然后拖动鼠标，选中 G5：J15 单元格区域，放开鼠标之后，格式即复制成功，如图 8－3－29 所示。

	A	B	C	D	E	F	G	H	I	J
1	页1	(全部)								
2	页2	(全部)								
3	页3	(全部)								
4										
5	**求和项:值**	**列**								
6	**行**	**1期初数量**	**2期初金额**	**3入库数量**	**4入库金额**	**5出库数量**	**6出库金额**	**7结存数量**	**8结存金额**	**单位成本**
7	产品A	35	1960	80	4400	100				
8	产品B	60	1740	90	2610	80				
9	产品C	92	3588	70	2800	95				
10	产品D	56	3864	40	2760	90				
11	产品E	65	6630							
12	产品F	103	3708	60	2160	115				
13	产品G	106	8268			80				
14	产品H	98	4802	80	4000	90				
15	**总计**	**615**	**34560**	**420**	**18730**	**650**				

图 8－3－29

步骤六：设置公式进行计算，公式设置与方法一相同。这里需要注意的是，在数据透视表中设置公式不要用鼠标去选取公式计算的单元格，而是直接输入单元格的地址，否则会出现长长的公式，且此公式无法进行拖动复制。

①在 J7 单元格输入公式“＝ROUND((C7＋E7)/(B7＋D7),2)”，并将公式填充至 J8：J14 单元格。

②在 G7 单元格输入公式“＝F7＊J7”，并将公式填充至 G8：G14 单元格。

③在 H7 单元格输入公式“＝B7＋D7－F7”，并将公式填充至 H8：H14 单元格。

④在 I7 单元格输入公式“＝C7＋E7－G7”，并将公式填充至 I8：I14 单元格。

⑤在 G15 单元格输入公式“＝SUM(G7：G14)”，并将公式填充至 H15：I15 单元格。最终录入数据后的表格如图 8－3－30 所示。

	A	B	C	D	E	F	G	H	I	J
1	页1	(全部)								
2	页2	(全部)								
3	页3	(全部)								
4										
5	**求和项:值**	**列**								
6	**行**	**1期初数量**	**2期初金额**	**3入库数量**	**4入库金额**	**5出库数量**	**6出库金额**	**7结存数量**	**8结存金额**	**单位成本**
7	产品A	35	1960	80	4400	100	5530	15	830	55.3
8	产品B	60	1740	90	2610	80	2320	70	2030	29
9	产品C	92	3588	70	2800	95	3745.85	67	2642.15	39.43
10	产品D	56	3864	40	2760	90	6210	6	414	69
11	产品E	65	6630				0	65	6630	102
12	产品F	103	3708	60	2160	115	4140	48	1728	36
13	产品G	106	8268			80	6240	26	2028	78
14	产品H	98	4802	80	4000	90	4450.5	88	4351.5	49.45
15	**总计**	**615**	**34560**	**420**	**18730**	**650**	**32636.35**	**385**	**20653.65**	

图 8－3－30

提示：方法一中通过公式编制的表格，当产品名称发生变化时，必须重新复制，其他数据会自动进行更新。方法二通过数据透视表编制的表格，选中数据透视表中任一单元格，单击右键，在快捷菜单中选择“刷新”，所有数据都会自动更新。

项目九
Excel 与财务分析

财务分析是评价企业经营业绩及财务状况的重要依据，是通过收集、整理企业财务会计报告中的有关数据，并结合其他有关补充信息，对企业的财务状况、经营成果等进行综合的比较和评价，可以为改进企业财务管理工作、为决策层提供重要的财务信息和依据，对财务人员来说是一项十分重要的工作。

企业现行财务分析指标包括三个方面的内容：偿债能力指标、营运能力指标和盈利能力指标。通过分析比较将可能影响经营成果和财务状况的微观因素和宏观因素、主观因素和客观因素加以区分，划清责任界限，客观评价经营者的业绩，促进经营管理者管理水平的提高。

财务分析的数据来源主要是企业的财务报表，其中资产负债表和利润表尤为重要。

任务概况

大路有限责任公司 2018 年 12 月的资产负债表和利润表如图 9-0-1、图 9-0-2 所示。财务报表可从财务软件中导出。本任务中的财务报表采用的是 2018 年的版本。

将“资产负债表”和“利润表”合并至一个工作簿内，如图 9-0-3、图 9-0-4、图 9-0-5 所示。财务分析将报表作为数据来源进行数据获取。

资产负债表

会企01表

编制单位:大路有限责任公司　　2018 年12月31日　　单位：元

资　产	期末余额	年初余额	负债和所有者权益（或股东权益）	期末余额	年初余额
流动资产:			流动负债:		
货币资金	1,677,890.00	1,342,380.00	短期借款	798,170.00	400,000.00
以公允价值计量且其变动计入当期损益的金融资产	-	-	以公允价值计量且其变动计入当期损益的金融负债	-	-
衍生金融资产	-	-	衍生金融负债	-	-
应收票据及应收账款	589,000.00	450,000.00	应付票据及应付账款	472,420.00	312,000.00
预付款项	61,395.00	200,000.00	预收款项	23,824.00	86,080.00
其他应收款	60,500.00	54,000.00	应付职工薪酬	101,040.00	92,000.00
存货	1,324,500.00	870,000.00	应交税费	128,970.00	84,670.00
持有待售资产	-	-	其他应付款	28,203.00	1,550.00
一年内到期的非流动资产	-	-	持有待售负债	15,464.00	-
其他流动资产	-	-	一年内到期的非流动负债	-	-
流动资产合计	3,713,285.00	2,916,380.00	其他流动负债	-	-
非流动资产:			流动负债合计	1,568,091.00	976,300.00
可供出售金融资产	-	-	非流动负债:		
持有至到期投资	-	-	长期借款	-	500,000.00
长期应收款	-	-	应付债券	-	-
长期股权投资	-	-	其中：优先股	-	-
投资性房地产	-	-	永续债	-	-
固定资产	258,567.00	197,000.00	长期应付款	-	-
在建工程	-	-	预计负债	-	-
生产性生物资产	-	-	递延收益	-	-
油气资产	-	-	递延所得税负债	-	-
无形资产	-	-	其他非流动负债	-	-
开发支出	-	-	非流动负债合计	-	500,000.00
商誉	-	-	负债合计	1,568,091.00	1,476,300.00
长期待摊费用	-	-	所有者权益（或股东权益）：		-
递延所得税资产	-	-	实收资本（或股本）	1,100,000.00	1,100,000.00
其他非流动资产	-	-	其他权益工具	-	-
非流动资产合计	258,567.00	197,000.00	其中：优先股	-	-
			永续债	-	-
			资本公积	-	-
			减：库存股	-	-
			其他综合收益	-	-
			盈余公积	-	-
			未分配利润	1,303,761.00	537,080.00
			所有者权益（或股东权益）合计	2,403,761.00	1,637,080.00
资产总计	3,971,852.00	3,113,380.00	负债和所有者权益（或股东权益）总计	3,971,852.00	3,113,380.00

图 9－0－1

利润表

编制单位：大路有限责任公司　　2018 年 12 月　　单位：元

项目	行次	本月金额	上期金额
一、营业收入	1	572,000.00	
减：营业成本	2	343,200.00	
税金及附加	3	10,982.40	
销售费用	11	13,000.00	
管理费用	14	90,417.60	
财务费用	18	4,000.00	
其中：利息费用（收入以“-”号填列）	19	-	
加：投资收益（损失以“-”号填列）	20	-	
二、营业利润（亏损以“-”号填列）	21	110,400.00	
加：营业外收入	22	-	
其中：政府补助	23	-	
减：营业外支出	24	500.00	
三、利润总额（亏损总额以“-”号填列）	30	109,900.00	
减：所得税费用	31	27,475.00	
四、净利润（净亏损以“-”号填列）	32	82,425.00	

图 9－0－2

资产负债表

会企01表

编制单位:大路有限责任公司　　2018 年12月31日　　单位: 元

行	资　产	期末余额	年初余额	负债和所有者权益（或股东权益）	期末余额	年初余额
5	流动资产:			流动负债:		
6	货币资金	1,677,890.00	1,342,380.00	短期借款	798,170.00	400,000.00
7	以公允价值计量且其变动计入当期损益的金融资产	-	-	以公允价值计量且其变动计入当期损益的金融负债	-	-
8	衍生金融资产	-	-	衍生金融负债	-	-
9	应收票据及应收账款	589,000.00	450,000.00	应付票据及应付账款	472,420.00	312,000.00
10	预付款项	61,395.00	200,000.00	预收款项	23,824.00	86,080.00
11	其他应收款	60,500.00	54,000.00	应付职工薪酬	101,040.00	92,000.00
12	存货	1,324,500.00	870,000.00	应交税费	128,970.00	84,670.00
13	持有待售资产	-	-	其他应付款	28,203.00	1,550.00
14	一年内到期的非流动资产	-	-	持有待售负债	15,464.00	-
15	其他流动资产	-	-	一年内到期的非流动负债	-	-
16	流动资产合计	3,713,285.00	2,916,380.00	其他流动负债	-	-
17	非流动资产:			流动负债合计	1,568,091.00	976,300.00
18	可供出售金融资产	-	-	非流动负债:		
19	持有至到期投资	-	-	长期借款	-	500,000.00
20	长期应收款	-	-	应付债券	-	-
21	长期股权投资	-	-	其中：优先股	-	-
22	投资性房地产	-	-	永续债	-	-
23	固定资产	258,567.00	197,000.00	长期应付款	-	-

图 9-0-3

资产负债表

会企01表

编制单位:大路有限责任公司　　2018 年12月31日　　单位: 元

行	资　产	期末余额	年初余额	负债和所有者权益（或股东权益）	期末余额	年初余额
23	固定资产	258,567.00	197,000.00	长期应付款	-	-
24	在建工程	-	-	预计负债	-	-
25	生产性生物资产	-	-	递延收益	-	-
26	油气资产	-	-	递延所得税负债	-	-
27	无形资产	-	-	其他非流动负债	-	-
28	开发支出	-	-	非流动负债合计	-	500,000.00
29	商誉	-	-	负债合计	1,568,091.00	1,476,300.00
30	长期待摊费用	-	-	所有者权益（或股东权益）:		
31	递延所得税资产	-	-	实收资本（或股本）	1,100,000.00	1,100,000.00
32	其他非流动资产	-	-	其他权益工具	-	-
33	非流动资产合计	258,567.00	197,000.00	其中：优先股	-	-
34				永续债	-	-
35				资本公积	-	-
36				减：库存股	-	-
37				其他综合收益	-	-
38				盈余公积	-	-
39				未分配利润	1,303,761.00	537,080.00
40				所有者权益（或股东权益）合计	2,403,761.00	1,637,080.00
41	资产总计	3,971,852.00	3,113,380.00	负债和所有者权益（或股东权益）总计	3,971,852.00	3,113,380.00

图 9-0-4

	A	B	C	D	E
1		利润表			
2		编制单位：大路有限责任公司　　2018 年 12 月			单位：元
3		项目	行次	本月金额	上期金额
4		一、营业收入	1	572,000.00	
5		减：营业成本	2	343,200.00	
6		税金及附加	3	10,982.40	
7		销售费用	11	13,000.00	
8		管理费用	14	90,417.60	
9		财务费用	18	4,000.00	
10		其中：利息费用（收入以"-"号填列）	19	-	
11		加：投资收益（损失以"-"号填列）	20	-	
12		二、营业利润（亏损以"-"号填列）	21	110,400.00	
13		加：营业外收入	22	-	
14		其中：政府补助	23	-	
15		减：营业外支出	24	500.00	
16		三、利润总额（亏损总额以"-"号填列）	30	109,900.00	
17		减：所得税费用	31	27,475.00	
18		四、净利润（净亏损以"-"号填列）	32	82,425.00	

图 9－0－5

知识点

- 偿债能力分析
- 营运能力分析
- 盈利能力分析

任务一　偿债能力分析

偿债能力是指偿还到期债务的能力，包括短期和长期的偿债能力。企业有无支付现金的能力和偿还债务的能力，是企业能否健康生存和发展的关键。主要指标有：流动比率、速动比率、现金流动负债比率、资产负债率、产权比率等。

新建一张工作表，命名为"偿债能力分析"，制作偿债能力分析表，如图 9－1－1 所示。根据大路集团有限公司 2018 年 12 月份的报表，进行数据分析。

	A	B	C
1	偿债能力分析		
2	项目	计算公式	计算结果
3	短期偿债能力指标：		
4	流动比率	流动资产÷流动负债	
5	速动比率	速动资产÷流动负债	
6	长期偿债能力指标：		
7	资产负债率	负债总额÷资产总额	
8	产权比率	负债总额÷所有者权益	

图 9－1－1

C 列显示计算结果的单元格区域，可设置成“数值”格式，并保留 2 位小数。

1. 短期偿债能力指标

短期偿债能力是指企业流动资产对流动负债及时足额偿还的保证程度，是衡量企业当期财务能力，特别是流动资产变现能力的重要标志。

企业短期偿债能力的衡量指标主要有两项：流动比率和速动比率。计算公式如下：

流动比率＝流动资产÷流动负债

速动比率＝速动资产÷流动负债

速动资产＝流动资产－存货－预付账款－一年内到期的非流动资产－其他流动资产

流动资产既可以用于偿还流动负债，也可以用于支付日常经营所需要的资金。所以，流动比率高一般表明企业短期偿债能力较强，但如果过高，则会影响企业资金的使用效率和获利能力。国际上通常认为，流动比率的下限为 1，流动比率为 2 时，较为适当。另外，速动比率越高，说明企业偿还流动负债的能力越强。国际上通常认为，速动比率等于 1 时较为适当。如果速动比率小于 1 时，必使企业面临很大的偿债风险；但速动比率过高，表明企业会因现金及应收账款占用过多，而大大增加企业的机会成本，会影响企业的获利能力。

根据大路集团有限公司 2018 年 12 月的资产负债表，计算流动比率和速动比率。

在 C4 单元格中输入公式“＝资产负债表！C16/资产负债表！F17”，在 C5 单元格中输入公式“＝(资产负债表！C16－资产负债表！C12－资产负债表！C10－资产负债表！C14－资产负债表！C15)/资产负债表！F17”，计算结果如图 9－1－2、图 9－1－3 所示。

C4　=资产负债表!C16/资产负债表!F17

	A	B	C
1	偿债能力分析		
2	项目	计算公式	计算结果
3	短期偿债能力指标:		
4	流动比率	流动资产÷流动负债	2.37
5	速动比率	速动资产÷流动负债	
6	长期偿债能力指标:		
7	资产负债率	负债总额÷资产总额	
8	产权比率	负债总额÷所有者权益	

图 9－1－2

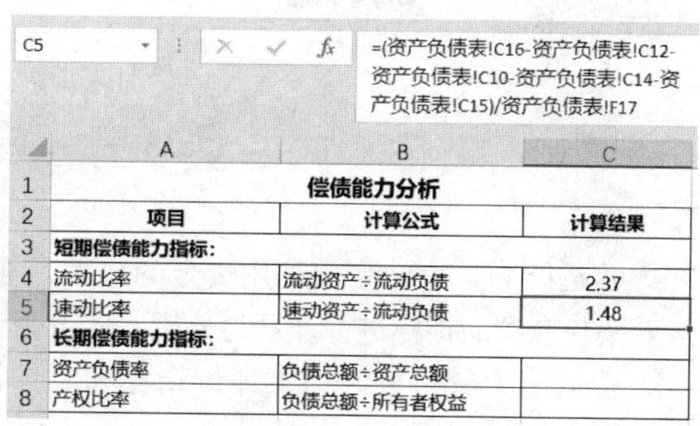

C5　=(资产负债表!C16-资产负债表!C12-资产负债表!C10-资产负债表!C14-资产负债表!C15)/资产负债表!F17

	A	B	C
1	偿债能力分析		
2	项目	计算公式	计算结果
3	短期偿债能力指标:		
4	流动比率	流动资产÷流动负债	2.37
5	速动比率	速动资产÷流动负债	1.48
6	长期偿债能力指标:		
7	资产负债率	负债总额÷资产总额	
8	产权比率	负债总额÷所有者权益	

图 9－1－3

2. 长期偿债能力指标

长期偿债能力，是指企业偿还长期负债的能力。一般而言，企业的长期负债主要是用于长期投资，因而最好是用投资产生的收益偿还利息与本金。

企业长期偿债能力的衡量指标主要有两项：资产负债率和产权比率。计算公式如下：

资产负债率＝负债总额÷资产总额

产权比率＝负债总额÷所有者权益

资产负债率又称财务杠杆，一般情况下，资产负债率越小，说明企业长期偿债能力越强。但是，也并非说该指标对谁都是越小越好。就对债权人来说，该指标越小越好，这样企业偿债越有保障。对企业所有者来说，如果该指标较大，说明利用较少的自有资本投资形成较多的生产经营用资产，不仅扩大了生产经营的规模，而且在经营状态良好的情况下，还可以利用财务杠杆的原理，得到较多的投资利润，如果该指标过小，则表明企业对财务杠杆利用不够。

但是，资产负债率过大，则表明企业的债务负担重，企业资金实力不强，不仅对债权人不利，而且企业有濒临倒闭的风险。

产权比率越低，说明企业长期偿债能力越强，债权人权益的保障程度越高，承担的风险越小。

根据大路集团有限公司 2018 年 12 月的资产负债表，计算资产负债率和产权比率。

在 C7 单元格中输入公式"＝资产负债表！F29/资产负债表！C41"，在 C8 单元格中输入公式"＝资产负债表！F29/资产负债表！F40"，计算结果如图 9－1－4、图 9－1－5 所示。

C7　=资产负债表!F29/资产负债表!C41

	A	B	C
1	偿债能力分析		
2	项目	计算公式	计算结果
3	短期偿债能力指标：		
4	流动比率	流动资产÷流动负债	2.37
5	速动比率	速动资产÷流动负债	1.48
6	长期偿债能力指标：		
7	资产负债率	负债总额÷资产总额	0.39
8	产权比率	负债总额÷所有者权益	

图 9－1－4

C8　=资产负债表!F29/资产负债表!F40

	A	B	C
1	偿债能力分析		
2	项目	计算公式	计算结果
3	短期偿债能力指标：		
4	流动比率	流动资产÷流动负债	2.37
5	速动比率	速动资产÷流动负债	1.48
6	长期偿债能力指标：		
7	资产负债率	负债总额÷资产总额	0.39
8	产权比率	负债总额÷所有者权益	0.65

图 9－1－5

任务二　营运能力分析

营运能力，反映企业利用资金的效率。企业营运能力分析就是要通过对反映企业资产营运效率与效益的指标进行计算与分析，评价企业的营运能力，为企业提高经济效益指明方向。

营运能力分析分为基本评价指标和具体评价指标，主要是存货、流动资产、固定资产和总资产周转指标。

新建一张工作表，命名为"营运能力分析"，制作营运能力分析表，如图 9－2－1 所示。根据大路集团有限公司 2018 年 12 月份的报表，进行数据分析。

	A	B	C
1	营运能力分析		
2	项目	计算公式	计算结果
3	存货周转率	营业成本÷平均存货余额	
4	流动资产周转率	营业收入÷平均流动资产总额	
5	固定资产周转率	营业收入÷平均固定资产净值	
6	总资产周转率	营业收入÷平均资产总额	

图 9－2－1

同样，C 列显示计算结果的单元格区域，可设置成“数值”格式，并保留 2 位小数。

1. 存货周转率

存货周转率＝营业成本÷平均存货余额

平均存货余额＝(存货余额年初数＋存货余额年末数)÷2

存货周转率高，表明其变现的速度越快，周转额越大，资金占用水平越低。存货也不能储存过少，否则可能造成生产中断或销售紧张；又不能储存过多而形成呆滞、积压。

根据大路集团有限公司 2018 年 12 月的资产负债表和利润表，计算存货周转率。

在 C3 单元格中输入公式“＝利润表！D5/((资产负债表！C12＋资产负债表！D12)/2)”，计算结果如图 9－2－2 所示。

C3　=利润表!D5/((资产负债表!C12+资产负债表!D12)/2)

	A	B	C
1	营运能力分析		
2	项目	计算公式	计算结果
3	存货周转率	营业成本÷平均存货余额	0.31
4	流动资产周转率	营业收入÷平均流动资产总额	
5	固定资产周转率	营业收入÷平均固定资产净值	
6	总资产周转率	营业收入÷平均资产总额	

图 9－2－2

2. 流动资产周转率

流动资产周转率＝营业收入÷平均流动资产总额

平均流动资产总额＝(流动资产总额年初数＋流动资产总额年末数)÷2

流动资产周转次数越多，表明以相同的流动资产完成的周转额越多，流动资产利用效果越好。

根据大路集团有限公司 2018 年 12 月的资产负债表和利润表，计算流动资产周转率。

在 C4 单元格中输入公式“＝利润表！D4/((资产负债表！C16＋资产负债表！D16)/2)”，计算结果如图 9－2－3 所示。

C4　=利润表!D4/((资产负债表!C16+资产负债表!D16)/2)

	A	B	C
1	营运能力分析		
2	项目	计算公式	计算结果
3	存货周转率	营业成本÷平均存货余额	0.31
4	流动资产周转率	营业收入÷平均流动资产总额	0.17
5	固定资产周转率	营业收入÷平均固定资产净值	
6	总资产周转率	营业收入÷平均资产总额	

图 9－2－3

3. 固定资产周转率

固定资产周转率=营业收入÷平均固定资产净值

平均固定资产净值=(固定资产净值年初数+固定资产净值年末数)÷2

固定资产周转率越高，表明企业固定资产利用越充分，同时也能表明企业固定资产投资得当，固定资产结构合理，能够充分发挥效率。

根据大路集团有限公司 2018 年 12 月的资产负债表和利润表，计算固定资产周转率。

在 C5 单元格中输入公式“=利润表！D4/((资产负债表！C23+资产负债表！D23)/2)”，计算结果如图 9-2-4 所示。

C5 =利润表!D4/((资产负债表!C23+资产负债表!D23)/2)

	A	B	C
1	营运能力分析		
2	项目	计算公式	计算结果
3	存货周转率	营业成本÷平均存货余额	0.31
4	流动资产周转率	营业收入÷平均流动资产总额	0.17
5	固定资产周转率	营业收入÷平均固定资产净值	2.51
6	总资产周转率	营业收入÷平均资产总额	

图 9-2-4

4. 总资产周转率

总资产周转率=营业收入÷平均资产总额

平均资产总额=(资产总额年初数+资产总额年末数)÷2

总资产周转率越高，表明企业全部资产的使用效率越高；反之，如果该指标较低，则说明企业利用全部资产进行经营的效率较差，最终会影响企业的获得能力。

根据大路集团有限公司 2018 年 12 月的资产负债表和利润表，计算总资产周转率。

在 C6 单元格输入公式“=利润表！D4/((资产负债表！C41+资产负债表！D41)/2)”，计算出结果如图 9-2-5 所示。

C6 =利润表!D4/((资产负债表!C41+资产负债表!D41)/2)

	A	B	C
1	营运能力分析		
2	项目	计算公式	计算结果
3	存货周转率	营业成本÷平均存货余额	0.31
4	流动资产周转率	营业收入÷平均流动资产总额	0.17
5	固定资产周转率	营业收入÷平均固定资产净值	2.51
6	总资产周转率	营业收入÷平均资产总额	0.16

图 9-2-5

任务三　盈利能力分析

盈利能力，也称为获利能力，反映企业获取利润的能力。盈利能力是与企业有关各方都关心的问题，也是企业成败的关键，只有长期盈利，企业才能真正做到持续经营。主要指标包括：营业利润率、净利润率、成本费用利润率、总资产报酬率和净资产收益率。

新建一张工作表，命名为“获利能力分析”，制作获利能力分析表，如图 9－3－1 所示。根据大路集团有限公司 2018 年 12 月份的报表，进行数据分析。

	A	B	C
1	获利能力分析		
2	项目	计算公式	计算结果
3	营业利润率	营业利润÷营业收入	
4	净利润率	净利润÷营业收入	
5	成本费用利润率	利润总额÷成本费用总额	
6	总资产报酬率	息税前利润总额÷平均资产总额	
7	净资产收益率	净利润÷平均净资产	

图 9－3－1

1. 营业利润率

营业利润率＝营业利润÷营业收入

营业利润率越高，表明企业市场竞争力越强，发展潜力越大，盈利能力越强。

根据大路集团有限公司 2018 年 12 月的利润表，计算营业利润率。

在 C3 单元格中输入公式“＝利润表！D12/利润表！D4”，计算结果如图 9－3－2 所示。

C3　=利润表!D12/利润表!D4

	A	B	C
1	获利能力分析		
2	项目	计算公式	计算结果
3	营业利润率	营业利润÷营业收入	0.19
4	净利润率	净利润÷营业收入	
5	成本费用利润率	利润总额÷成本费用总额	
6	总资产报酬率	息税前利润总额÷平均资产总额	
7	净资产收益率	净利润÷平均净资产	

图 9－3－2

2. 净利润率

净利润率＝营业利润÷营业收入

净利润率越高，表明企业整体的盈利能力越强，市场竞争力越强。

根据大路集团有限公司 2018 年 12 月的利润表，计算净利润率。

在 C4 单元格中输入公式“＝利润表！D18/利润表！D4”，计算结果如图 9－3－3 所示。

C4　=利润表!D18/利润表!D4

	A	B	C
1	获利能力分析		
2	项目	计算公式	计算结果
3	营业利润率	营业利润÷营业收入	0.19
4	净利润率	净利润÷营业收入	0.14
5	成本费用利润率	利润总额÷成本费用总额	
6	总资产报酬率	息税前利润总额÷平均资产总额	
7	净资产收益率	净利润÷平均净资产	

图 9－3－3

3. 成本费用利润率

成本费用利润率＝利润总额÷成本费用总额

成本费用总额＝营业成本＋税金及附加＋销售费用＋管理费用＋财务费用

成本费用利润率越高，表明企业为取得利润而付出的代价越小，成本费用控制得越好，获利能力越强。

根据大路集团有限公司 2018 年 12 月的利润表，计算成本费用利润率。

在 C5 单元格中输入公式“＝利润表！D16/(利润表！D5＋利润表！D6＋利润表！D7＋利润表！D8＋利润表！D9)”，计算结果如图 9－3－4 所示。

C5　=利润表!D16/(利润表!D5+利润表!D6+利润表!D7+利润表!D8+利润表!D9)

	A	B	C
1	获利能力分析		
2	项目	计算公式	计算结果
3	营业利润率	营业利润÷营业收入	0.19
4	净利润率	净利润÷营业收入	0.14
5	成本费用利润率	利润总额÷成本费用总额	0.24
6	总资产报酬率	息税前利润总额÷平均资产总额	
7	净资产收益率	净利润÷平均净资产	

图 9－3－4

4. 总资产报酬率

总资产报酬率＝息税前利润总额÷平均资产总额

息税前利润总额＝净利润＋所得税＋利息支出

一般情况下，该指标越高，表明企业的资产利用效益越好，整个企业获得能力越强，经营管理水平越高。

根据大路集团有限公司2018年12月的利润表，计算总资产报酬率。

在C6单元格中输入公式“＝利润表！D16/((资产负债表！C41＋资产负债表！D41)/2)”，计算结果如图9-3-5所示。

C6　=利润表!D16/((资产负债表!C41+资产负债表!D41)/2)

获利能力分析		
项目	计算公式	计算结果
营业利润率	营业利润÷营业收入	0.19
净利润率	净利润÷营业收入	0.14
成本费用利润率	利润总额÷成本费用总额	0.24
总资产报酬率	息税前利润总额÷平均资产总额	0.03
净资产收益率	净利润÷平均净资产	

图9-3-5

5. 净资产收益率

净资产收益率＝净利润÷平均净资产

平均净资产＝(所有者权益年初数＋所有者权益年末数)÷2

净资产收益率是评价企业自有资本及其积累获取报酬水平的最具综合性与代表性的指标，反映企业资本运营的综合性收益。一般认为，净资产收益越高。企业自有资本获取收益的能力越强，运营效益越好，对企业投资人、债权人利益的保障程度越高。

根据大路集团有限公司2018年的资产负债表和利润表，计算净资产收益率。

在C7单元格中输入公式“＝利润表！D18/((资产负债表！F40＋资产负债表！G40)/2)”，计算结果如图9-3-6所示。

C7　=利润表!D18/((资产负债表!F40+资产负债表!G40)/2)

获利能力分析		
项目	计算公式	计算结果
营业利润率	营业利润÷营业收入	0.19
净利润率	净利润÷营业收入	0.14
成本费用利润率	利润总额÷成本费用总额	0.24
总资产报酬率	息税前利润总额÷平均资产总额	0.03
净资产收益率	净利润÷平均净资产	0.04

图9-3-6

下篇

提升篇

数据进行分析、统计汇总后，最终需要形成各类图表形式进行汇报。此时，图表美化和页面设置可以使原本平淡无奇的各类图表在众多图表中脱颖而出，让阅读者更好地获取重要信息。制作精美的图表是财会人员必备的一项技能，能够更好地体现出你的工作能力。

项目十　图表制作

项目十一　Excel 表格的页面设置和打印

项目十
图表制作

任务概况

Excel 图表是将数据可视化，它可以更加直观地展现数据。所谓“字不如表，表不如图”，即在数据的显示方式中，图更能够生动地反映信息，表格次之，而文字叙述再次之。在 Excel 中可以轻松实现图表的创建、编辑、美化等操作，最终得到需要的展示效果。

知识点

- 图表的类型
- 图表的结构
- 图表的基本操作
- 发展趋势分析类图表
- 对比分析类图表
- 结构组成类图表

任务一　了解图表

1. 图表的类型

图表是数据表格的另一种表现形式。与表格相比，它一目了然，能够更为直观地反映出数据之间的关系，如大小对比、结构组成、变化趋势等。如果是为了表达数据时间的关系，那图表是最为合适的表现方式。在 Excel 中，常见的图表类型有柱形图、折线图、饼图、条形图、散点图等，如图 10-1-1 所示。实际使用时，也可以将一些图表结合起来应用。

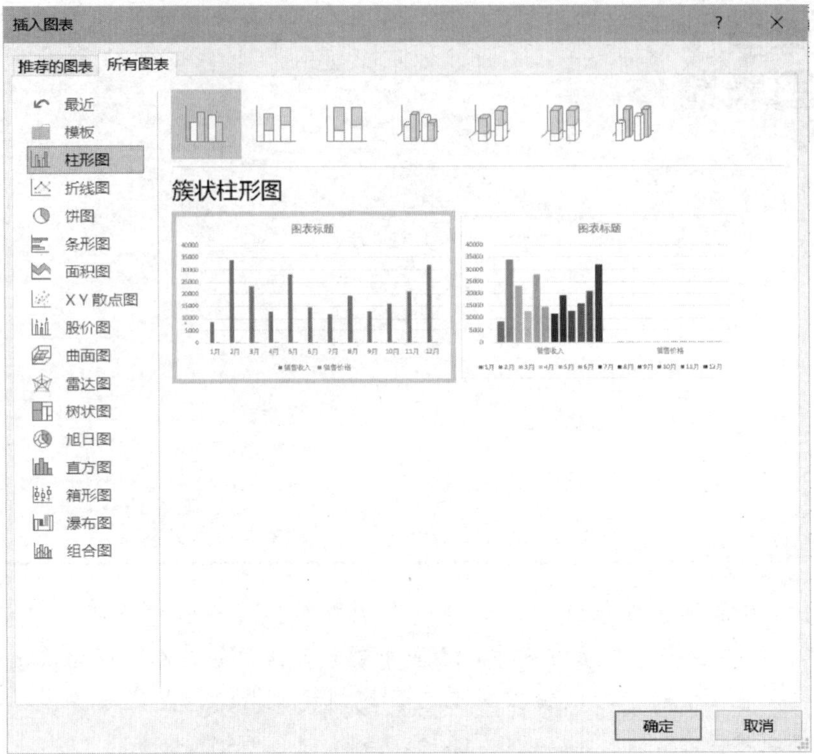

图 10-1-1

（1）柱形图：由根据行或列的数据绘制的柱状体组成，可用于表达项目之间的大小比较或表达一系列时间内的数据变化。

（2）折线图：可以显示随时间而变化的一系列数据，因此适用于反映一段时间的数据变化趋势。

（3）条形图：与柱形图类似，可用于表达项目之间的大小比较，但不适合用于一系列时间内的数据变化。

（4）饼图：饼图可用于显示一个数据系列中各项目的相对比例大小，以及与各项总和的占比关系。

（5）散点图：散点图显示若干数据系列中各数值之间的关系，或者将两组数字绘制为 XY 坐标的一个系列。散点图通常用于显示和比较数值。

2. 图表的结构

所有的图表的结构都是相同的，下面以最常见的柱形图为例（见图 10-1-2），介绍图表结构中各元素的作用。

（1）图表标题：图表标题即图表名称，一般用来说明图表所反映的数据，如果数据显示的内容可从其他元素中明确获知，则可以省略此元素。

（2）绘图区：绘图区是图表中最重要的部分，工作表中的数据都将按设定好的图表类型显示在绘图区中。绘图区包含除图表标题以外的所有元素。

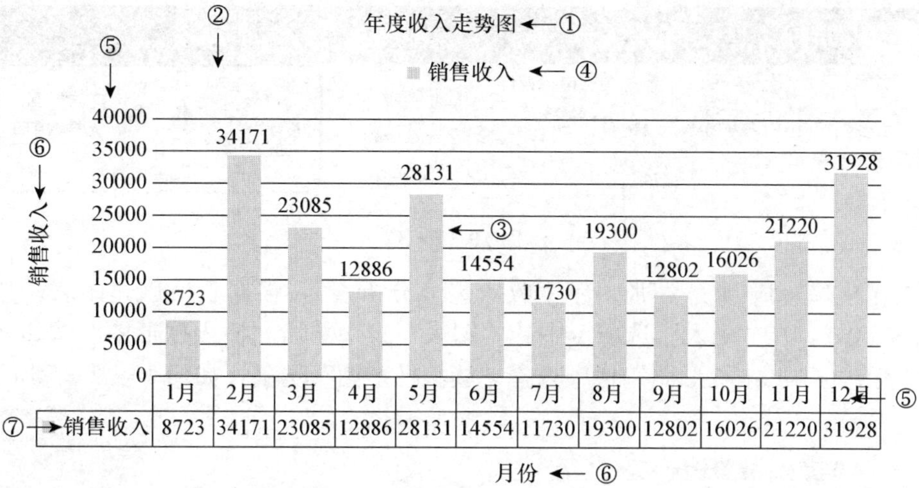

图 10-1-2

（3）数据系列：图表中的图形部分就是数据系列，它将工作表的行或列中的数据图形化显示。数据系列中每一种图形对应一组数据，且呈现统一的颜色或图案，在横坐标轴上每一个分类都对应着一个或多个数据，并以此构成数据系列。

（4）图例：图例往往以矩形框的形式出现在图表的右侧、下方或上方，其主要作用在于显示该数据系列的名称、分类，以及对应的颜色。

（5）坐标轴：坐标轴分为横坐标轴和纵坐标轴。

横坐标轴：指图表中水平方向的 X 轴，它用来表示图表中需要比较的各个对象。默认情况下，横坐标轴上的刻度代表数据类型。

纵坐标轴：指图表中垂直方向的 Y 轴，它是根据工作表中数据的大小来定义数据的单位长度并表示数值大小的坐标轴。默认情况下，纵坐标轴上的刻度范围介于数据系列中的所有数据的最大值和最小值之间。

（6）轴标题：为了使图表表示的内容更加清晰，除了为图表添加图表标题外，还可以为坐标轴添加标题。轴标题同样也分为横坐标轴标题和纵坐标轴标题。

（7）数据表：为了更好地通过图表来比较数据，还可以在图表中添加数据表。数据表会将横坐标轴作为表格的项目，引用图例和表格数据源中的数据作为数据记录，放置在横坐标轴标题的上方。

3. 图表的基础操作

图表的基础操作不仅包括利用表格数据插入某个类型的图表，还包括创建图表后对图表数据进行修改、调整图表大小和位置、更改图表类型等相关操作。

（1）插入图表。

Excel 中插入图表的操作非常简单，在“插入”选项卡中的“图表”区域内有图表的相关按钮，如图 10-1-3 所示。

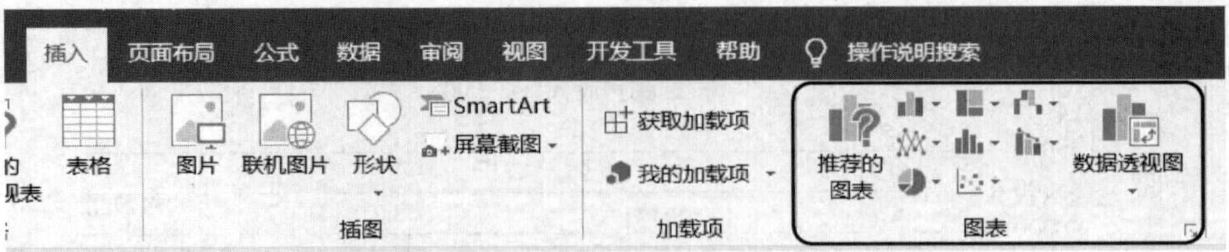

图 10－1－3

例如，图 10－1－4 是一张“年度收入走势分析表”，根据表格创建图表。选中 A2：B14 单元格区域，在“插入”选项卡中的“图表”组中单击“插入柱形图”按钮，在弹出的下拉列表中的“二维柱形图”栏中选择“簇状柱形图”选项，如图 10－1－5 所示。

	A	B
1	年度收入走势分析表	
2	月份	销售收入
3	1月	8723
4	2月	34171
5	3月	23085
6	4月	12886
7	5月	28131
8	6月	14554
9	7月	11730
10	8月	19300
11	9月	12802
12	10月	16026
13	11月	21220
14	12月	31928

图 10－1－4

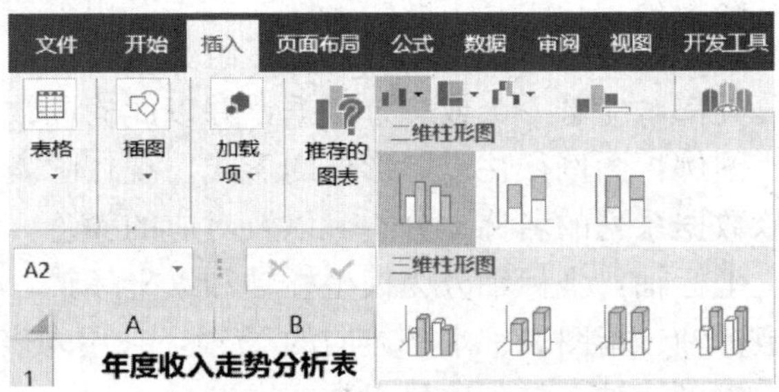

图 10－1－5

此时，图表插入就完成了，如图 10－1－6 所示，根据需求调整图表即可。

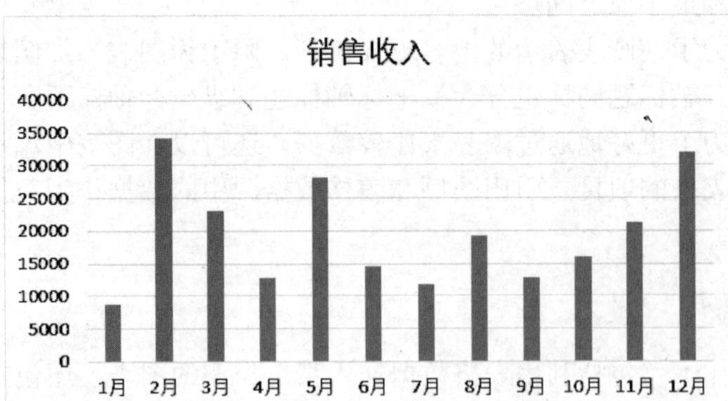

图 10－1－6

（2）调整图表元素。

选中图表，点击图标右上方的“＋”按钮，根据需求，在“图表元素”列表框中选择相应元素即可完成设置，如图 10－1－7 所示。如需删除，单击取消复选框内的“√”即可。

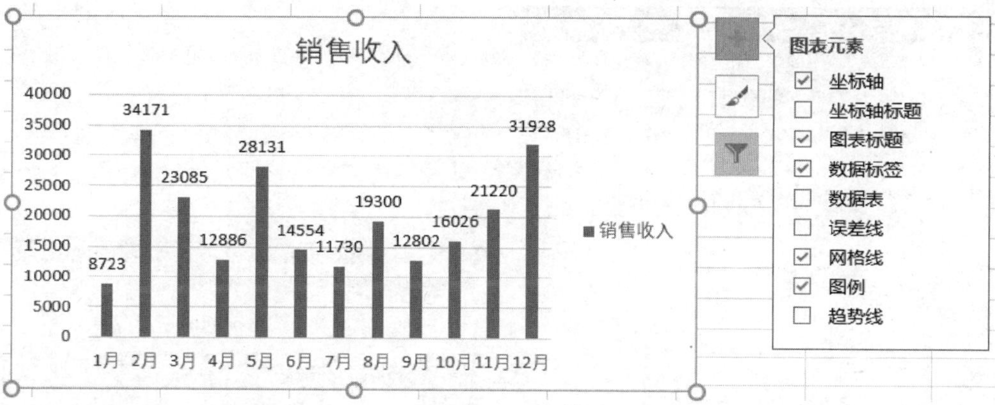

图 10－1－7

（3）调整样式和颜色。

选中图表，点击图标右上方的“”按钮，根据需求，在“样式”“颜色”列表框中选择相应的样式和颜色即可完成设置，如图 10－1－8 所示。

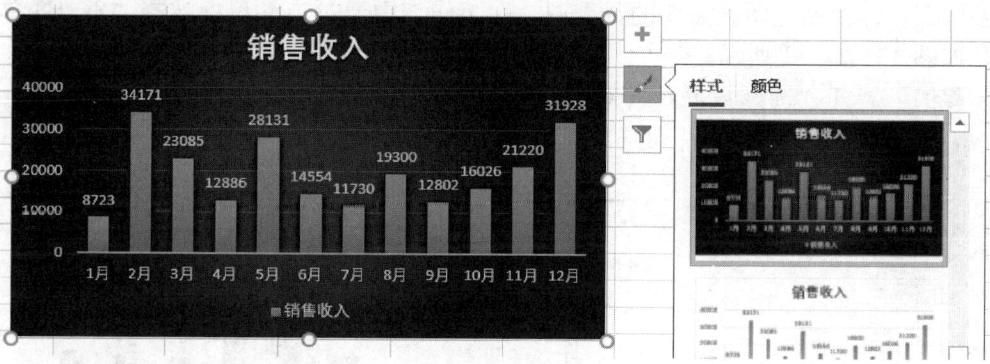

图 10－1－8

（4）调整图表的大小和位置。

将鼠标指针移动至图表右侧的控制点上，按住鼠标左键不放，拖动鼠标调整图表的大小。

将鼠标指针移动到图表区的空白位置，待鼠标指针变为十字箭头形状时，按住鼠标左键不放，拖动鼠标即可移动图表位置。

（5）重新选择图表数据源。

图表是依据数据表创建的，若创建图表时选择的数据区域有误，那么在创建图表后，可以重新选择图表的数据源。

步骤一：在工作表中选中图表，在“设计”选项卡中的“数据”组中单击“选择数据”按钮，如图 10－1－9 所示。

步骤二：在“选择数据源”对话框中，单击“图表数据区域”文本框右侧的“折叠”按钮，如图 10－1－10 所示。

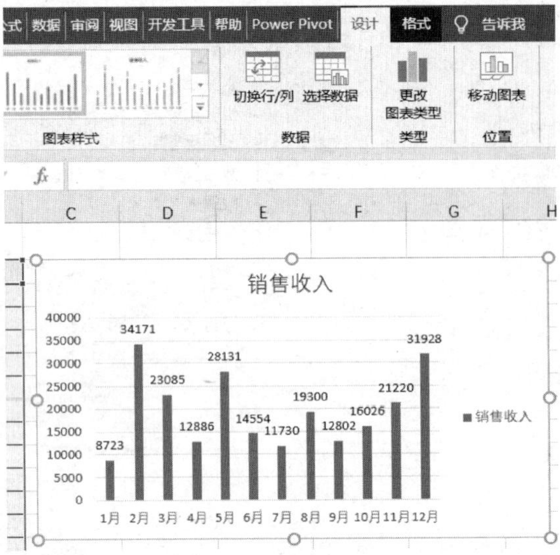

图 10－1－9

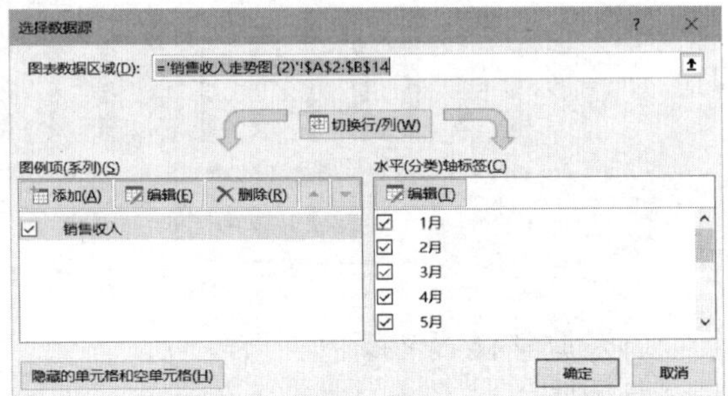

图 10－1－10

步骤三：重新制定图表需要的数据源，在工作表中通过拖动鼠标选择 A2：B8 单元格区域，如图 10－1－11 所示。

步骤四：展开“选择数据源”对话框后，单击“确定”按钮，即可完成对图表数据的修改，返回工作表，即可看到修改了数据源的图表，如图 10－1－12 所示。

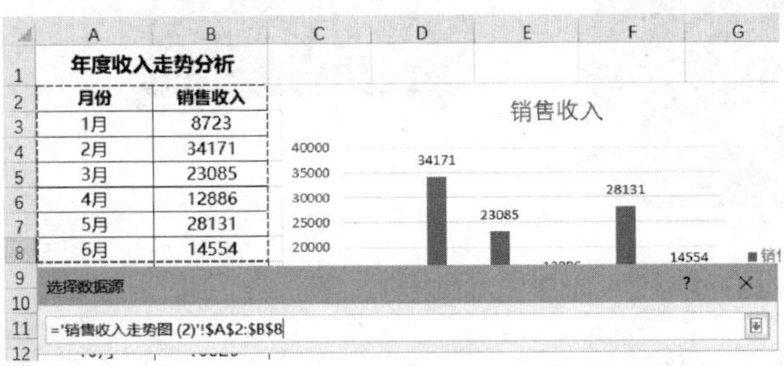

图 10－1－11

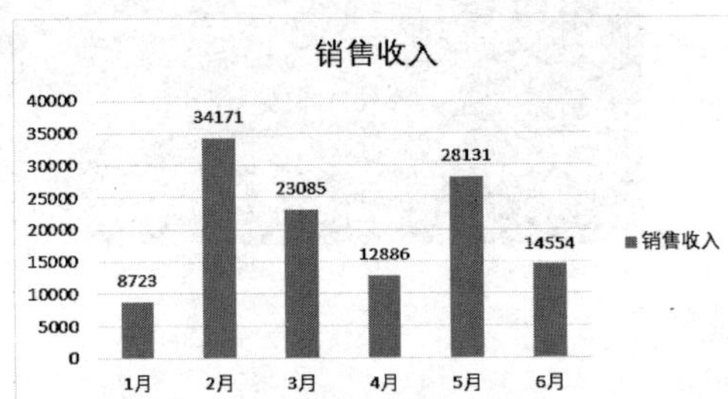

图 10－1－12

（6）更改图表类型。

如果选用的图表类型不能很好地展现数据的特点，此时可以通过调整图表类型来调整数据的展现效果。

选中图表，在“设计”选项卡下的“类型”组中单击“更改图表类型”按钮，如图 10－1－13 所示。

在打开的“更改图表类型”对话框中，选择合适的图表类型，即可进行调整。如选择“折线图”选项中的“折线图”，然后单击“确定”，如图 10－1－14 所示。

此时，工作表中的图表类型即自动进行了更新，如图 10－1－15 所示。

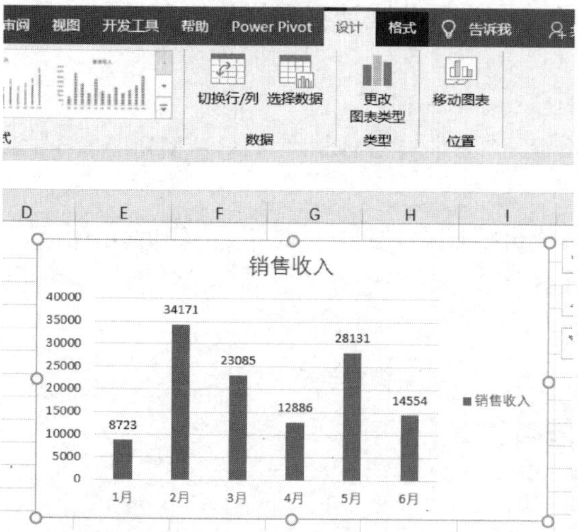

图 10-1-13

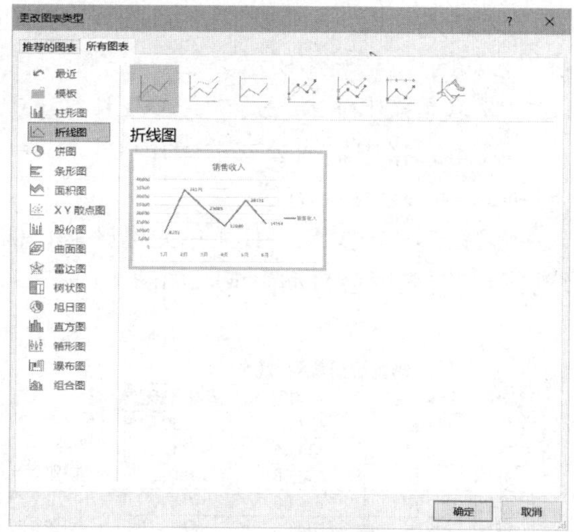

图 10-1-14

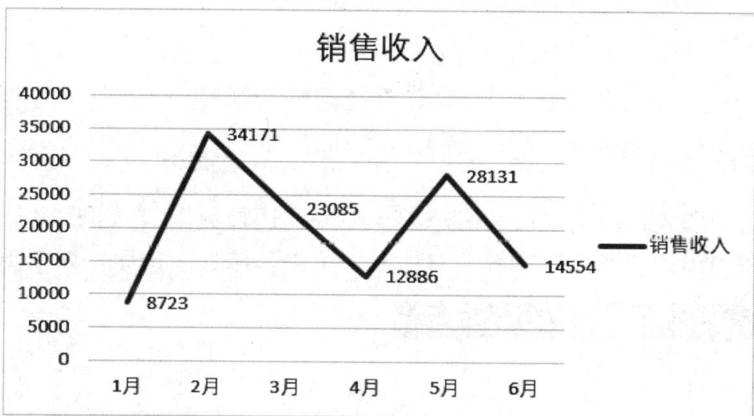

图 10-1-15

任务二　发展趋势分析类图表

发展趋势分析是通过比较连续几期的数据或比率，来了解数据的发展趋势。在财务分析中经常要用到趋势分析，如各月的销售收入、营业成本、毛利率、费用等相关数据的分析。此类图表一般使用折线图，也可以使用柱状图。

1. 带平均线的发展走势图

在发展走势图的基础上增加平均线，既能够直观判断趋势，又能够显示平均值作为参考数据。下面，我们根据各月份的销售价格制作年度销售价格走势图，图中带有平均线，标出最高、最低价格。

步骤一：制作数据源表格。根据各月销售价格，设置公式计算平均价格和最高、最低价格，如图 10－2－1 所示。

C3 单元格中输入公式“＝AVERAGE($B$3：$B$14)”；

D3 单元格中输入公式“＝IF(OR(B3＝MAX($B$3：$B$14),B3＝MIN($B$3：$B$14)),B3,#N/A)”。

步骤二：选中 A2：B14 单元格区域，插入“折线图”（“插入”/“图表”/“折线图”/“折线图”），图表即会自动生成，如图 10－2－2 所示。

	A	B	C	D
1	销售价格走势分析			
2	月份	销售价格	平均值	最高最低值
3	1月	160	204.08	160
4	2月	237	204.08	237
5	3月	224	204.08	#N/A
6	4月	190	204.08	#N/A
7	5月	226	204.08	#N/A
8	6月	189	204.08	#N/A
9	7月	178	204.08	#N/A
10	8月	187	204.08	#N/A
11	9月	196	204.08	#N/A
12	10月	214	204.08	#N/A
13	11月	227	204.08	#N/A
14	12月	221	204.08	#N/A

图 10－2－1

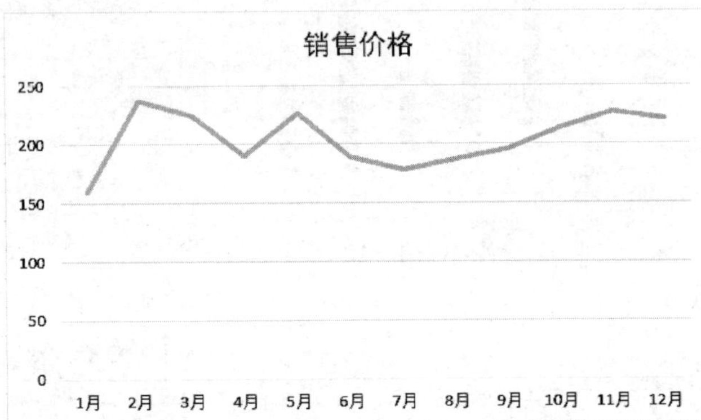

图 10－2－2

步骤三：选中图表，单击“设计”选项卡中的“选择数据”，如图 10－2－3 所示。

步骤四：在弹出的“选择数据源”对话框中单击“添加”按钮，如图 10－2－4 所示。

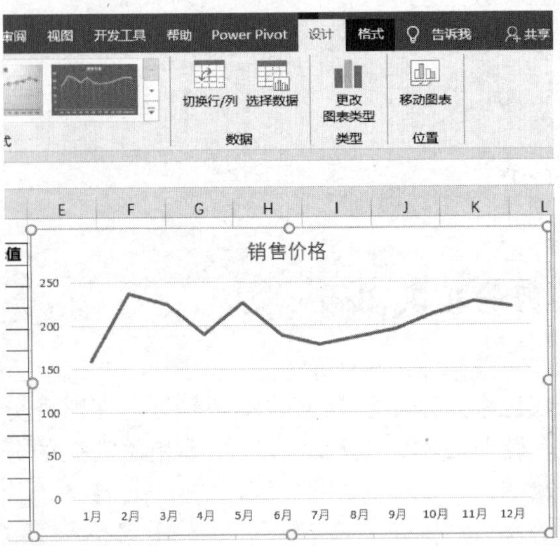

图 10－2－3

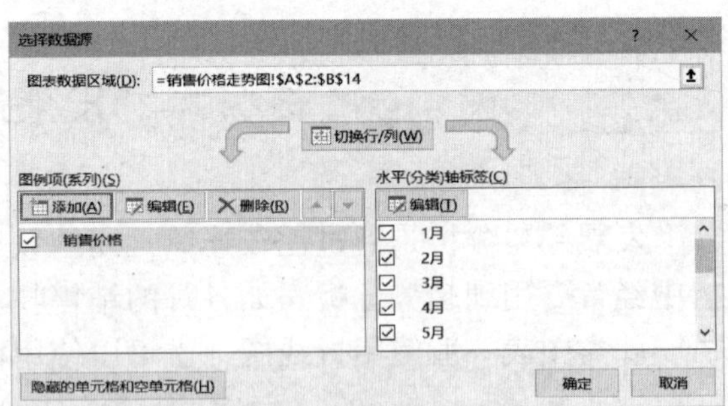

图 10－2－4

步骤五：在“编辑数据系列”对话框中，“系列名称”选择工作表中的 C2 单元格，“系列值”选择工作表中的 C3：C14 单元格区域，然后单击“确定”，如图 10－2－5 所示。

步骤六：以同样的方式再添加“最高最低值”，如图 10－2－6 所示。

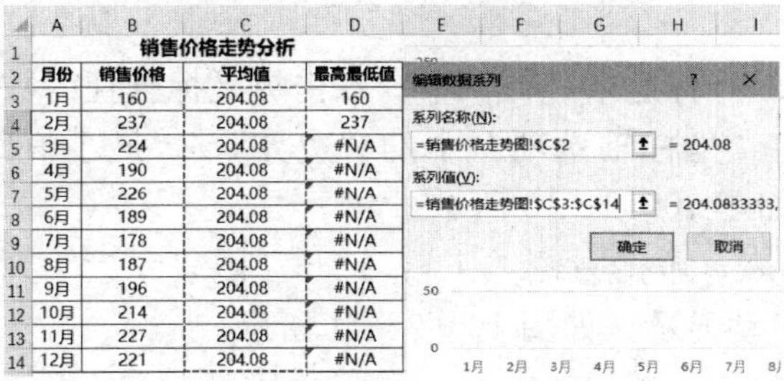

图 10-2-5

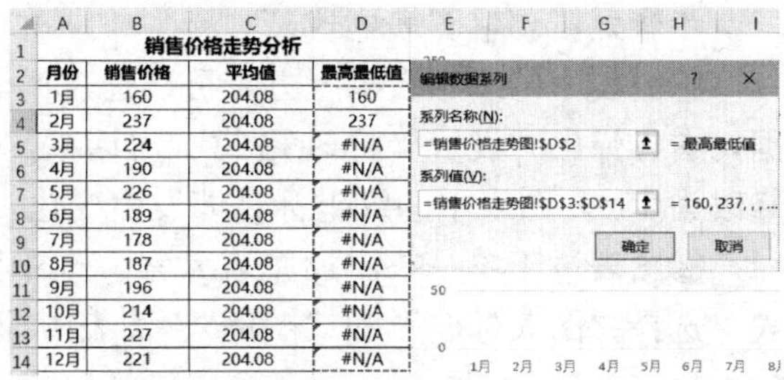

图 10-2-6

步骤七：返回到“选择数据源”对话框，“系列”添加完成，然后单击“确定”。返回工作表，此时 3 个系列的数值添加完成，如图 10-2-7 所示。

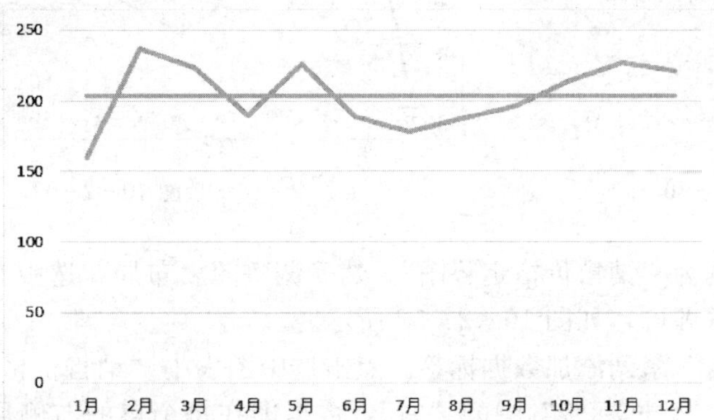

图 10-2-7

步骤八：调整图表类型。选中图表，点击“设计”选项卡中的“更改图表类型”，在“更改图表类型”对话框中，点击左侧的“组合图”类型，“销售价格”系列选择“折线图”类型，“平均值”系列选择“折线图”类型，“最高最低值”系列选择“散点图”类型，设置完成后单击“确定”按钮，如图 10-2-8 所示。此时，图表类型设置完成，返回工作表，如图 10-2-9 所示。

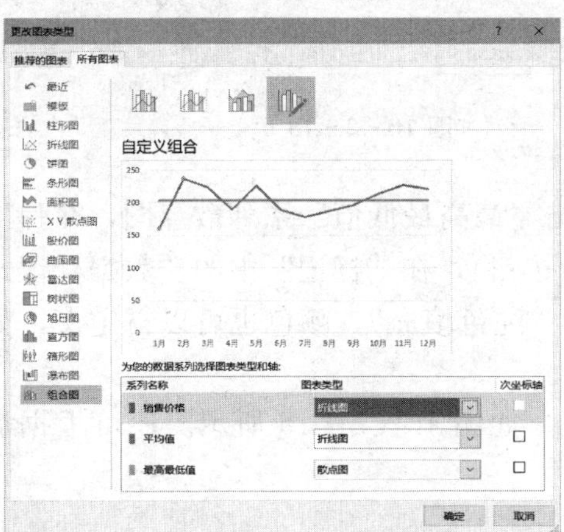

图 10-2-8

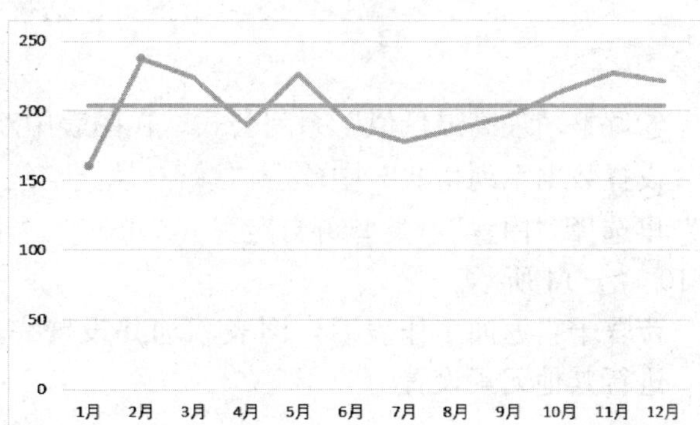

图 10-2-9

步骤九：调整图表样式。

①图表中的线条太靠上方，可以通过调节纵坐标值来进行调节。双击纵坐标轴任一数据，右方弹出“设置坐标轴格式”对话框，将“坐标轴选项”中的“边界”/“最小值”修改为 150，图表中的纵坐标轴即发生变化，如图 10－2－10 所示。

②图表过于单一，添加图表元素。选中图表，单击右侧“+”，打开“图表元素”列表，选择“图表标题”和“图例”，图表中即自动显示，如图 10－2－11 所示。

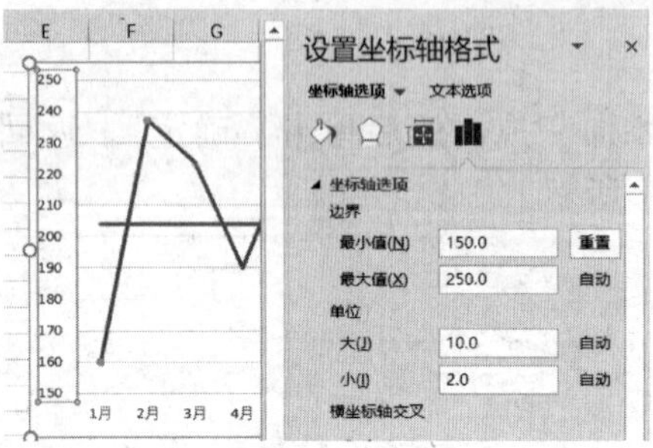

图 10－2－10

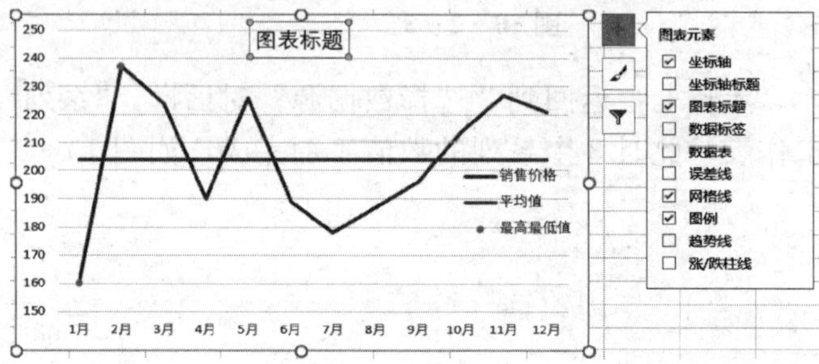

图 10－2－11

③输入图表标题为“销售价格走势图”，然后调整图表布局，选中“绘图区”，拖动调整大小至合适的位置即可，如图 10－2－12 所示。

④为“销售价格”系列添加数据标签。点击选中图表中“销售价格”系列折线图，在“图表元素”中选择“数据标签”中的“右”，数据即在每个点的右侧显示，如图 10－2－13 所示。

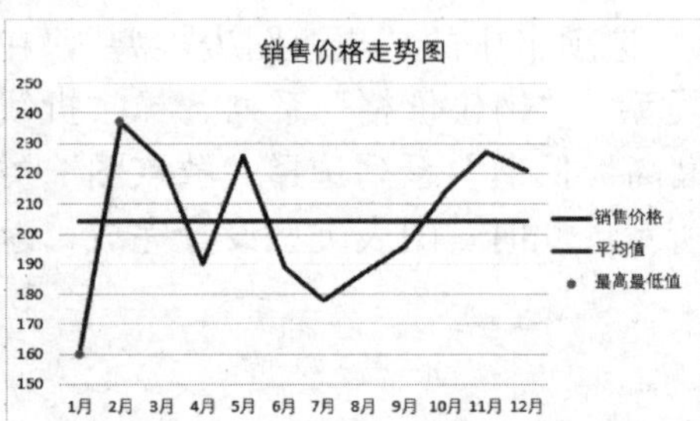

图 10－2－12

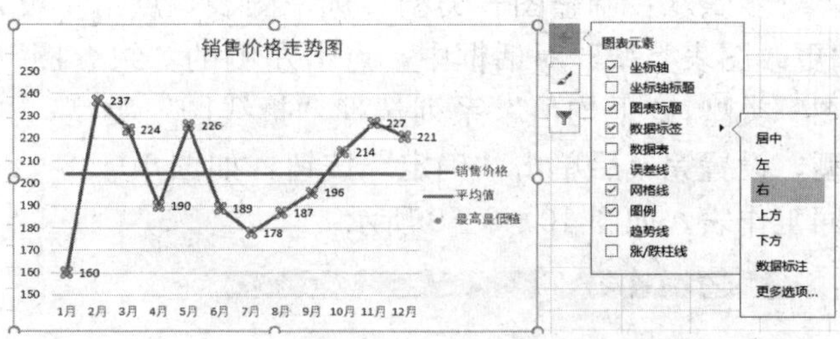

图 10－2－13

⑤调整“最高最低值”系列公式。在图表中双击“最高最低值”系列散点图，在弹出的“设置数据系列格式”中单击“◇”（填充与线条按钮），在“标记”中的“数据标记选项”里选择“内置”，类型可自定义；“填充”选择“纯色填充”，颜色也可以自定义，如图 10－2－14 所示。

步骤十：返回工作表后，图表添加并设置完成，如图 10－2－15 所示。还可根据需求，进行其他元素设置。

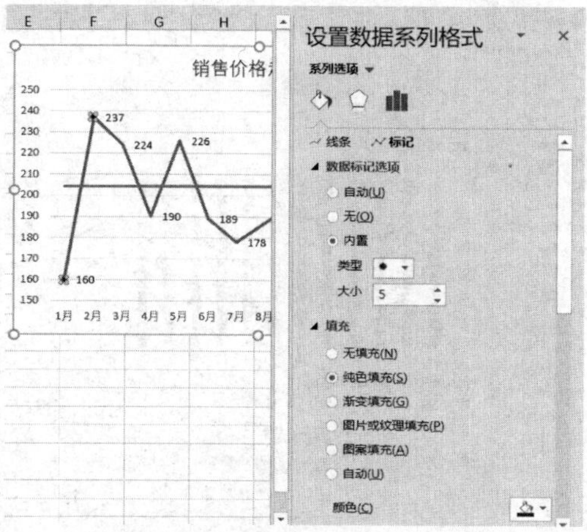

图 10-2-14

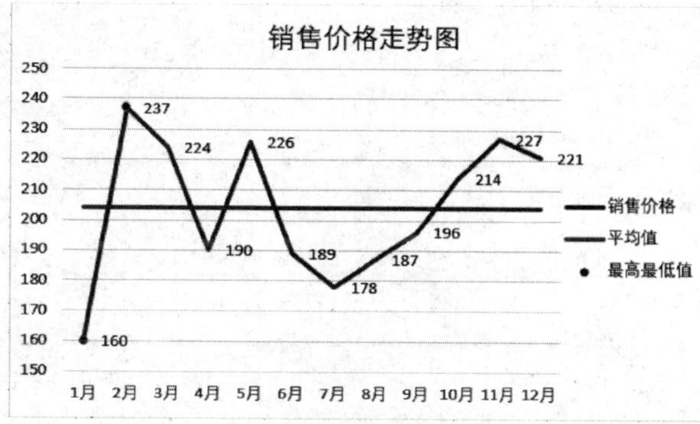

图 10-2-15

2. 带区间背景的走势图

上个案例中的销售价格走势图能够非常直观地展现价格的整体发展趋势，管理人员可以根据走势预测最近的价格走势和范围。除了这些，还能够反映价格运行的区间，通过设置区间，从另一个角度去分析价格的走势。

要求：根据以往的价格情况，将价格设定为三个区间：180 元以下为低价格，180～230 元为中价格，230 元以上为高价格。

步骤一：制作数据源表格。除了各月的销售价格，还需添加价格区间相关字段，数据设置如图 10-2-16 所示。

步骤二：选中 A2：B14 单元格区域，添加折线图，如图 10-2-17 所示。

	A	B	C	D	E
1	销售价格走势分析				
2	月份	销售价格	低	中	高
3	1月	160	180	50	100
4	2月	237	180	50	100
5	3月	224	180	50	100
6	4月	190	180	50	100
7	5月	226	180	50	100
8	6月	189	180	50	100
9	7月	178	180	50	100
10	8月	187	180	50	100
11	9月	196	180	50	100
12	10月	214	180	50	100
13	11月	227	180	50	100
14	12月	221	180	50	100

图 10-2-16

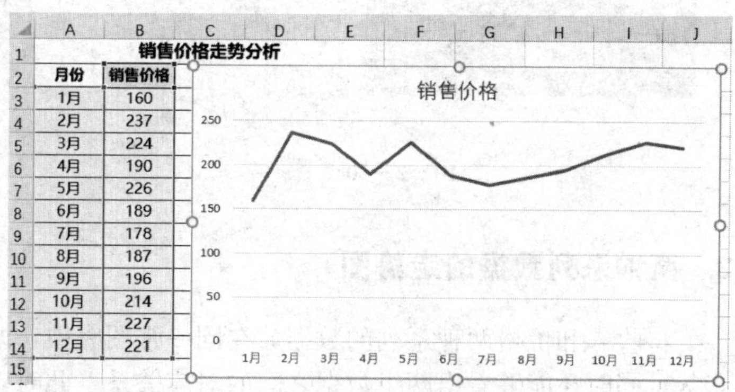

图 10-2-17

步骤三：添加价格区间的数据源。可以采用上述方式添加，也可使用快捷方式。

选中 C2：E14 单元格，按“Ctrl+C”进行复制，然后选中图表，按“Ctrl+V”进行粘贴，选中的数据源就会以折线图的形式添加至图表中，如图 10-2-18 所示。

步骤四：更改图表类型，在“更改图表类型”对话框中，点击“组合图”，其中“销售价格”系列选择“折线图”，“低、中、高”系列选择“堆积柱形图”，如图 10-2-19 所示。

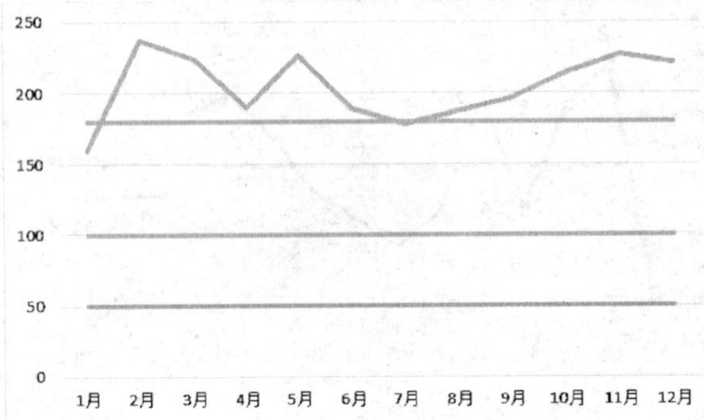

图 10-2-18

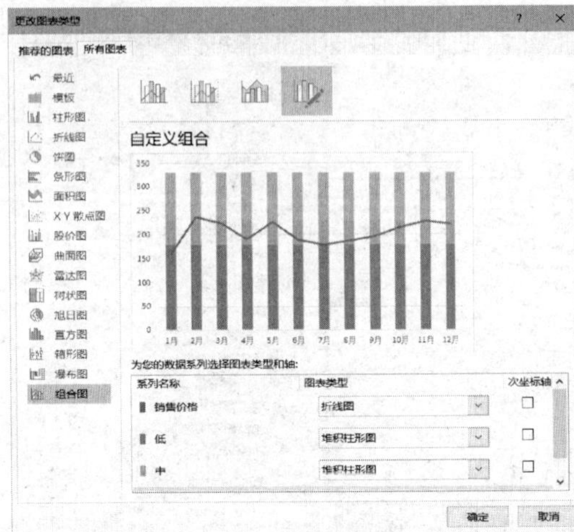

图 10-2-19

步骤五：调整堆积柱形图的样式。双击“堆积柱形图”任意位置，将“设置数据系列格式”中的“间隙宽度”调整为“0%”，此时，“堆积柱形图”的样式即发生了变化，都连成了一片，如图 10-2-20 所示。

步骤六：带区间背景的走势图设置基本完成，然后根据需求调整格式、颜色即可，操作步骤不再详细阐述，图表的最终结果如图 10-2-21 所示。

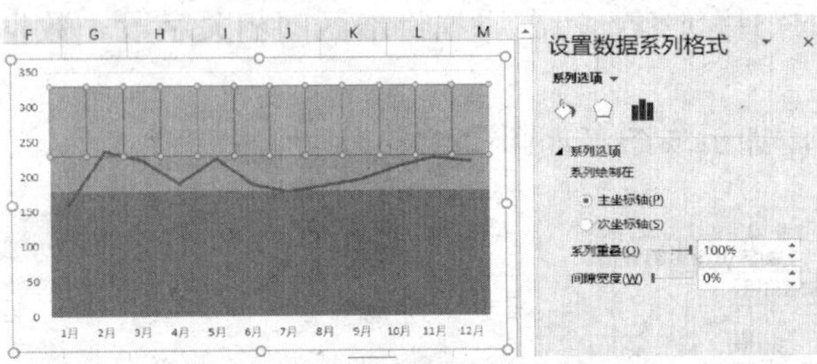

图 10-2-20

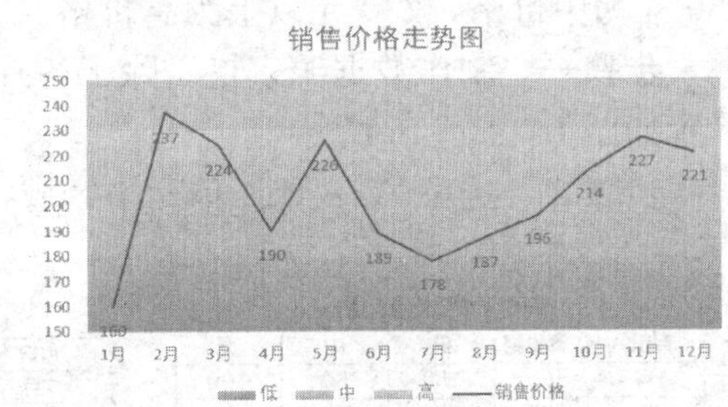

图 10-2-21

3. 两种系列数据的走势图

将收入和价格两种系列的数据放在同一张图表中，既能够直观看出销售和价格的整体走势，同时还能够看出两组数据之间的对应关系。此时，可以将两组数据设置为不同的图表类型，直观区分，便于比对。

要求：将各月的销售收入和销售价格放在同一张图表内，进行数据分析。

步骤一：制作数据源表格。输入各月的销售收入及销售价格的数据，如图 10-2-22 所示。

步骤二：添加图表。以折线图的形式创建图表，如图 10-2-23 所示。

	A	B	C
1	收入与价格分析		
2	月份	销售收入	销售价格
3	1月	8723	160
4	2月	34171	237
5	3月	23085	224
6	4月	12886	190
7	5月	28131	226
8	6月	14554	189
9	7月	11730	178
10	8月	19300	187
11	9月	12802	196
12	10月	16026	214
13	11月	21220	227
14	12月	31928	221

图 10－2－22

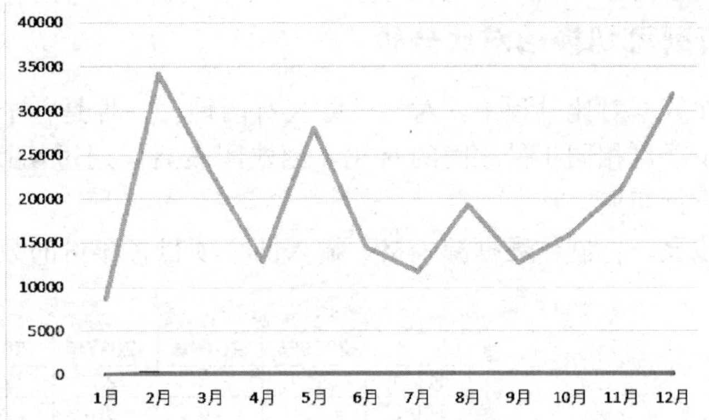

图 10－2－23

步骤三：更改图表类型。在“更改图表类型”对话框中，单击“组合图”，“销售收入”系列选择“簇状柱形图”；“销售价格”系列选择“折线图”，并单击“次坐标轴”复选框，如图 10－2－24 所示。此时，纵坐标轴分为了左右两边，左边是“销售收入”系列的纵坐标轴数据，右边是“销售价格”的纵坐标轴数据。

步骤四：根据需求，自行设置样式即可，如图 10－2－25 所示。

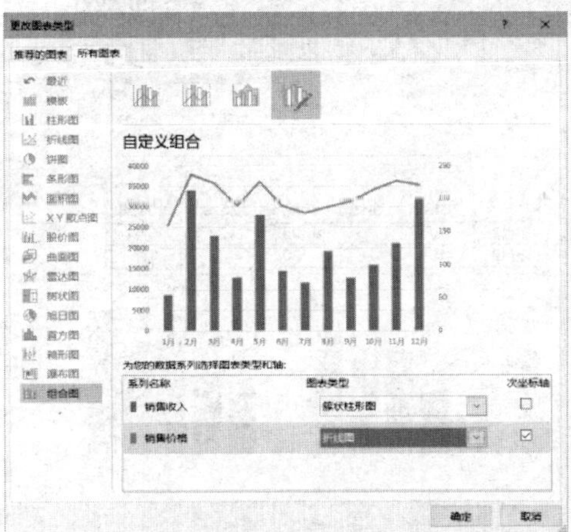

图 10－2－24

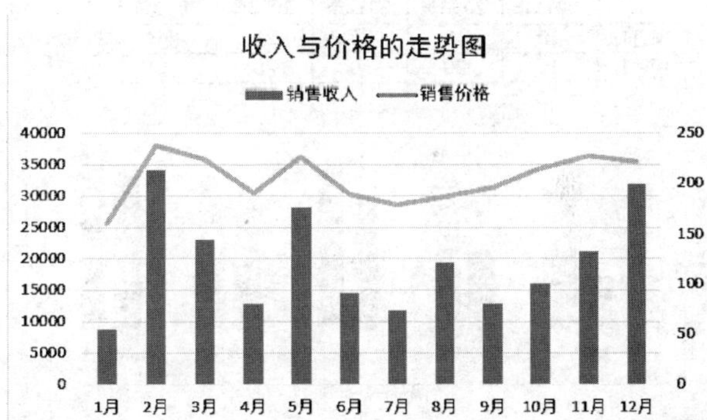

图 10－2－25

任务三　对比分析类图表

对比分析是财务分析中最基本、最常见的分析方法，通过对比来分析企业的财务状况、经营状况等。要进行对比就要有标准，有了标准就要有参照物，才能判断财务指标的好坏。一般来说，对比分析的参照标准分为三种情况：第一种，期间比较，与上期、往年同期数据相比较；第二种，实体比较，与同行业先进企业或行业平均数比较；第三种，口径比较，与计划数据或者预算数据相比较。

在做比较分析时，通常使用柱形图或条形图来比较数据。

1. 行列可切换的对比分析

在数据对比过程中，对比的方式有两种，一种是各个项目不同年份之间的对比，一种是两个项目相同年份之间的对比，创建图表后，通过切换行/列的方式即可在两种对比方式间进行切换。

步骤一：制作数据源表格。输入两个项目各年份的数据，如图 10－3－1 所示。

	A	B	C	D	E	F
1		2015年	2016年	2017年	2018年	2019年
2	项目1	10	15	25	23	30
3	项目2	15	20	30	28	35

图 10－3－1

步骤二：选中 A1：F3 单元格区域，创建“簇状柱形图”图表，如图 10－3－2 所示。自动生成的图表对两个项目相同年份进行了对比。

步骤三：如需更换对比方式，选中图表，单击“设计”选项卡中的“切换行/列”，此时，图表的数据对比方式即发生了变化，如图 10－3－3 所示。

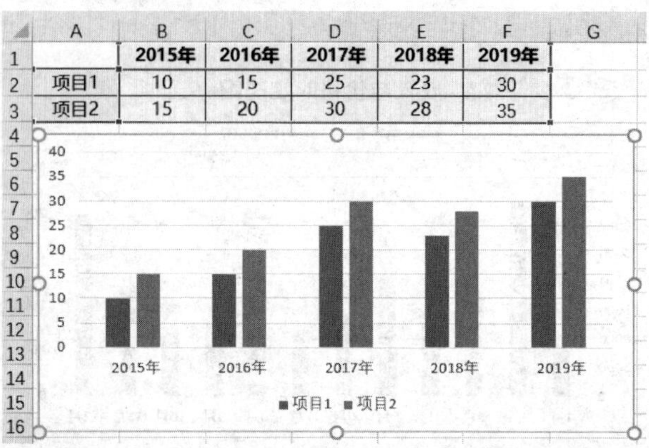

图 10－3－2

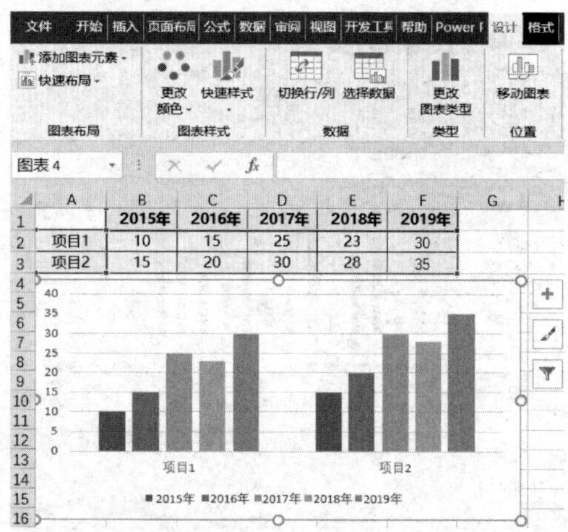

图 10－3－3

2. 柱中柱的对比分析

以上的对比图表是较为常见的，当进行双项目对比时，还可对图表进行设置，使两个项目的数据重叠进行对比，更为直观。

以图 10－3－1 中数据为例，此类型的对比图表就可以设置为“柱中柱”的图表形式。

步骤一：双击“项目 1”系列任一柱形图，在弹出的“设置数据系列格式”/“系列选项”中，将“间隙宽度”设置为 100%，如图 10－3－4 所示。

步骤二：双击“项目 2”系列任一柱形图，在弹出的“设置数据系列格式”/“系列选项”中，选择“次坐标轴”，将“间隙宽度”设置为 200%，如图 10－3－5 所示。

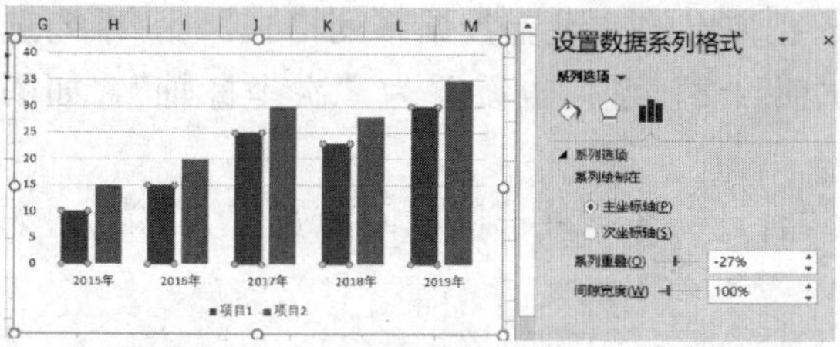

图 10 - 3 - 4

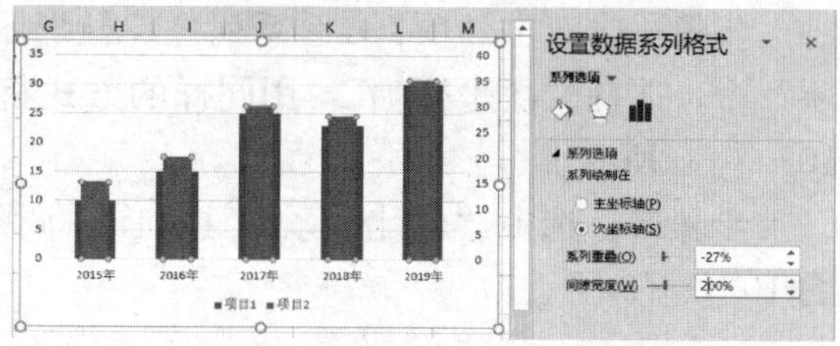

图 10 - 3 - 5

步骤三：返回工作表，此时的图表中的柱形图，就设置成了“柱中柱”的样式，如图 10 - 3 - 6 所示。这里需要注意两点：第一，次坐标轴的柱状图是覆盖在主坐标轴之上的，所以可通过切换主次坐标轴来确定排列顺序；第二，“间隙宽度”的设置，只需确保次坐标轴的数值大于主坐标轴的数值即可，具体数值可自定义。

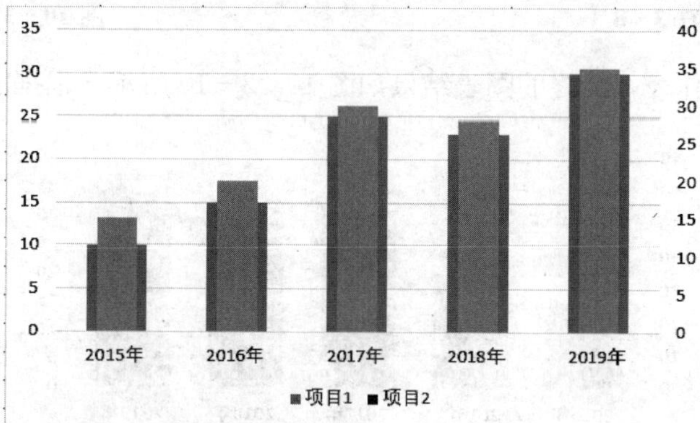

图 10 - 3 - 6

3. 带合计数的对比分析

带有合计数的数据对比分析图，如图 10 - 3 - 7 所示。可以发现，合计的柱状图远高于各个明细项目，此时看不出明细项目间的差异，失去了比较的意义。那么，如何能做到既有明细项目的对比，又有合计数据的对比呢？我们可以使用次坐标来解决这个问题。

	A	B	C	D	E	F
1		2015年	2016年	2017年	2018年	2019年
2	项目1	10	15	25	23	30
3	项目2	15	20	30	28	35
4	合计	25	35	55	51	65

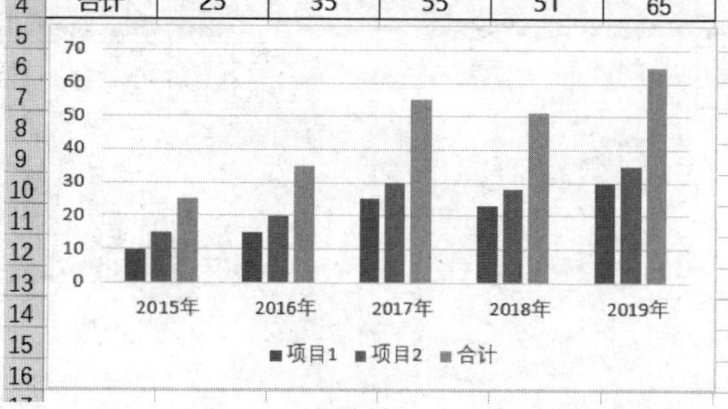

图 10 - 3 - 7

步骤一：双击“项目 1”系列任一柱形图，在弹出的“设置数据系列格式”/“系列选项”中，选择“次坐标轴”，用同样的方式将“项目 2”系列也设置为“次坐标轴”，如图 10-3-8 所示。

步骤二：选中“合计”系列柱状图，调整“合计”系列柱形图的间隙宽度为 50%，如图 10-3-9 所示。

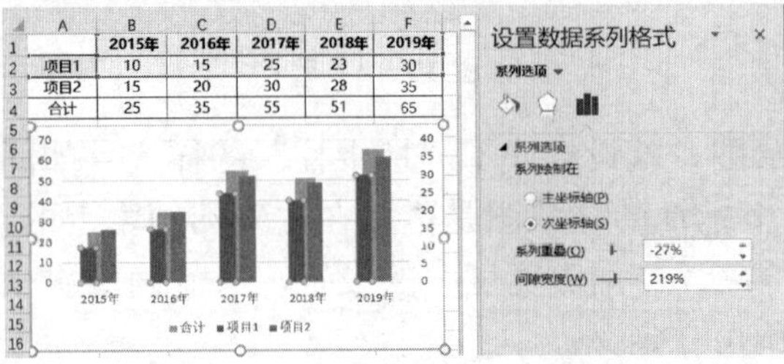

图 10-3-8

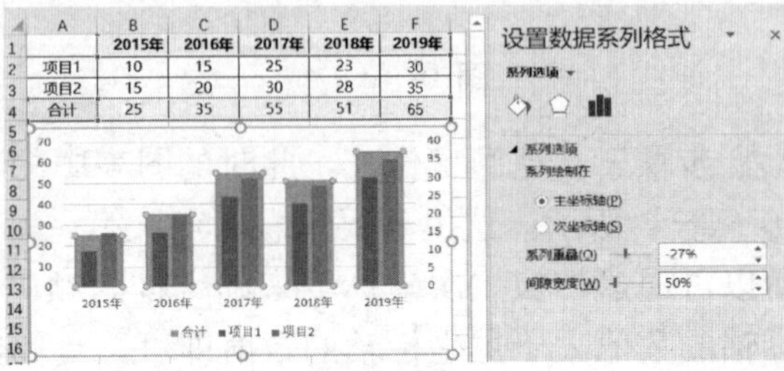

图 10-3-9

步骤三：返回工作表，最终的图表结果如图 10-3-10 所示，根据需求自行设置即可。

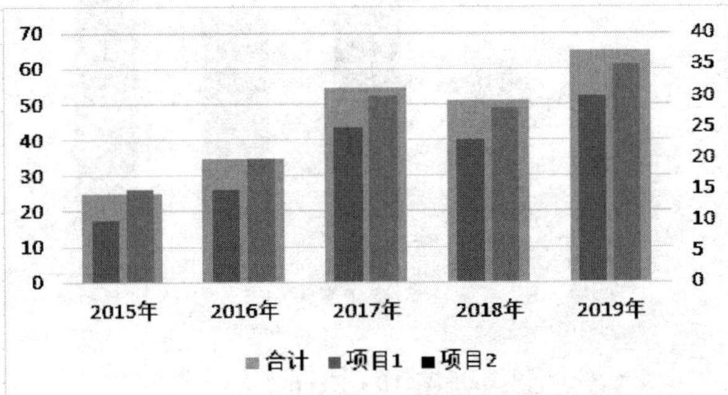

图 10-3-10

从这张图表中可以发现，由于“项目 1”“项目 2”系列被设置为“次坐标轴”，因此需要从右边次坐标轴获取数值，如想按照常规从左边主坐标轴获取数值，“合计”系列从右边次坐标轴获取数值，只需在设置中调整一下主次坐标轴即可。

步骤一：参照上述方法，将“合计”系列设置为“次坐标轴”，“间隙宽度”调整为“20%”，如图 10-3-11 所示。

步骤二：单击“填充与线条”按钮，“填充”设置为“纯色填充”，“透明度”调整为 80%，如图 10-3-12 所示。

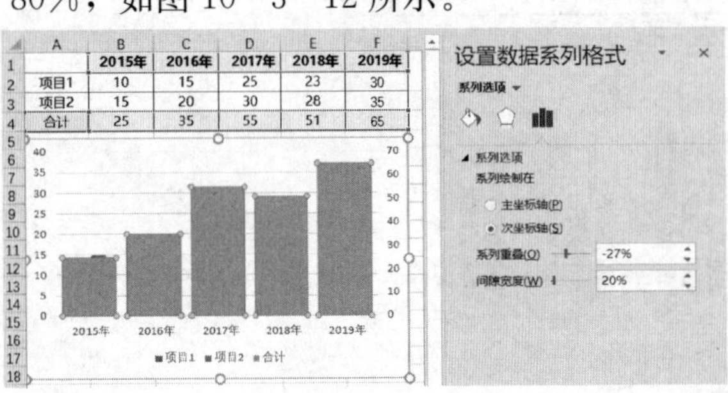

图 10-3-11

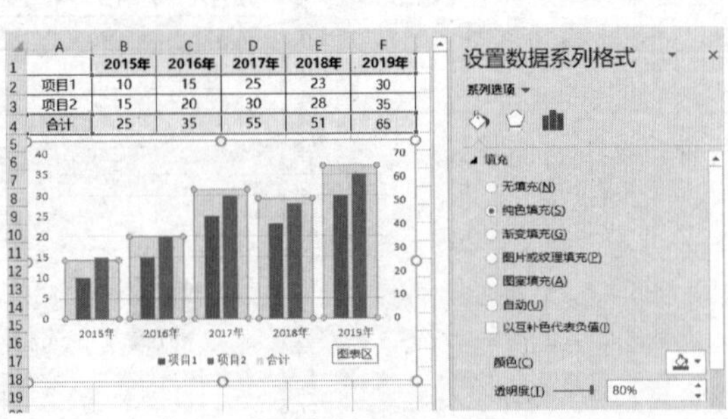

图 10-3-12

步骤三：返回工作表，图表制作完成，如图 10－3－13 所示。

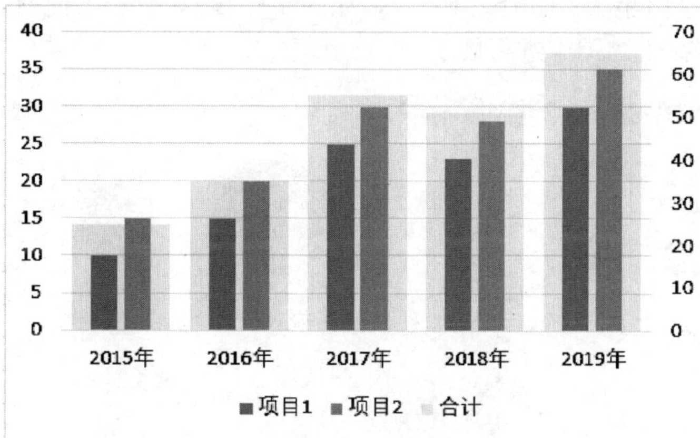

图 10－3－13

任务四　结构组成类图表

结构组成类图表主要用于分析某一指标中各项目的组成情况，如各部门工资构成分析、费用构成分析、资产构成分析等。结构组成类分析一般使用饼图、圆环图。

单一的饼图、圆环图制作非常简单，选择数据源，插入图表即可，如图 10－4－1 所示。在简单的饼图基础上，还有两种较为复杂的图，即子母饼图和双饼图。

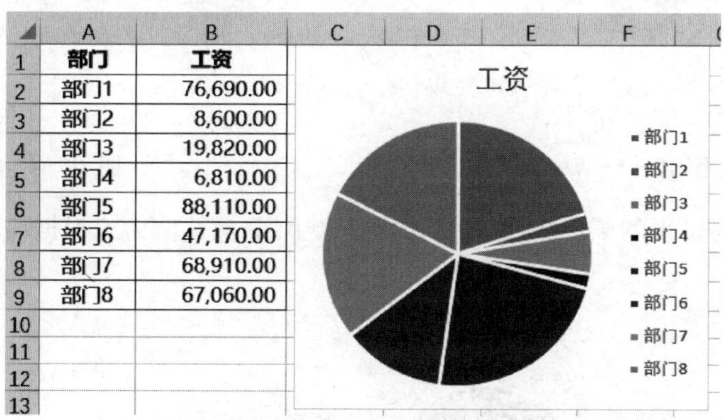

图 10－4－1

1. 子母饼图

从图 10－4－1 中我们可以看到，数据所涉及的部门较多，导致在饼图中有些部门显示区域太小，这时候就可以采用子母饼图的方式进行展现。

步骤一：选中数据源表格，插入“子母饼图”，如图 10－4－2 所示。

步骤二：双击饼图任一位置，在弹出的“设置数据系列格式”中，“系列分割依据”选择“百分比值”，“值小于”选择“10%”，如图 10-4-3 所示。此时，所有数据值占比小于 10%的，便会在子饼图中进行展示。

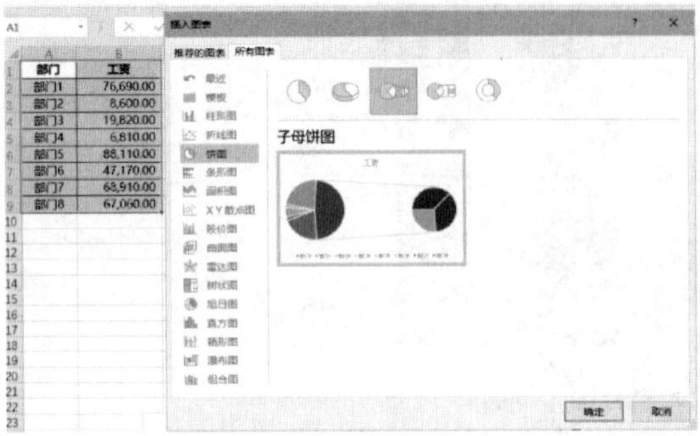

图 10-4-2

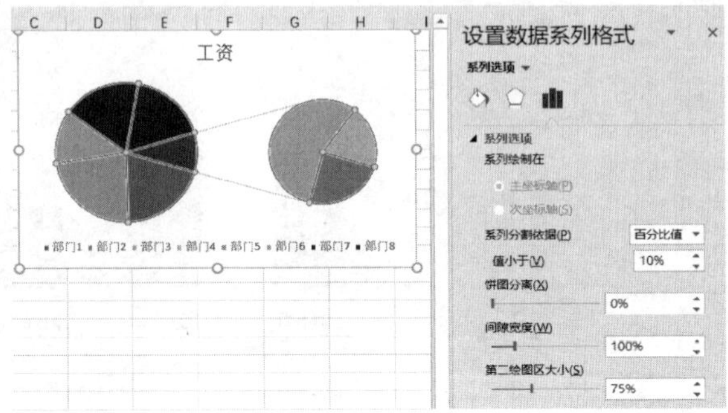

图 10-4-3

步骤三：返回工作表，图表的基本设置完成。还可以在“图表元素”中添加数据标签，如图 10-4-4 所示。

步骤四：如需调整数据标签的显示数值，也可进行设置。双击图表中任一数据标签，在弹出的“设置数据标签格式”中的选择“类别名称”和“百分比”，如图 10-4-5 所示，此时数据标签中的显示数据就会发生变化。

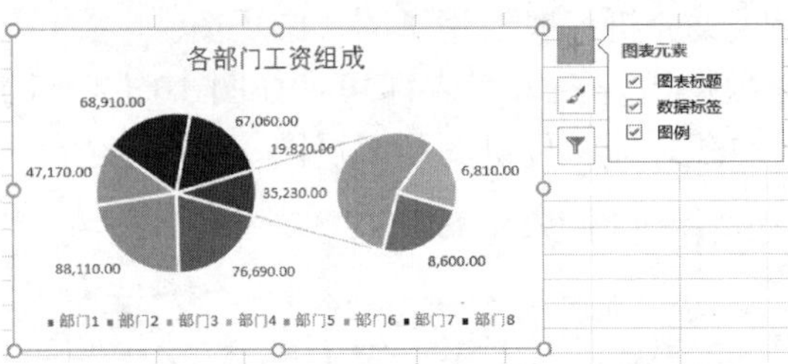

图 10-4-4

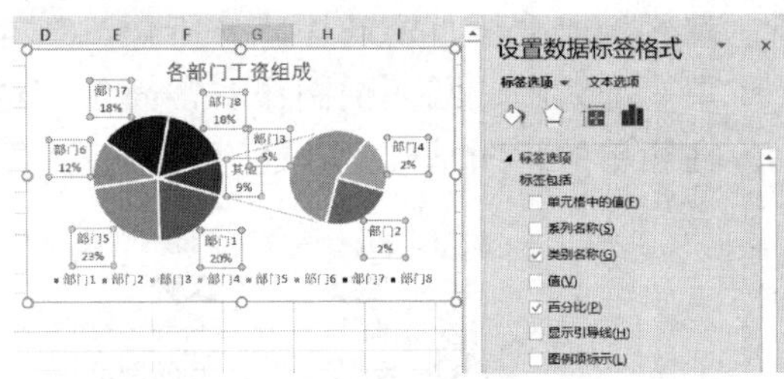

图 10-4-5

步骤五：最终呈现的子母饼图如图 10-4-6 所示，其他格式根据需求可自行设置。

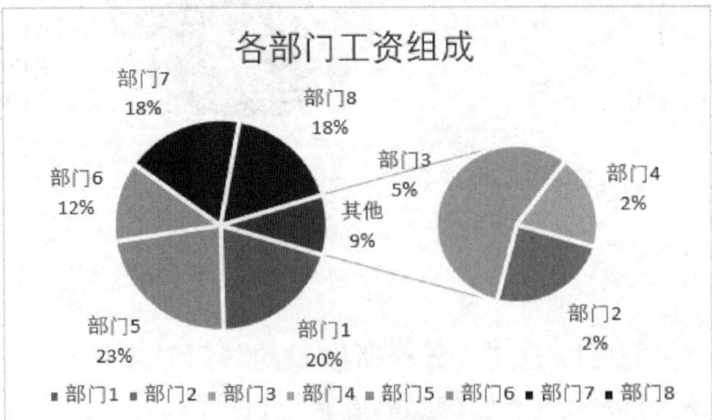

图 10-4-6

2. 双层饼图

子母饼图除了可以展示各项目的组成结构，还可以展示某一项目的明细组成结构。如果既需要展示各季度的组成结构，又需要展示各季度中各月的组成结构，子母饼图就不能够满足需求了，此时可以使用双层饼图来实现。

如图 10－4－7 所示，最终实现的图表既要展示季度收入的组成结构，又要展示月度收入的组成结构。

	A	B	C	D
1	年度收入构成			
2	季度	季度收入	月份	月度收入
3	一季度	400	1月	110
4			2月	140
5			3月	150
6	二季度	332	4月	108
7			5月	98
8			6月	126
9	三季度	516	7月	156
10			8月	108
11			9月	252
12	四季度	468	10月	106
13			11月	212
14			12月	150

图 10－4－7

步骤一：选中 B2：B14 单元格，插入饼图，如图 10－4－8 所示。

步骤二：选中图表，选择“设计”选项卡下的“选择数据”，在弹出的“选择数据源”对话框中，单击“添加”按钮，如图 10－4－9 所示。

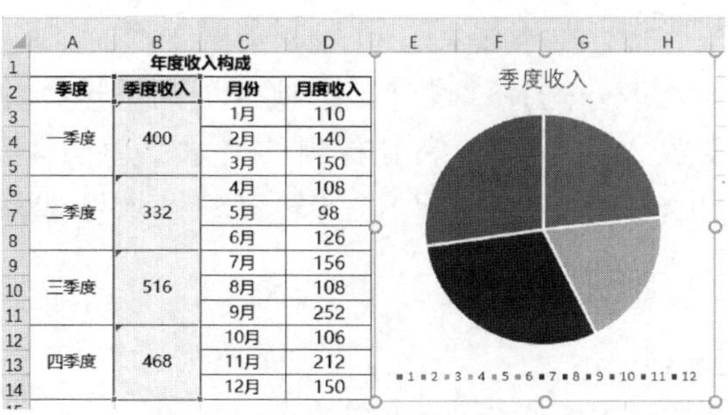

图 10－4－8

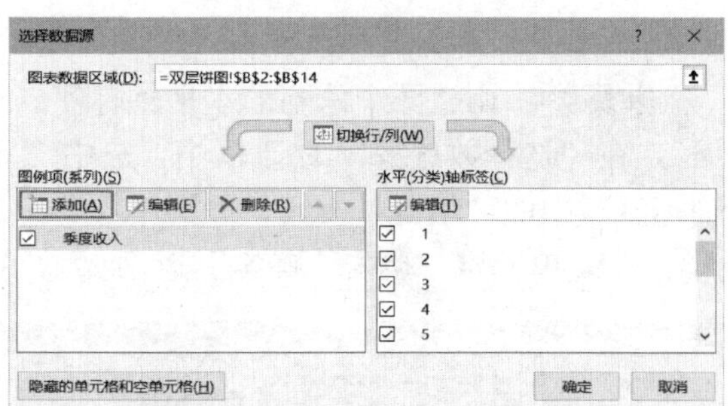

图 10－4－9

步骤三：在弹出的“编辑数据系列”对话框中，“系列名称”选择 D2 单元格，“系列值”选择 D3：D14 单元格区域，然后单击“确定”，如图 10－4－10 所示。返回“选择数据源”对话框，设置完成，单击“确定”按钮。

步骤四：返回图表，双击饼图任一位置，在“设置数据系列格式”/“系列选项”中，选择“次坐标轴”，“饼图分离”调整为 50%，如图 10－4－11 所示。

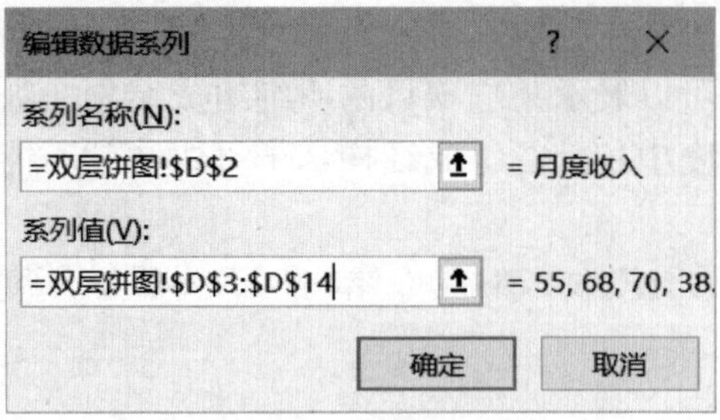

图 10 - 4 - 10

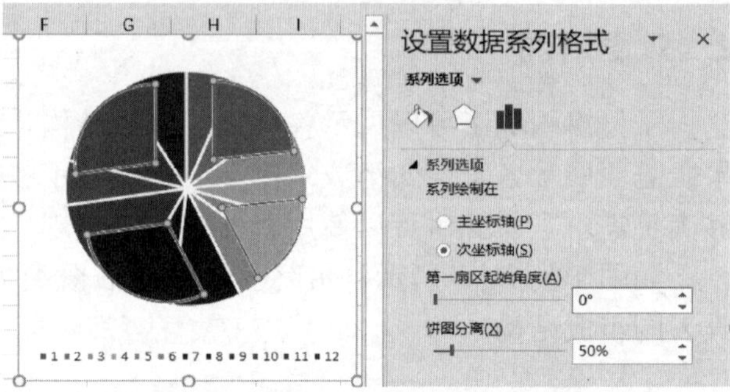

图 10 - 4 - 11

步骤五：单击选中“季度收入”系列，再次单击选中其中一个扇区，将其拖动至饼图的中心，然后用同样的方式将其他三个扇区拖至中心位置，如图 10 - 4 - 12 所示。这样，一个双层饼图就形成了。

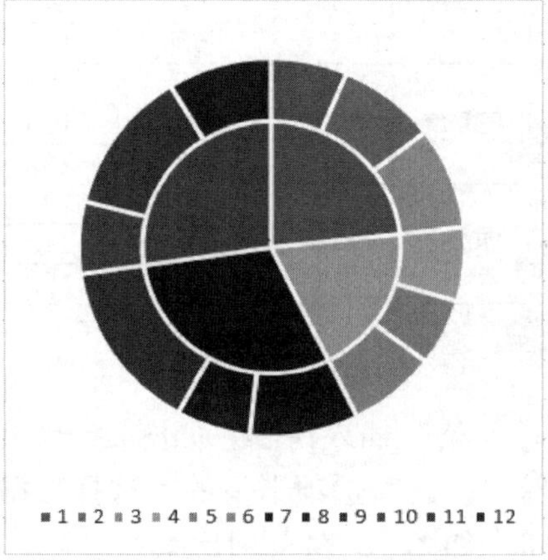

图 10 - 4 - 12

步骤六：调整两个系列的水平轴标签。选中图表，选择“设计”选项卡下的“选择数据”，在“选择数据源”对话框中，选中“季度收入”系列，单击右侧的“水平（分类）轴标签”中的“编辑”按钮，如图 10 - 4 - 13 和图 10 - 4 - 14 所示。“轴标签区域”选择 A3：A14 单元格，单击“确定”返回。

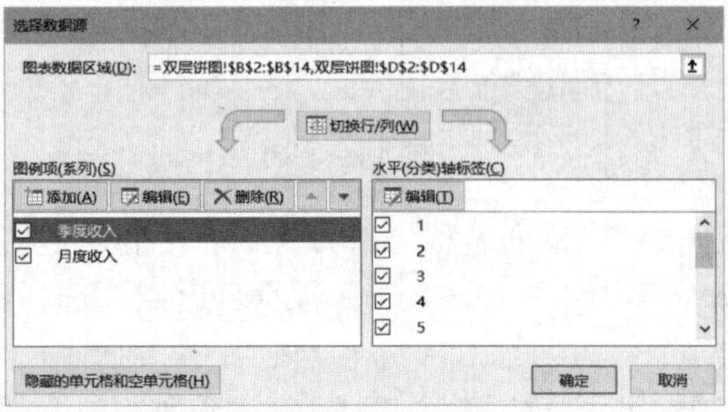

图 10 - 4 - 13

图 10 - 4 - 14

步骤七：用同样的方式设置“月度收入”系列的轴标签，如图 10－4－15 所示。

步骤八：返回工作表，根据需求添加相关图表元素，调整设置即可，最终展示结果如图 10－4－16 所示。

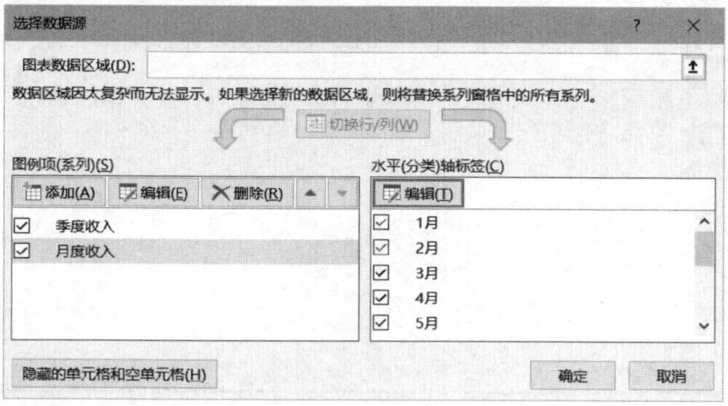

图 10－4－15

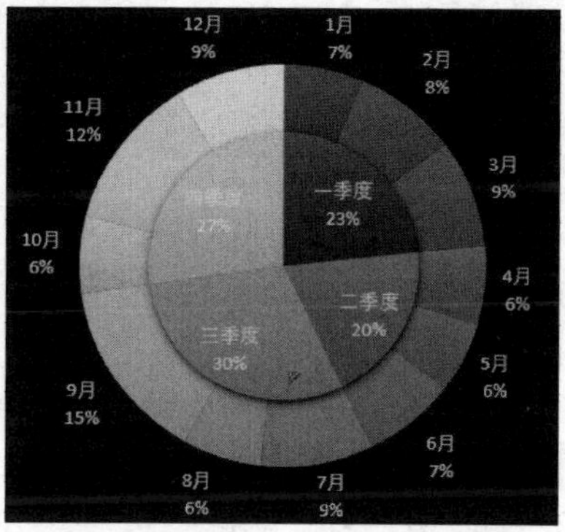

图 10－4－16

项目十一
Excel 表格的页面设置和打印

任务概况

Excel 表格制作完成后，可以进行打印，或通过其他输出方式，将 Excel 格式的表格转换为其他格式的表格。

知识点

- 设置页边距
- 设置页面纸张
- 设置页眉和页脚
- 设置分页符
- 设置打印区城
- 设置打印标题

任务一　页面设置

在打印 Excel 表格之前，应当检查表格页面的布局和格式安排是否合理，这直接关系到表格的实用型和美观性。

以打印“应收账款账龄分析表”为例，如图 11－1－1 所示，若未进行设置直接进行打印，会发现打印出来的表格被分成了两部分，如图 11－1－2 和图 11－1－3 所示。因此，在打印之前，一定要进行相关设置，并进行预览，确认无误之后再进行打印，以免因打印效果不好造成纸张的浪费。

应收账款账龄分析表

当前日期: 2018/12/28

日期	客户代码	客户名称	业务员	应收账款	已收账款	结余金额	付款期限(天)	到期日期	是否到期	账龄分析					
										信用期内	0-30天	30-60天	60-90天	90天以上	合计
2018/8/3	C10201	客户A	张三	¥ 135,000.00	¥ -	¥ 135,000.00	30	2018/9/2	超期	¥ -	¥ -	¥ -	¥ -	¥ 135,000.00	¥ 135,000.00
2018/9/5	C10202	客户B	张三	¥ 24,350.00	¥ -	¥ 24,350.00	30	2018/10/5	超期	¥ -	¥ -	¥ -	¥ 24,350.00	¥ -	¥ 24,350.00
2018/9/9	C10203	客户C	李四	¥ 67,500.00	¥ 67,500.00	¥ -	30	2018/10/9	-	¥ -	¥ -	¥ -	¥ -	¥ -	¥ -
2018/9/15	C10204	客户D	李四	¥ 76,000.00	¥ -	¥ 76,000.00	30	2018/10/15	超期	¥ -	¥ -	¥ -	¥ 76,000.00	¥ -	¥ 76,000.00
2018/10/9	C10205	客户E	王五	¥ 60,000.00	¥ 50,000.00	¥ 10,000.00	30	2018/11/8	超期	¥ -	¥ -	¥ 10,000.00	¥ -	¥ -	¥ 10,000.00
2018/10/27	C10201	客户A	张三	¥ 40,000.00	¥ 38,000.00	¥ 2,000.00	30	2018/11/26	超期	¥ -	¥ -	¥ 2,000.00	¥ -	¥ -	¥ 2,000.00
2018/11/15	C10202	客户B	张三	¥ 68,000.00	¥ -	¥ 68,000.00	30	2018/12/15	超期	¥ -	¥ 68,000.00	¥ -	¥ -	¥ -	¥ 68,000.00
2018/11/20	C10203	客户C	李四	¥ 27,000.00	¥ 20,000.00	¥ 7,000.00	30	2018/12/20	超期	¥ -	¥ 7,000.00	¥ -	¥ -	¥ -	¥ 7,000.00
2018/12/10	C10204	客户D	李四	¥ 36,570.00	¥ -	¥ 36,570.00	30	2019/1/9	未到期	¥ 36,570.00	¥ -	¥ -	¥ -	¥ -	¥ 36,570.00
2018/12/15	C10205	客户E	王五	¥ 36,900.00		¥ 36,900.00	30	2019/1/14	未到期	¥ 36,900.00	¥ -	¥ -	¥ -	¥ -	¥ 36,900.00
合计				¥ 571,320.00	¥ 175,500.00	¥ 395,820.00				¥ 73,470.00	¥ 75,000.00	¥ 12,000.00	¥ 100,350.00	¥ 135,000.00	¥ 395,820.00

图 11－1－1

应收账款账龄:

当前日期：　2018-12-28

日期	客户代码	客户名称	业务员	应收账款	已收账款	结余金额	付款期限(天)	到期日期
2018-8-3	C10201	客户A	张三	¥ 135,000.00	¥ -	¥ 135,000.00	30	2018-9-2
2018-9-5	C10202	客户B	张三	¥ 24,350.00	¥ -	¥ 24,350.00	30	2018-10-5
2018-9-9	C10203	客户C	李四	¥ 67,500.00	¥ 67,500.00	¥ -	30	2018-10-9
2018-9-15	C10204	客户D	李四	¥ 76,000.00	¥ -	¥ 76,000.00	30	2018-10-15
2018-10-9	C10205	客户E	王五	¥ 60,000.00	¥ 50,000.00	¥ 10,000.00	30	2018-11-8
2018-10-27	C10201	客户A	张三	¥ 40,000.00	¥ 38,000.00	¥ 2,000.00	30	2018-11-26
2018-11-15	C10202	客户B	张三	¥ 68,000.00	¥ -	¥ 68,000.00	30	2018-12-15
2018-11-20	C10203	客户C	李四	¥ 27,000.00	¥ 20,000.00	¥ 7,000.00	30	2018-12-20
2018-12-10	C10204	客户D	李四	¥ 36,570.00	¥ -	¥ 36,570.00	30	2019-1-9
2018-12-15	C10205	客户E	王五	¥ 36,900.00		¥ 36,900.00	30	2019-1-14
合计				¥ 571,320.00	¥ 175,500.00	¥ 395,820.00		

图 11-1-2

分析表

是否到期	账龄分析					
	信用期内	0-30天	30-60天	60-90天	90天以上	合计
超期	¥ -	¥ -	¥ -	¥ -	¥ 135,000.00	¥ 135,000.00
超期	¥ -	¥ -	¥ -	¥ 24,350.00	¥ -	¥ 24,350.00
-	¥ -	¥ -	¥ -	¥ -	¥ -	¥ -
超期	¥ -	¥ -	¥ -	¥ 76,000.00	¥ -	¥ 76,000.00
超期	¥ -	¥ -	¥ 10,000.00	¥ -	¥ -	¥ 10,000.00
超期	¥ -	¥ -	¥ 2,000.00	¥ -	¥ -	¥ 2,000.00
超期	¥ -	¥ 68,000.00	¥ -	¥ -	¥ -	¥ 68,000.00
超期	¥ -	¥ 7,000.00	¥ -	¥ -	¥ -	¥ 7,000.00
未到期	¥ 36,570.00	¥ -	¥ -	¥ -	¥ -	¥ 36,570.00
未到期	¥ 36,900.00	¥ -	¥ -	¥ -	¥ -	¥ 36,900.00
	¥ 73,470.00	¥ 75,000.00	¥ 12,000.00	¥ 100,350.00	¥ 135,000.00	¥ 395,820.00

图 11-1-3

1. 设置页边距

页边距即需打印表格与纸张四周的距离，通过对页边距进行设置，可以使打印出来的表格在纸张中处于理想的位置。

单击"页面布局"选项卡中的"页面设置"，点击"页边距"按钮，在弹出的下拉列表中进行设置，如图 11-1-4 所示。

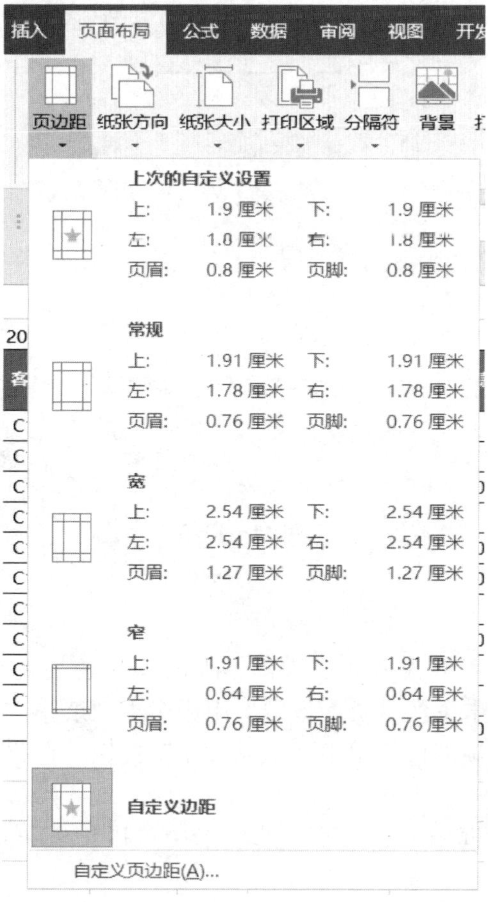

图 11-1-4

从图 11－1－4 中可以看出页边距的设置可以直接选择系统预设选项，也可以进行自定义。其中，预设选项包括 4 种，包括“上次的自定义设置”“常规”“宽”“窄”，相关的尺寸数据也有显示，根据需求自行选择即可。如果预设选项不能满足需求，应通过自定义进行精确设置，具体操作方式如下：单击“页边距”下拉列表中的“自定义边距”，在弹出的“页面设置”对话框中点击“页边距”选项卡，在其中进行相关数据设置即可，如图 11－1－5 所示。

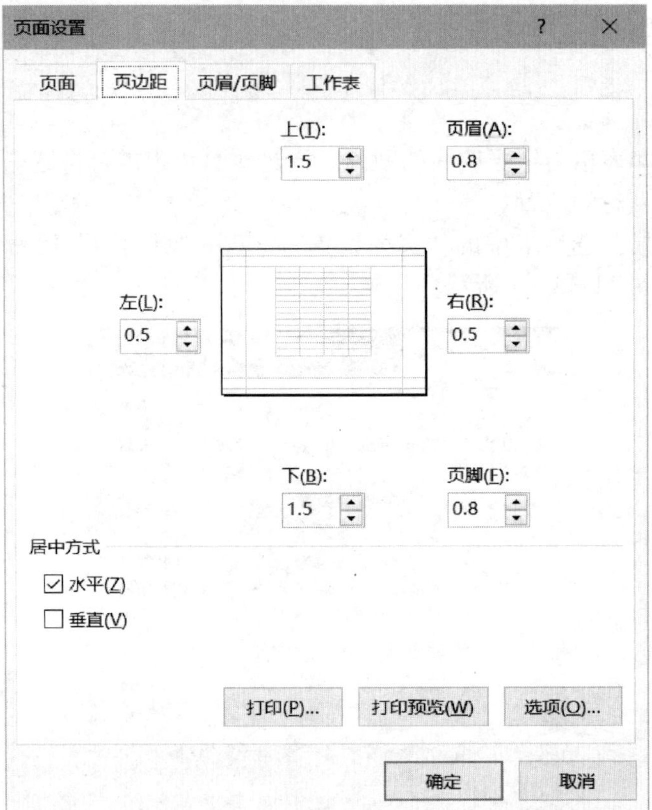

图 11－1－5

2. 设置页面纸张

设置页面纸张包括设置纸张方向（横向、纵向）和纸张大小两项，设置方法非常简单，在“页面布局”选项卡下的“页面设置”组中单击“纸张方向”按钮，在弹出的下拉列表中选择对应的方向选项即可；单击“纸张大小”按钮，在弹出的下拉列表中选择打印纸张的尺寸。

在“页面设置”对话框中，“页面”选项卡中可以设置页面纸张的相关设置，如图 11－1－6 所示。

工资条数据较多，比较长，可以将页面方向设置为“横向”进行打印；纸张大小取决于打印纸张的大小，一般办公使用的是 A4 纸。

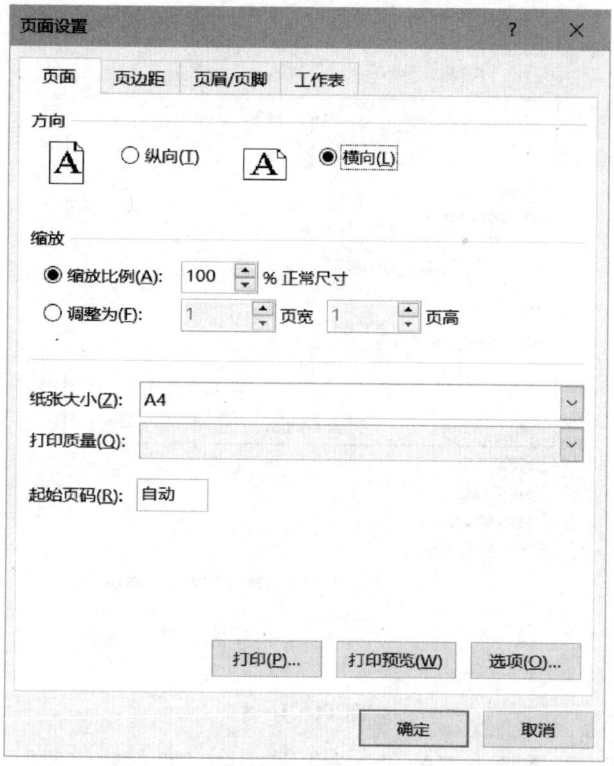

图 11 - 1 - 6

提示：如何快速打开“页面设置”对话框呢？在“页面设置”组的右下角，找到“ ”样式的图表，单击一下即可打开，如图 11 - 1 - 7 所示。图标较小，大家不妨仔细找找。

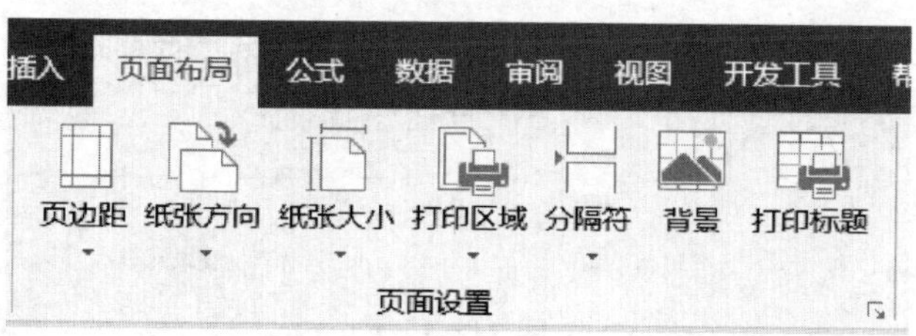

图 11 - 1 - 7

3. 设置页眉和页脚

页眉和页脚可以辅助显示表格信息，如表格制作人、制作单位、日期、页码等。页眉和页脚的设置方法有两种，下面分别进行介绍。

方法一：在“页面设置”对话框中进行设置。

在“页面设置”对话框中的“页眉/页脚”选项卡中进行设置，如图 11 - 1 - 8 所示，可以直接选择系统预设选项，也可以进行自定义，最终的显示效果也会进行展示。

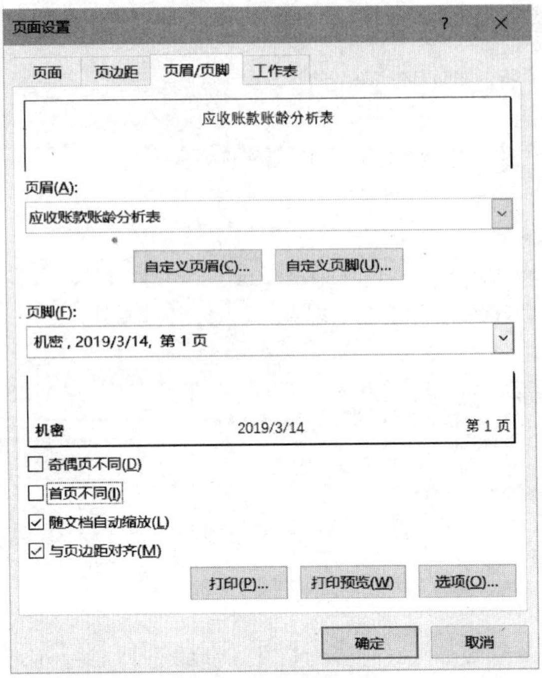

图 11-1-8

方法二：在“插入”选项卡下的“文本”组中的“页眉和页脚”中进行设置。

单击“插入”选项卡下的“文本”组中的“页眉和页脚”，就进入到了页眉和页脚编辑状态。单击页眉、页脚相应位置，就会显示页眉页脚的编辑框，系统自动划分成左、中、右三个模块，如图 11-1-9 所示。可以通过直接输入文字进行自定义，也可以通过上方“设计”选项卡中的选项进行设置，如图 11-1-10 所示。

图 11-1-9

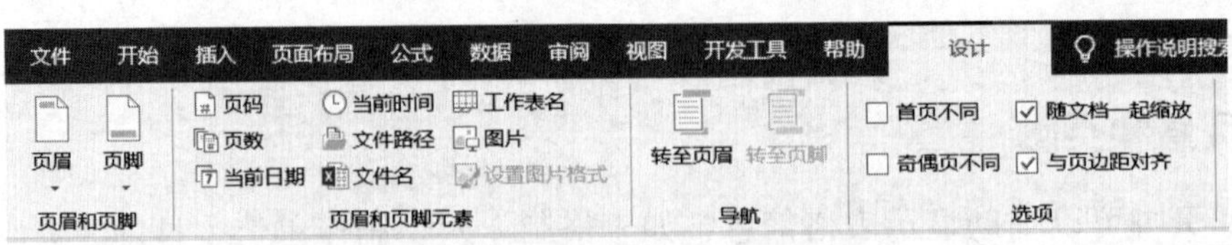

图 11-1-10

当不需要页眉和页脚时，也可将其删除，方法同样也有两种：一种是打开“页面设置”对话框，在“页眉/页脚”选项卡中“页眉”和“页脚”的下拉列表中均选择“（无）”选项，如图 11-1-11 所示；另一种是在页眉和页脚编辑状态下，手动直接删除即可。

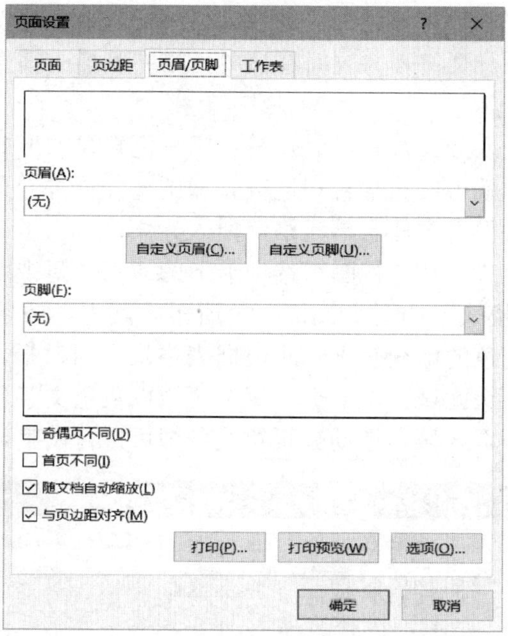

图 11-1-11

4. 设置分页符

分页符可以将表格数据分页显示，这在数据较多或者需要控制每页显示的内容时是非常有用的。

（1）插入、删除分页符。

在“页面布局”选项卡下的“页面设置”组中单击“分隔符”按钮，在下拉列表中可以选择插入或删除分页符，如图 11-1-12 所示。

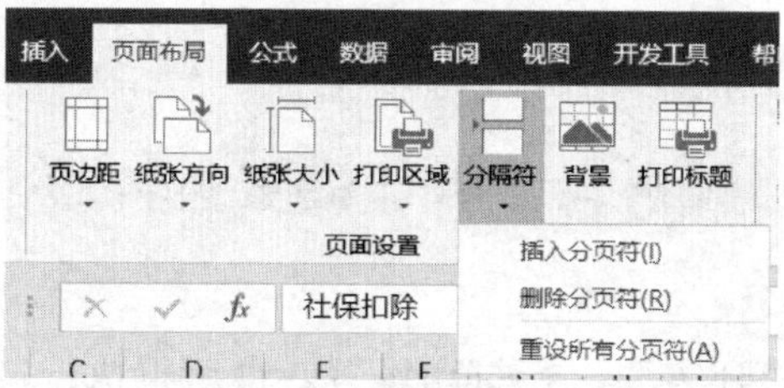

图 11-1-12

Excel 中的分页符有两种，一种是水平分页符，可以按行进行分页；一种是垂直分页符，可以按列分页。在插入分页符之前，应根据需要正确选择单元格，这样才能够插入所需的分页符，具体有以下几种情况：

只需要插入水平分页符：选中某一行最左侧的单元格，将在所选单元格上方插入分页符。

只需要插入垂直分页符：选中某一列最上方的单元格，将在所选单元格左侧插入分页符。

同时插入水平分页符和垂直分页符：选中除第一行和第一列以外的其他单元格，将在所选单元格上方插入水平分页符，并同时在该单元格左侧插入垂直分页符。

（2）调整页面分页。

在默认视图模式下插入分页符后，分页符会以灰色直线的形式显示，但无法调整其位置，此时进入视图模式，就可以非常直观地查看和调整分页符。具体操作步骤如下：

步骤一：插入分页符。选中任意单元格，插入分页符。

步骤二：切换预览模式。在“视图”选项卡下的“工作簿视图”组中，单击“分页预览”，进入分页预览视图模式，如图 11－1－13 所示。其中，两条明显的蓝色实线就是我们设置的分页符，一条蓝色的虚线是 Excel 根据表格尺寸自动插入的分页符。3 条分页符将整个表格数据分为了 6 个区域，即 6 页，每个区域以灰色文字显示了页面顺序。

步骤三：如需调整分页区域，拖动分页符线条即可进行调整，实线、虚线都可拖动。

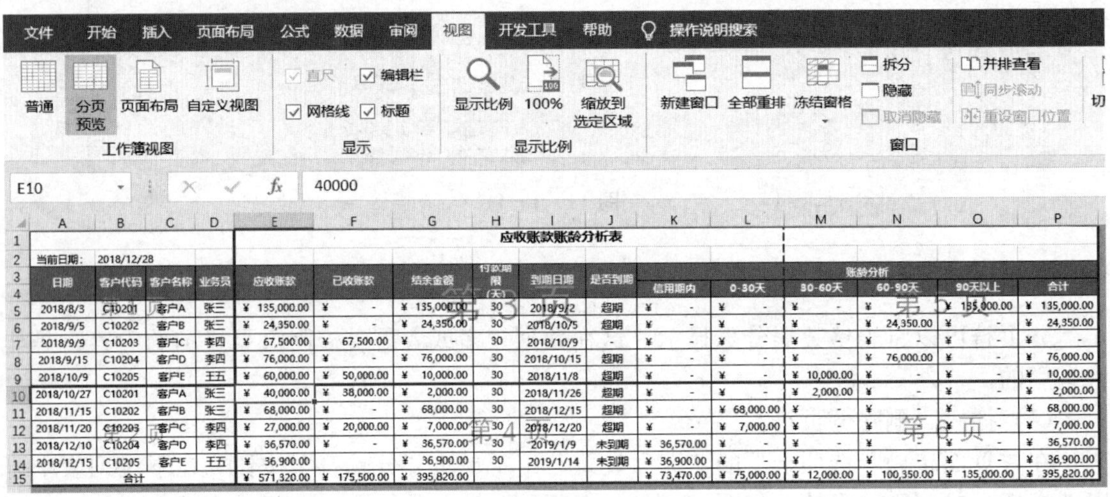

应收账款账龄分析表

当前日期：2018/12/28

日期	客户代码	客户名称	业务员	应收账款	已收账款	结余金额	付款期限(天)	到期日期	是否到期	账龄分析 信用期内	0-30天	30-60天	60-90天	90天以上	合计
2018/8/3	C10201	客户A	张三	¥ 135,000.00	¥ -	¥ 135,000.00	30	2018/9/2	超期	¥ -	¥ -	¥ -	¥ -	¥ 135,000.00	¥ 135,000.00
2018/9/5	C10202	客户B	张三	¥ 24,350.00	¥ -	¥ 24,350.00	30	2018/10/5	超期	¥ -	¥ -	¥ -	¥ 24,350.00	¥ -	¥ 24,350.00
2018/9/9	C10203	客户C	李四	¥ 67,500.00	¥ 67,500.00	¥ -	30	2018/10/9	-	¥ -	¥ -	¥ -	¥ -	¥ -	¥ -
2018/9/15	C10204	客户D	李四	¥ 76,000.00	¥ -	¥ 76,000.00	30	2018/10/15	超期	¥ -	¥ -	¥ -	¥ 76,000.00	¥ -	¥ 76,000.00
2018/10/9	C10205	客户E	王五	¥ 60,000.00	¥ 50,000.00	¥ 10,000.00	30	2018/11/8	超期	¥ -	¥ -	¥ 10,000.00	¥ -	¥ -	¥ 10,000.00
2018/10/27	C10201	客户A	张三	¥ 40,000.00	¥ 38,000.00	¥ 2,000.00	30	2018/11/26	超期	¥ -	¥ -	¥ 2,000.00	¥ -	¥ -	¥ 2,000.00
2018/11/15	C10202	客户B	张三	¥ 68,000.00	¥ -	¥ 68,000.00	30	2018/12/15	超期	¥ -	¥ 68,000.00	¥ -	¥ -	¥ -	¥ 68,000.00
2018/11/20	C10203	客户C	李四	¥ 27,000.00	¥ 20,000.00	¥ 7,000.00	30	2018/12/20	超期	¥ -	¥ 7,000.00	¥ -	¥ -	¥ -	¥ 7,000.00
2018/12/10	C10204	客户D	李四	¥ 36,570.00	¥ -	¥ 36,570.00	30	2019/1/9	未到期	¥ 36,570.00	¥ -	¥ -	¥ -	¥ -	¥ 36,570.00
2018/12/15	C10205	客户E	王五	¥ 36,900.00		¥ 36,900.00	30	2019/1/14	未到期	¥ 36,900.00	¥ -	¥ -	¥ -	¥ -	¥ 36,900.00
合计				¥ 571,320.00	¥ 175,500.00	¥ 395,820.00				¥ 73,470.00	¥ 75,000.00	¥ 12,000.00	¥ 100,350.00	¥ 135,000.00	¥ 395,820.00

图 11－1－13

任务二　打印设置与打印

表格完成页面设置后，还需要进行打印设置，最后再执行打印命令。

1. 设置打印区域

默认情况下，Excel 会打印当前工作表中的所有表格数据。如果只需要打印其中的部分数据，可以设置打印区域，打印规定区域的表格数据。设置打印区域的方法：选中需要打印的表格区域，在“页面布局”选项卡下的“页面设置”组中单击“打印区域”按钮，在下拉列表中选择“设置打印区域”选项即可完成设置，如图 11－2－1 所示。如需取消设置的打印区域，单击“取消打印区域”按钮即可。

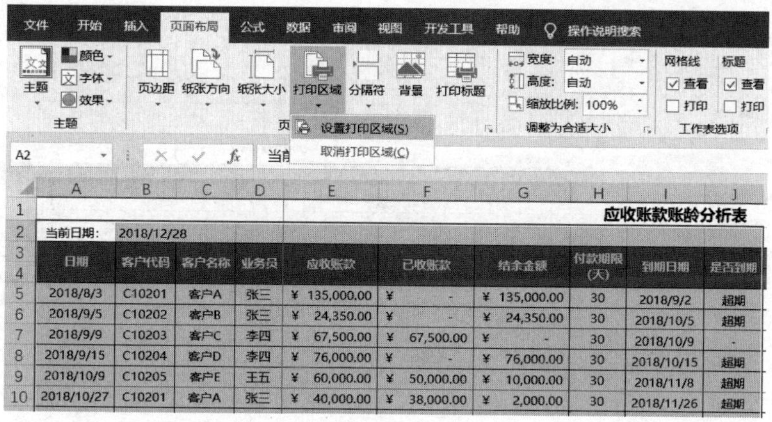

图 11-2-1

2. 设置打印标题

一般情况下，数据表格只有一行标题和一行字段项目，如果表格涉及多个页面时，打印出来的表格从第二页开始就不会显示标题和字段项目了，这样不便于了解数据对应的字段项目。这时，可以将标题和字段项目设置为打印标题，使其以标题的形式出现在每一个页面上。设置方法：单击“页面布局”选项卡下“页面设置”组中的“打印标题”按钮，在“页面设置”对话框的“工作表”选项卡中，“顶端标题行”选中第 1 至第 4 行单元格区域，然后单击“确定”，设置完成，如图 11-2-2 所示。

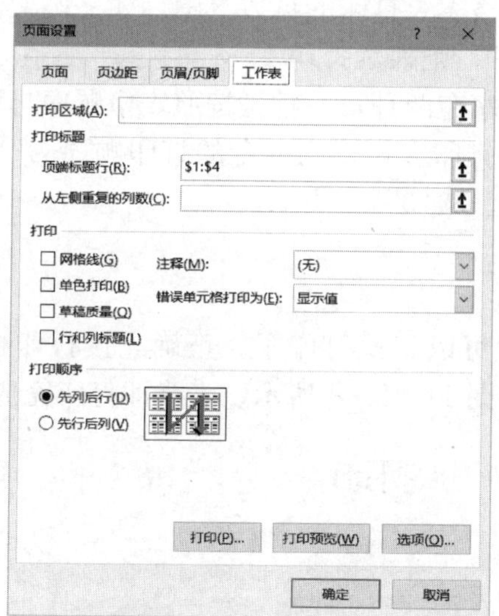

图 11-2-2

3. 打印预览

在完成设置后，单击“文件”选项卡下的“打印”，即可进入到打印预览状态，右边呈现的就是即将打印出来的效果预览图。同时，在预览图的左侧有一排控件，可再次进行设置，一边设置一边查看预览图，非常方便，如图 11－2－3 所示。

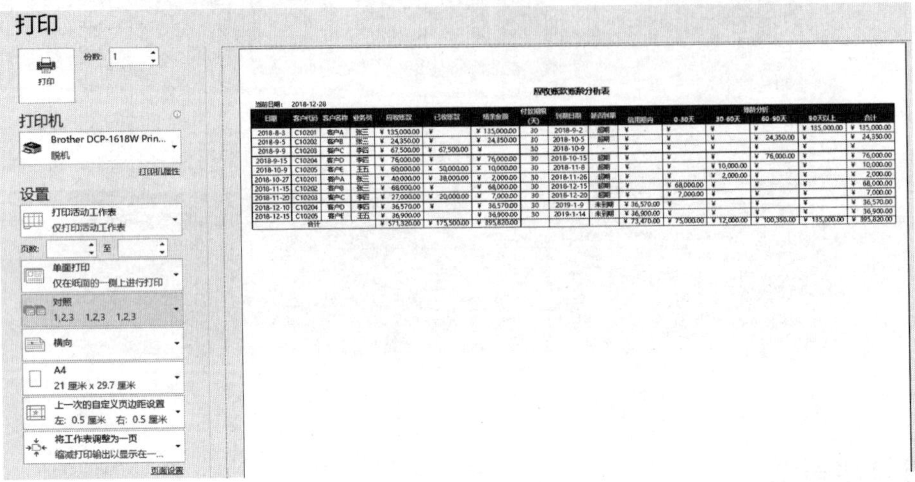

图 11－2－3

4. 设置其他打印参数

在确认打印表格文件前，还需根据需要对其他打印参数进行设置，如设置打印顺序、打印页数、打印份数等。这些设置都可在打印预览界面进行操作。

（1）打印份数：设置当前表格需要打印的份数。

（2）打印页数：设置表格需要打印的页数范围。如一份文件共 8 页，不输入数据表示全部打印；输入“1”至“3”，则表示打印 1～3 页。

（3）打印顺序：打印顺序有两种，一种是按照表格顺序打印，另一种是按页数顺序打印。假设表格有 3 页且需要打印 2 份，则前者的打印顺序为“1、2、3、1、2、3”，后者的打印顺序为“1、1、2、2、3、3”。

5. 打印表格

全部设置完成之后，就可以正式打印了。正确连接打印机，选择已连接的打印机名称，单击“打印”按钮，如图 11－2－4 所示，表格即打印完成。

图 11－2－4

图书在版编目（CIP）数据

财务Excel：财会人员职场高效技能提升/《财务Excel：财会人员职场高效技能提升》编写组主编. —北京：中国人民大学出版社，2019.8
（财会人员实务操作丛书）
ISBN 978-7-300-27190-3

Ⅰ.①财… Ⅱ.①财… Ⅲ.①表处理软件-应用-财务管理 Ⅳ.①F275-39

中国版本图书馆CIP数据核字（2019）第161686号

财会人员实务操作丛书
财务Excel：财会人员职场高效技能提升
主编 《财务Excel：财会人员职场高效技能提升》编写组
Caiwu Excel：Caikuai Renyuan Zhichang Gaoxiao Jineng Tisheng

出版发行 中国人民大学出版社
社　　址 北京中关村大街31号　　**邮政编码** 100080
电　　话 010－62511242（总编室）　　010－62511770（质管部）
　　　　　010－82501766（邮购部）　　010－62514148（门市部）
　　　　　010－62515195（发行公司）　　010－62515275（盗版举报）
网　　址 http://www.crup.com.cn
经　　销 新华书店
印　　刷 天津中印联印务有限公司
规　　格 185 mm×260 mm　16开本　　**版　　次** 2019年8月第1版
印　　张 13.5　　**印　　次** 2019年8月第1次印刷
字　　数 314 000　　**定　　价** 32.00元
